ハヤカワ文庫 NF

〈NF579〉

最後の決闘裁判

エリック・ジェイガー
栗木さつき訳

早川書房

8719

THE LAST DUEL

A True Story of Crime, Scandal, and Trial by Combat in Medieval France

by

Eric Jager

Translated by
Satsuki Kuriki

Published 2021 in Japan by
HAYAKAWA PUBLISHING, INC.
This book is published in Japan by
arrangement with
BROADWAY BOOKS,
an imprint of RANDOM HOUSE,
a division of PENGUIN RANDOM HOUSE LLC,
through JAPAN UNI AGENCY, INC., TOKYO.

念入りにつくりあげられた規則により、決闘裁判において例外的になにかが認められるという機会はいっさいなくなった。無論、決闘の結果はべつだが。

——マルタン・モネスティエ『図説　決闘全書』

この決闘は、パリ高等法院の裁決により命じられた最後の決闘となった。

——J・A・ブション、フロアサール『年代記』の編者

ことの真相は、ほんとうのところ、闇のなかだ。

——ジャン・ル・コック、一四世紀末のパリ在住の弁護士

目次

著者覚え書き　9

プロローグ　11

第一部

1　カルージュ　17

2　宿恨　47

3　戦いと攻城　75

4　最悪の犯罪　94

5　決闘申し込み　133

6　審理　177

第二部

7　神　判　215

8　宣誓と最後のことば　238

9　死　闘　270

10　女子修道院と遠征　302

エピローグ　324

補遺　決闘の余波　329

謝　辞　341

訳者あとがき　349

参考文献　366

最後の決闘裁判

著者覚え書き

本書のアイディアが最初に浮かんだのは、一〇年まえ、ジャン・ド・カルージュとジャック・ル・グリの伝説的な争いについて、中世に記されたものを読んでいたときのことだ。この逸話にすっかり夢中になったわたしは、カルージュール・グリ事件に関する史料を、手当たりしだいに集めはじめた。ついにはノルマンディとパリへと旅立ち、公文書にあったり、六〇〇年以上まえにこの劇的な事件が起こった場所を訪れたりと、本格的な調査に乗りだした。その結実である本書は、年代記、訴訟記録、現在も残る文書などの一次史料に基づいた真実の物語である。登場するすべての人物、場所、日付、さまざまな詳細──人々が言ったこと、したこと、法廷におけるしばしば矛盾する主張、支払われたり受領されたりした金の額、そして天候も──は、すべて史料に基づいている。史料の記述が食いちがうばあいは、もっとも納得のいく記述を採用した。史料がないばあいは、その欠落を補うべく自分なりの創作をつけくわえたが、それでもつねに過去の声に耳をそばだてていたつもりである。

プロローグ

一三八六年、クリスマス数日後の寒い朝、ふたりの騎士が命を賭しておこなう決闘を見物しようと、数千もの人々がパリのとある修道院の裏手に広がる敷地に詰めかけていた。長方形の試合場は高い木の柵に囲まれ、その柵は槍で武装した衛兵に囲まれていた。一八歳のフランス国王シャルル六世は、片側に設けられた派手な観覧席に廷臣たちと座っていた。そして試合場をぐるりととり囲むようにして、見物人の大群がひしめきあっている。

ふたりの闘士は甲冑に身を固め、剣と短剣をベルトに差し、試合場の両端に設けられた玉座のような椅子に向かいあって座っていた。かれらの目のまえにはそれぞれ頑丈な門があり、その横では付添い人たちが肢を踏みならす軍馬の準備をととのえており、ふたりの闘士がさきほど宣誓を終えた場所から、司祭たちがあわてて祭壇と十字架を片づけていた。

式部官の合図があれば、闘士たちは馬に乗り、槍を握り、試合場へと突撃していくことになる。衛兵たちがあわてて門を閉め、ふたりの男たちを堅牢な砦柵（さいさく）のなかに閉じこめるだろう。これでふたりは情け容赦なく闘うことになる。ひとりが相手を殺し、相手が有罪であることを立証し、この争いに神判が下ったことをあきらかにするまで、もうどこにも逃げ場はない。

興奮した群衆は、ふたりの猛々しい闘士と、壮麗な廷臣たちの中央にいる若い王だけでなく、ひとりの若く美しい女性にも視線を注いでいた。彼女はつま先から頭まで喪服に身を包み、ひとり、黒い布をかけた組み立て舞台に腰をおろして試合場を見おろし、やはり衛兵に囲まれている。

自分が群衆の注視にさらされていることを感じ、また、きたるべき試練に身をこわばらせ、彼女は前方に広がる、ひらたくならされた試合場をひたと見すえていた。そこでいままさに、彼女の運命が流血で記されようとしているのだ。

彼女のために闘う闘士が、この決闘裁判で勝利をおさめて敵を殺せば、彼女は晴れて自由の身となる。しかし、彼女の闘士が殺害されれば、彼女は偽誓罪で有罪となり、命をもってその代償を支払わねばならない。

その日は殉教者聖トマス・ベケットにちなんだ祝日であり、群衆は休日気分に浸っていた。そして、彼女にはわかっていた。群衆の多くが、ひとりの男がこの命を賭した闘いで殺害されるところだけではなく、ひとりの女が死刑になるところを見たいがために集まっていることが。

パリの鐘が時刻を告げ、式部官が試合場に大股で歩いてはいり、静粛にと手をあげた。決闘による裁判が、いま、はじまろうとしていた。

第一部

1　カルージュ

一四世紀、騎士や巡礼者がパリあるいはローマから聖地へと旅をするには数カ月かかり、修道士や商人がヨーロッパを横断し、シルクロードを経てはるばる中国にたどりつくには、最低一年はかかった。アジア、アフリカ、そしてヨーロッパ人に発見される以前のアメリカ大陸は、まだ植民地化されていなかった。そしてヨーロッパ自体は、七世紀にアラビアからなだれこんできたイスラム教徒の騎兵隊に征服されかけていた。かれらはシチリアとスペインを征服せんとアフリカから船で乗りこみ、キリスト教徒と剣を交えつつ、北はフランスのトゥールまで遠征し、退却した。一四世紀になる頃には、イスラム教徒の脅威にさらされてから六〇〇年以上が経過しており、キリスト教国は非キリスト教国にくりかえし出兵していた。

とはいえ、共通の敵にたいして団結していないときには、キリスト教国内でしばしば内戦が勃発した。ヨーロッパの王や女王たちは兄弟姉妹や親族との結婚によって血縁を広げていき、王位と領土をめぐってたえず反目し、戦いをつづけていた。ヨーロッパの君主たちのあいだでは戦いが頻発し、町や農地は焦土と化し、民衆は殺害されたり餓死したりした。そのため巨額の負債を負った統治者たちは、税を引きあげたり、鋳造の際には硬貨の質を下げたりし、あげくのはてに手っ取り早くユダヤ人たちから財産を巻きあげたりした。

ヨーロッパの中心であるフランス王国には広大な王土が広がり、北部から南部へと縦断するだけで二二日間かかり、東部から西部へと横断するには一六日間かかった。当時のフランスでは堅牢な封建制度がつづいており、民衆は一〇世紀近くものあいだこの制度に耐えていた。フランスは五世紀、古代ローマのガリアの廃墟跡に成立し、以来、九世紀にはイスラム教国スペインにたいするシャルルマーニュの要塞となり、一四世紀を迎える頃にはヨーロッパでもっとも裕福かつ強大な国家になっていた。しかし、それから数十年もたつと、運命の女神はフランスを見はなし、国家は生き残りをかけて必死の戦いをつづけていた。

一三三九年、イングランド軍が海峡を渡り、フランスに侵攻。のちに百年戦争として知られるようになった長く陰惨な戦いがはじまった。一三四六年、イングランド軍はクレシ

民家から略奪する兵士たち　イングランド軍の兵士は、百年戦争のあいだにフランス各地で略奪行為をはたらいた。Chronique du Religieux de Saint-Denys.　MS. Royal 20 C VII., fol. 41v. By permission of the British Library.

ーでフランス軍の騎士道精神を粉みじんにして大勝をおさめ、カレーを包囲した。一〇年後、こんどはポワティエで、フランス軍の騎士たちはまたもや大量に殺戮され、イングランド軍はフランス国王ジャンを捕虜としてとらえ、身柄解放の条件として広大なフランス王国の領土、大勢のイングランド貴族捕虜の解放、そして金貨三〇〇万エキュという巨額の身代金の支払いを求めた。

国王を捕虜にされたうえ、その国王をとりもどすための代償に打ちのめされたフランスでは、内戦がはじまった。反逆した貴族たちが国王ジャンを裏切り、イングランド軍の侵攻にくわわったのである。新たな税制に立腹した農奴たちが領主を殺害せよと蜂起し、パリでは不満を爆発させた民衆が徒党を組んで反目し、路上で惨殺をくりかえした。長期にわたる旱魃と穀物の不作が、民衆の困窮に追い討ちをかけた。さらに一三四八年から四九年にかけては、ヨーロッパの三分の一の人々が黒死病（ペスト）の大流行で命を落とした。埋葬されないままの死体が野山に散在し、路上に積みあがり、一〇年ほどたつと、黒死病はまた大流行をくりかえした。

死が国土に蔓延するようすを、当時の画家たちはさまざまな絵に描いている。大鎌を振りまわす屍衣をまとった骸骨、悪疫に襲われた村々の鐘楼から飛んできて警告を発する黒い旗、フランスを見捨てたように見える神。一三七八年には、ローマとアヴィニョンの教皇が対立し、キリスト教国のふたつの陣営が軍事行動をともない反目する教会分裂が起こり、ヨーロッパを震撼させた。このためローマ法王は、イングランド軍がフランスを征服せんと開始した残酷で欲得ずくの戦いを祝福した。イングランドの聖職者は新たな〝聖戦〟をはじめよと説教し、フランスの〝異端者〟を虐殺する資金をだすため免罪符まで売りはじめた。

征服に乗りだしたイングランド軍のあとを追い、ヨーロッパじゅうから犯罪者や無法者がフランスになだれこみ、〝神による禍〟とおそれられた残虐な悪党たち（routiers）

が村や町で略奪をくりかえし、民衆を威嚇しては貢物を無理強いした。こうした暴力と無秩序のなか、急遽、要塞の建造がはじめられた。おびえた村人たちは防衛のため土塀をつくり、溝を掘った。農夫たちは必死になって家や納屋のまわりに石の塔を建て、濠（ほり）に水を溜めた。町や修道院は分厚い壁を周囲にめぐらし、教会はまるで城のようになるまで要塞化された。

戦争という流血への欲望と聖戦への気炎が教会分裂によってたきつけられ、あまたの暴虐がくりひろげられた。女子修道院でさえ、標的にされた。一三八〇年七月、イングランド軍はブルターニュで残虐な襲撃をくりかえしたが、そのさなか、かれらは「女子修道院を襲撃し、修道女たちを拷問にかけ、強姦した。そして、今後も慰みものにしようと、不運な女性たちを何人か連れさった」。

一三八〇年秋、フランス国王シャルル五世が崩御し、一一歳だった息子のシャルル六世に王土が引き継がれた。当時のフランスの王土は、現在の国土の三分の二程度しかなく、それぞれの封土が粗（あら）いパッチワークのようにつなぎあわされているにすぎなかった。この若い国王が未成年のあいだ、五人の嫉妬深い伯叔（はくしゅく）たちが摂政（せっしょう）となり、広大な領土を支配した。そして、そのほかの地域は敵の隊に占領された。ブルゴーニュは国王の伯叔のなかでもっとも強健なフィリップ豪胆公に属しており、ここから王朝がはじまり、じきにフランス王国自体と対抗する存在となった。アンジューは国王のもうひとりの叔父ルイ公爵に属していたし、プロヴァンスは独立した国であり、まだフランスの一部ではなかった。そして、ギュイエンヌの一部はイングランドの支配下にあった。ブルターニュは独立した公国といってよく、ノルマンディはまたイングランドに襲撃されていた。イングランド軍はフランス領土に急襲をしかける足場としてノルマンディを利用し、裏切り者となった多くのノルマン人を入隊させた。戦略的に重要な港カレーは、長いあいだ、兵士と武器で固めたイングランド軍の砦であり、国家の心臓部パリを指す短剣のようだった。

対立者や敵に囲まれるなか、まだ少年にすぎない国王は、形式的には一〇〇〇万の国民を支配する立場にあった。国王の臣下は大きくわけて三つの身分である社会的階級――戦士、聖職者、労働者、すなわち〝戦う者、祈る者、働く者〟――に属していた。かれらの大半は労働者で、なかには町で暮らし、商いを営む者もいたが、その多くは農奴（villeins）として地元の領主の領地を耕していた。たしかに戦時中は領主に守ってもらえ、自分で使える土地をわずかに与えられはするものの、その見返りとして、農奴は領主の畑を耕し、収穫をもたらし、領主の暖炉用に薪を切り、農産物や家畜をおさめなければならなかった。生まれたときから土地に縛られ、その土地の方言を話し、地方の慣習にしたがっていたか

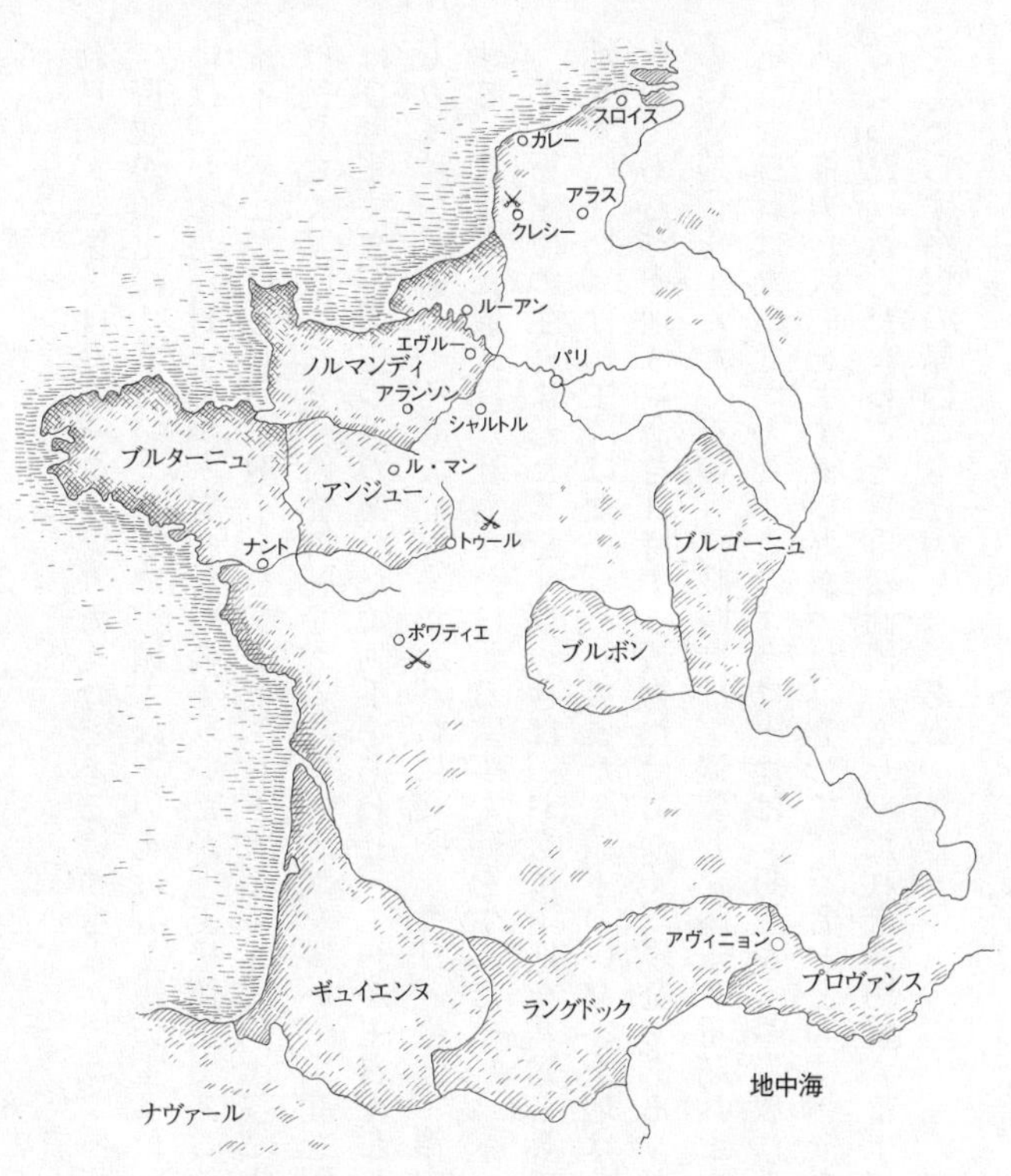

1380年のフランス　国王シャルル6世は、1380年、11歳のときに戴冠し、封土が粗いパッチワークのようにつなぎあわされた王土を受け継いだ。こうした封土の多くは、権力をもつ王族が所有していたり、敵軍に荒らされたりしていた。

れらに、国家とはなんぞやという考えなどあるはずもなかった。

農奴が領主に仕えるいっぽうで、領主はといえば、上級領主に仕えていた。下級の領主には、わずかな封土しか所有しない騎士もいたが、上級領主である伯爵や公爵は多くの封土――奉仕が得られる土地――を支配下におさめていた。かれらに仕えることを誓った者は例外なく家臣となり、臣従の礼をおこない、忠誠を誓い、生涯を領主に縛られた。[注1] 家臣はひざまずき、領主の手のあいだで両手をあわせ、「わが主君、わたくしは主君の家臣となります」と誓う。そして立ちあがり、口に接吻を受け、生涯、領主に仕えることを宣誓する。こうした儀式は、社会をたばねる堅牢な絆を生んだ。

領主と家臣の生涯にわたるむすびつきは、おもに土地を基盤としていた。封建法で「土地をもたない者は領主ではない。そしてまた、領主のいない土地はない」と定められていたのである。土地は生命を維持する穀物だけでなく、現金であろうがなかろうが、実入りのいい地代を生んだ。そのうえ戦時には、武装した騎士や重騎兵とともに、家臣は召集に応じなければならなかった。このように土地は、封土をもつ貴族にとっておもな収入源であり、権力と威信を示す場でもあった。そして、家名とともに跡継ぎに永続して受け渡せるものだった。だからこそ貴重な価値があり、だれもが切望する土地は、無数の争いと死をもたらす宿根の原因にもなったのである。

ノルマンディほど土地をめぐって激しい戦いがくりひろげられたところはなく、この地は太古から、いわば流血の戦いの十字路となった。フランス軍とイングランド軍が百年戦争へと突入する以前、この地でケルト民族はローマ人と、ローマ人はフランク人と、フランク人はヴァイキングと戦った。そしてヴァイキング——北方の人（Normanni）——は、この地についに定住し、フランク人の土地や妻を奪い、みずからフランス語を話すノルマン人となった。九一一年に端を発する家系のノルマンディ公は、フランス国王の家臣となった。

一〇六六年、ノルマンディ公ウィリアムが騎士団を連れ海峡を渡り、ヘースティングズの戦いでハロルド王を破り、イングランド王として戴冠し、後世に征服王ウィリアムとして名を残した。つまりイングランド国王となったノルマンディ公は、フランス国王の敵手となったのである。つづく一世紀半、繁栄した町と富裕な修道院をもつノルマンディは、イングランド国王を戴きつづけた。

一二〇〇年代初頭、フランス国王が苦戦の末、ノルマンディの大半の地域をイングランド国王からとり返した。しかし、ノルマン人の血をひくイングランド国王は、ノルマンディをあきらめることができなかった。そのうえ、ノルマンディの名家の大半は、フランス人であるまえにノルマン人であり、イングランドにたいして日和見(ひよりみ)主義的な視線を向けつつ、変化の兆(きざ)しはないものかとつねに風向きをうかがっていた。百年戦争が勃発し、イングランド軍がふたたびノルマンディを征服すると、多くのノルマン人の貴族がフランス国王を裏切り、イングランドの侵攻者と同盟をむすんだ。

いっぽう、一三八〇年、シャルル国王に忠誠を誓った忠節なノルマン人のなかには、カルージュという名の古くからの貴族もふくまれていた。ジャン・ド・カルージュ三世は、百年戦争が勃発した頃には六〇代になっていたが、何度も出征してはイングランド軍と戦った。この騎士はペルシュ伯の家臣であり、ペルシュ伯はベレムの戦いでカルージュを司令官に任命し、本人が強く望んでいた重要な城を与えた。ジャン・ド・カルージュ三世はまたベレム長官、すなわちイングランドでいうところの州長官とおなじ意味合いをもつ、国王直属の役人となった。そのうえ一三六四年には、ジャン国王の身代金の調達に力を貸した。こうして高位を得た騎士ジャン三世は、ニコル・ド・ブシャールと結婚し、名家出身の妻とのあいだに、すくなくとも三人の子をもうけた。カルージュ家先祖代々の家は、アランソンの北西一五マイルほどの丘にあるカルージュという要塞化された町にあった。言い伝えによれば、カルージュ家は流血と暴力を好む血筋であった。たとえば、ある逸話では、カルージュ家の祖先にあたるラルフ伯が妖術使いの女性に恋をし、泉のそばに広がる森の空き地を逢引場所として利用しつづけた。ある晩、嫉妬深い妻がそこに姿をあらわし、短剣でふたりを驚かせた。翌日、伯爵は喉を切られた状態で発見された。伯爵夫人はといえば、なぞめいた赤いあざが顔に残っていたにもかかわらず、疑惑を逃れた。ほどなく、伯爵夫人は男児を出産、カールと名づけたが、その息子が七歳になる頃、おなじ赤いあざが顔にあらわれた。そのため、息子は〝赤顔のカール（カール・ル・ルージュ）〟と呼ばれるようになった。愛人であった妖術使いの怒りが鎮まるまで、その後七世代にわたり、生まれてくる子どもたちの顔にはかならず赤いあざがあらわれたという。そして伝説によれば、〝カール・ル・ルージュ〟という名前が変化し、しまいに〝カルージュ〟になったそうである。この赤という色は紋章にも用いられ、カルージュ家の紋章は深紅の地（じ）に銀色のユリが描かれている。

カルージュ家の暴力を好む歴史は民間伝承かもしれないが、その血筋からは獰猛な戦士が数多く誕生している。一二〇〇年代初頭、カルージュ家初期の領主ロベール・ド・ヴィレールは、ノルマンディをフランスにとりもどすべく、国王フィリップ二世の下で戦った。一二八七年には子孫のひとりリシャール・ド・カルージュが、ある決闘裁判で保証人となり、本人が決闘に姿を見せなければ、かわりに戦うことを誓った。

ジャン三世の長男、ジャン四世――のちに決闘裁判をおこなうことになるジャン・ド・カルージュ――は、生まれついての戦士だった。そのいかにも戦い好きの容貌が、かつてカーンにあるサン・テティエンヌの大修道院の壁からこちらをじっと見つめていたことがある。ここの壁画に、甲冑姿で剣と槍を構え、横に立派な軍馬をしたがえた雄姿が描かれていたのだ。その壁画も歳月とともに薄れていき、やがて忘れられたが、その決然とした激しい性格は獰猛なノルマン人へと受け継がれていった。幼少の頃から乗馬の技術をたたきこまれたジャン・ド・カルージュは、おそらくあまり教育を受けていなかったのだろう。というのも、彼が遺した書類にはただ印章があるだけで、署名がないからだ。一三八〇年、ジャン四世は従騎士の地位を得た。[注2]従騎士と聞けば〝勇ましい若者〟ということばが思い浮かぶが、実際のところ、この頃、彼は戦いで鍛えられた四〇代のつわものであり、「勇ましい若者というより成熟した男で、どこから見ても、肩書き以外は騎士だった」。とはいえ、実際は屈強で野心旺盛な冷酷な男であったようで、目的達成を邪魔する者がいれば怒りをたぎらせ、長年、怨恨をもちつづけた。

一三八〇年、ジャンは臣下の従騎士からなる隊を四人から九人の規模で結成し、ノルマンディからイングランド軍を一掃する作戦にくわわった。戦いで自分の名前を高めようとしたわけだが、それだけでなく、戦時中には戦利品を集めたり、身代金目的で捕虜をとら

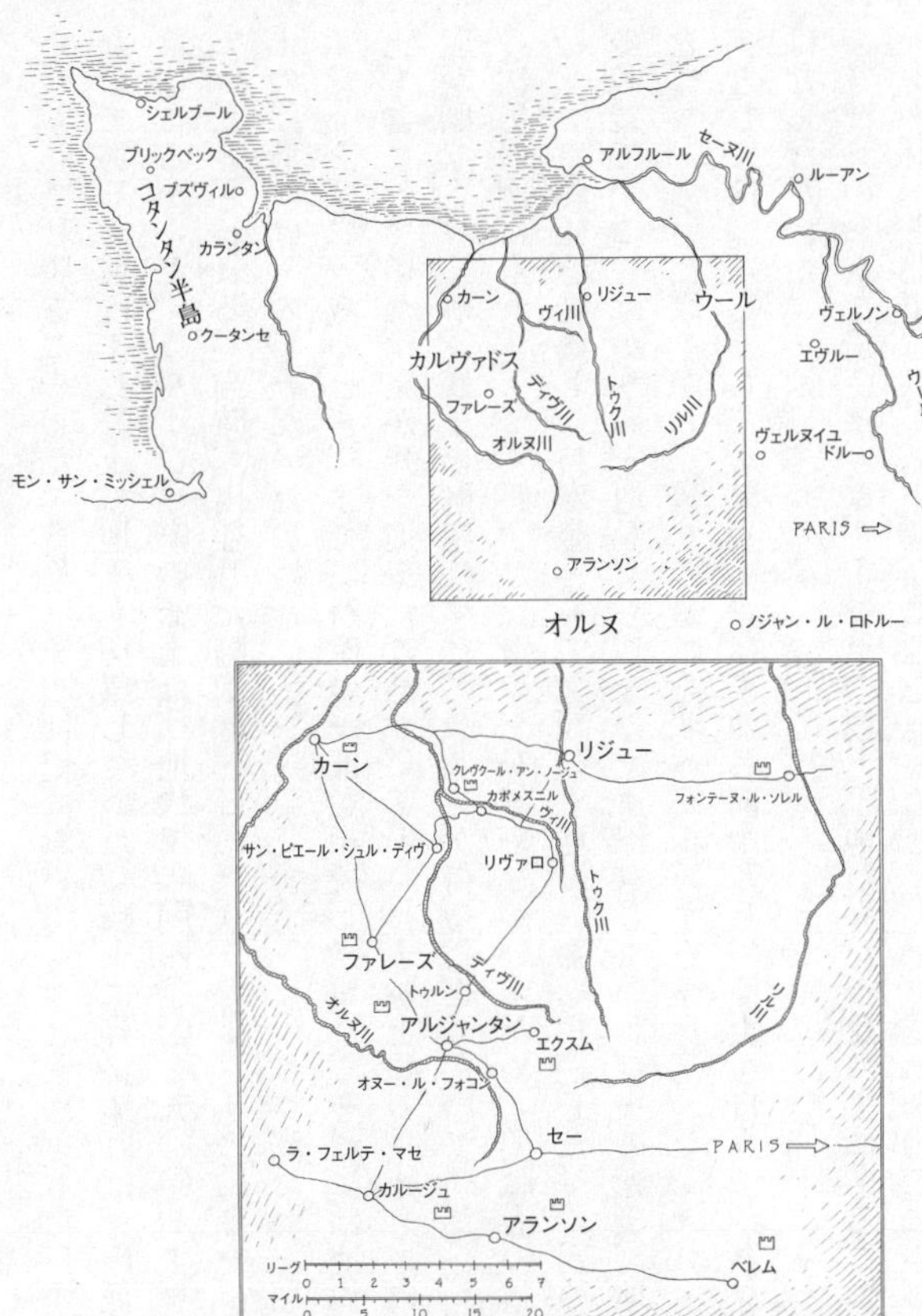

1380年のノルマンディ　ペルシュ伯とアランソン伯の家臣であったカルージュ家は、いまではカルヴァドスとオルヌとして知られるノルマンディの一部の土地を所有していた。ここに記されている道は中世の幹線道路である。

えたりして私腹をこやした。戦争は一四世紀においてもっとも富をもたらすビジネスだったのである。彼はまた騎士の地位も切望していた。騎士に昇格すれば、出征時の給金が二倍になるからだ。カルージュ家の領土は、地代で年間四〇〇～五〇〇リーヴルは生みだしていたと思われる。当時、出征した騎士は一日あたり一リーヴルの給金を得ており、従騎士のばあいはその半分だった。

ジャンは二一歳のとき、すでに遺産の一部を相続しており、それには地代を生みだす領土も含まれていた。父が死を迎えたばあい、弟のロベールと妹のジャンヌにもわずかな遺産が贈与されるが、残りの財産はすべてジャンが得ることになっていた。ロベールは貴族の次男の例にもれず、ごくわずかな遺産しか望めなかったため、聖職者の道に進んだ。ジャンヌは騎士と結婚し、持参金として父親の土地の一部を相続した。母親のニコルは自分の名義ですこしばかりの土地をもち、そのまま保有していれば夫の死後、地代を稼げることになっていた。しかし、残りの遺産をすべて相続する予定だったジャン・ド・カルージュとしては、なんとしてもカルージュ家の名前を残し、領土を自身の跡継ぎに残さなければならなかった。

ジャンのおもな遺産は、カルージュの城と土地だった。丘の上にあるこの町は、アルジャンタンへと北東に広がる肥沃な農地を見おろしていた。城は一〇三二年、征服王ウィリアムの父にあたるノルマンディ公ロベール一世により建てられ、数度の攻城戦を耐えた。またモン・サン・ミッシェルへの巡礼路の大きな十字路があるカルージュでは、毎年定期市もおこなわれ、地域の繁栄の中心地だった。

一三八〇年になる頃には、カルージュ家は城の維持をあきらめていた。イングランド軍に攻撃されたうえ、燃やされたのである。そして、近郊にあるほかの城塞へと移っていった。この城塞は一三六七年以降のいずれかの時期に、イングランド軍にたいするノルマンディの抵抗力を強化すべく、国王シャルル五世の命により建てられたものだった。こうした城の建設もまた、宮廷にたいするカルージュ家の忠誠心をあらわすものだった。堂々とした主塔（donjon）は、優雅なカルージュ城の一部としていまも残っているが、その大半はのちに建てられたものである。

この古い主塔は五〇フィート以上の高さがあり、基盤には一〇フィートもの厚さの花崗岩でできた外壁がある。ここにはまた、敵の攻撃を防御するための当時の工夫が随所に残っている。襲撃をそらせるため傾斜をつけた基盤、敵に矢を射るための狭間（さま）（meurtrières）、攻城する敵に熱湯をかけたり、投石したりするため床に溝穴をあけた、張りだしのある胸壁。上階の居住区（logis-tour）には、厨房、居間、召使部屋、そして壁から排出できるようになっている便所などがあった。攻城戦のあいだも水の供給を確保するため、主塔の内部にも井戸がもうけられていた。主塔の両側にある建物は、ほかの召使や守備隊が使用した。主塔自体はふたつの隣接する矩形の塔で構成されていて、一階の巨大な壁の内部には戸口や狭間が巧みに配置され、守備にあたる人間が大きな部屋から小さな部屋へと退却する際に、あとにした部屋に大小の矢を射ることができる構造になっていた。こうした軍事建築術はもの言わぬものの、封土をもつ貴族たちがノルマンディを荒らしまわる敵軍や、農村で略奪をくりかえす盗賊たちに耐えていた悲惨な状況を雄弁に物語っている。

カルージュの城と封土のほかにも、ジャンはまた父親がようやく手にいれたベレム長官の地位を、そしてあわよくば名誉ある子爵の肩書きまでも相続できるのではないかと期待していた。ベレムはカルージュから東に四〇マイルほどの場所にある丘の上に一一世紀に建てられた城塞で、一二二九年までイングランドが所有していたが、容赦ない厳冬の攻城戦のさなか、フランス軍が奪い返したのである。フランス国王は報酬としてペルシュ伯にベレムを授け、ペルシュ伯はこの重要な城塞の長官の地位を家臣に贈ることができたのだった。

残りの遺産を相続できる日を待ちながら、ジャンは着々と財産を増やし、政略結婚にもこぎつけた。花嫁となったジャンヌ・ド・ティーは、シャンボワの富裕な領主の娘であり、父親がもつ巨大な矩形の城塞には、厚さ一二フィート、高さ九〇フィートの壁があった。

カルージュ　カルージュ家は、イングランド軍から自分たちの土地を守るために、この堅牢な主塔を建築した。高さは50フィートあり、基盤部分には厚さ10フィートの外壁があり、胸壁には石などを落として攻撃するための開口部があった。

ジャンヌの持参金は父親の土地の一部と現金であったため、ジャン・ド・カルージュはいっそう裕福になり、ノルマンディの貴族との縁故関係も強まった。そしてジャンが完全に遺産を相続するずっとまえに、妻ジャンヌが跡継ぎを産んだ——男子で、一三七〇年代後半に生まれたものと思われる。

ジャン四世と父親は、一三六七年に領土を相続した主君ペルシュ伯ロベールに忠義を尽くして仕えた。伯爵はヴァロア伯シャルルの四男であり、フランス王家の一員であった。ベレムの南東一〇マイルほどのところに、古代にペルシュの中心地であったノジャン・ル・ロトルーという要塞化された町があり、ロベール伯はこの地で宮廷を維持した。ロベールが二〇代前半でペルシュの伯爵になったときには、カルージュ家の男たちは父親も息子も、自分たちよりずいぶん若い領主のために宮廷でひざまずき、「主君よ、わたくしは主君の臣下になります」と臣従の礼をとり、口に接吻を受け、忠誠を誓った。つぎの一〇年、親子は宮廷で伯爵に奉仕し、毎年の地代を支払い、民衆に伯爵の命令を守らせ、イングランドと戦う軍の召集に応じた。

ところが一三七七年、ロベール伯は跡継ぎを残さないまま、三〇代半ばにして突然命を落とした。封建法により、これまでロベールが支配してきたペルシュの土地と城は、大君主である国王シャルル五世に戻された。慣習にしたがい、国王はロベールの兄であり、アランソンの伯爵であるピエールにペルシュを授与した。事実上、一夜にして、ジャンと父親は新しい領主に仕えることになったのである。そして新たな領主ピエール伯に臣従の礼をとり、忠誠を誓い、自分たちの命と命運をゆだねなければならなかった。

ピエール伯はフランスでもっとも裕福で、もっとも権力をもつ国王の家臣のひとりだった。ヴァロア伯シャルルの三男であるピエールはまた、数人の王の遠縁にもあたった。一三六三年、二〇代のはじめに、ピエールはほかの若いフランスの貴族とともに、フランス国王ジャンの身代金のいわば抵当代わりに、イングランドに送られた。ピエールは一年以上、イングランドに残り、一三六四年、ジャン国王崩御のあと、フランスに戻った。

三男であるピエールは、もともと、父親から伯爵を継承できる可能性が低かった。しかし、イングランドから帰国するとすぐに、運命のいたずらか、ピエールは巨富を得たうえに、地位も得ることができた。というのも、ふたりの兄が聖職者の道に進み、ほどなく大司教となり大きな権力を手中にしていたのだが、相続した土地と肩書きを放棄しなければならなかったからだ。一三六七年、ピエールはまだ二〇代だったにもかかわらず、アランソンの伯爵となり、領主として広大な封土を得た。一三七一年、ピエール伯はマリー・シャマイヤールと結婚し、資産を倍増させた。新婦は女子爵で、五つもの封土を持参したからだ。その後、ピエール伯はまた領土を増やし、地代収入で非常に裕福になっていった。一三七七年、弟ロベールが逝去すると、ピエール伯はペルシュの領土をすべて相続し、そのなかにはベレムやエクスムの城塞も含まれていた。

しかし、これだけの巨富を得ても土地にたいする飽くなき欲望は消えず、ピエール伯はその後も土地を買いつづけた。新たに得た領土のなかでとりわけ重要だったのは、アランソンの北二五マイルあたりにある要塞化された丘の上の町アルジャンタンだった。戦略的に重要な位置にある、この美しい町アルジャンタンは、イングランドがまだノルマンディを支配していた頃、国王ヘンリー二世が好んで住んだ地だった。ピエール伯はなんとかしてこの土地を獲得しようと心血をそそぎ、とうとう一三七二年、金貨六〇〇〇リーヴルで町と城、そして周囲の土地を購入したのだった。

ピエール伯はすぐにアルジャンタンの古い宮殿を改築し、ここに住居を構え、アランソンから宮廷を移した。宮殿はロマネスク様式の窓をもつ四階建ての堂々たる建物で、三つの矩形の塔があり、それぞれに鋭い傾斜の屋根がついており、これはこんにちもまだ残っている。二階には巨大な広間があり、ここで伯爵は御前会議をひらいた。高価なタペストリーが飾られた壁に囲まれ、凝った彫刻がはいった椅子に座り、ピエール伯は命令を下し、裁判をとりしきり、謁見に応じた。昼近くになると架台式食卓が広間に用意され、騎士、従騎士、聖職者、訪問客らと食事をした。とはいえ、ピエール伯にはある噂が流れていた。彼には多くの愛人がいたが、そのなかのひとり、家臣の妻ジャンヌ・ド・モガステルのあいだに非嫡出子（ひちゃくしゅつし）をもうけたというのである。しかし、ピエール伯は妻マリーにたいする夫婦の義務もはたしており、結婚の最初の一四年のあいだに八人の子どもをもうけた。

ピエール伯は、四六時中、領土拡大に時間を費やしているわけではなかった。多くのすばらしい所有物を楽しみ、ときおり非嫡出子をはさみながらも、多数の跡継ぎをもうけた。王室の縁者であり親王であるピエール伯は、ノルマンディでもっとも信頼された家臣であり、騎士や従騎士や重騎兵たちを広大な領土から召集し、定期的に軍務に就かせることを誓っていた。ピエール伯自身、国王の命を受けて何度も出征し、ある攻囲戦で重傷を負った。そのため、しばらくノルマンディ南部——セーヌ川西側に広がる全地域——で国王の副官として仕えた。

ジャン・ド・カルージュ四世と父親は、ピエール伯にたいして新たに忠誠を誓い、新たな主に仕えるためアルジャンタンを定期的に訪問し、領主がひらく裁判に参加し、戦時中には召集に応じた。宮廷での奉仕や出征で留守にせずにすむとき、ジャン三世はほとんどの時間をベレムですごし、城塞の長官として防衛にあたり、補給品や守備隊に目を光らせ、数十人に及ぶ重騎兵に任務を割りあてた。こうした仕事があったため、騎士であるジャン三世はベレムを本邸とし、妻のニコルと暮らしていた。

従騎士であるジャン・ド・カルージュ四世は、妻のジャンヌと若い息子とともに、カルージュにある代々の城で暮らしていた。彼自身も重騎兵の従者をしたがえ、父親より多くの時間をアルジャンタンの宮廷ですごした。ベレムよりカルージュのほうが、ずっとアルジャンタンに近かったのだ。父親は四〇マイル近くある距離を馬で丸一日かけて通ったが、息子は一二マイルほどの距離を一、二時間、馬を走らせればすんだ。そのうえ、一三七七年に伯爵の家臣になるとすぐに、息子はピエール伯の侍従に就任していた。

侍従は本来、伯爵の私生活にもかかわり、深い信頼を得るうえ、伯爵と親密な関係になる地位であった。しかし、ときの流れとともに、この地位は実務的なものではなく、肩書きだけのものになっていた。それでも宮廷の役人として、侍従はとくべつな用事があれば急な呼び出しを受けたし、重要な行事があれば出席しなければならなかった。侍従として仕える見返りとして、ジャンは毎年、臣下としての名誉のほかに、小額の特別手当を与えられており、すくなくとも名目上は廷臣や顧問らと同様に、ピエール伯の権力中枢部に所属していた。

アルジャンタンのピエール伯の侍従のなかに、もうひとりの従騎士、ジャック・ル・グりがいた。ル・グリはカルージュと年齢も近く、ふたりは旧友だった。ふたりの友情はロベール伯に仕えていた頃にめばえていた。というのも、ル・グリもまた一三七七年まではロベール伯の家臣だったからだ。そしてロベール伯の死後、彼の領土と臣下たちはピエール伯に譲渡され、ジャン・ド・カルージュもジャック・ル・グリも、この新たな領主に忠誠心があるところを見せようと必死になっていた。

ル・グリは貴族の肩書きをもってはいたものの、もとは庶民の出であり、一家の名前はカルージュほど昔から有名ではなかった。一家の名前が最初に記された記録は、一三二五年、ジャックの父親であるギヨーム・ル・グリの名が明記された勅許状である。しかし、その後の半世紀、この野心家の一家は抜け目なく社交界のはしごを上り、土地や財産を増やし、ノルマンディで多くの価値ある封土を獲得し、貴族階級への階段を着実にのぼっていった。ル・グリ家の紋章には、カルージュ家の紋章とおなじ色がほどこされているが、地の色と模様の色がちょうど反対で、銀色の地に深紅の縞(しま)模様がはいっている。[注3]

ジャック・ル・グリは体格のいい頑強な男で、強靭な腕力と万力のような握力が有名だった。従騎士として重騎兵隊でも活躍し、一三七〇年以降はエクスムの重要な城塞の長官も務めていた。ル・グリはジャン・ド・カルージュとは異なり、教育を受けており、下級聖職者でもあった――つまり読み書きができ、ミサで補佐役を務めるだけの訓練を受けていたわけだが、それでも独身の誓いは守らなかった。そして、ついにル・グリは結婚し、数人の息子の父親となった。そのうえ、女好きだったらしく——聖職者としても従騎士としてもめずらしいことではなかったが——愛人たちを連れ、ピエール伯の享楽にもよくくわわっていた。

ジャック・ル・グリとジャン・ド・カルージュとの友情は、その何年もまえからつちかわれ、ピエール伯の家臣になる頃には、ふたりは深い友情と信頼で対等にむすばれていた。ジャン・ド・カルージュの妻ジャンヌが息子を産んだときなど、ジャック・ル・グリは名づけ親になってくれと頼まれたほどだった。これは中世において、とくに貴族のあいだではたいへんな名誉だった。というのも、名づけ親は実質的に家族の一員と見なされるからである。その無防備な魂を守るため、乳児の誕生後できるだけ早くおこなわれる洗礼式で、ジャック・ル・グリは洗礼盤のところで乳児を抱いた。そして司祭が乳児を聖水に浸すと、ル・グリはこの子を悪魔から守り、そして七年間「水から、炎から、馬の蹄から、猟犬の口から」守ることを誓った。

ジャック・ル・グリがロベール伯の下で成功してきたとするならば、ピエール伯の下で彼の運勢はさらに急な上り坂をのぼっていったといえるだろう。旧友カルージュと同様、ル・グリもまたピエール伯の家臣になるとすぐ侍従に任命された。しかし、この裕福な従騎士はすぐに自分が有用なところを見せ、あるときなどピエール伯に三〇〇〇フラン近い金を貸したほどだった。深く感謝したピエール伯は、とりわけル・グリを寵愛するようになった。

一三七八年、ふたりの従騎士が侍従となって一年ほどたった頃、ピエール伯はル・グリに贅沢な贈り物をした。自身が最近獲得したばかりの、広大で価値ある土地オヌー・ル・フォコンを贈ったのである。この贈り物は、驚くほどの大金を貸してくれたことを含む、ル・グリの忠誠心へのお返しだった。金を貸してすぐ土地が贈与されたところを見ると、そもそも、ル・グリが貸した金でピエール伯がオヌー・ル・フォコンの土地を購入したという可能性もあった――実際、ピエール伯はル・グリからの資金提供があったからこそ、取引に臨むことができたのである。

土地という派手な贈り物は、当然のことながら、アルジャンタンのほかの廷臣たちのあいだに嫉妬の炎を燃えあがらせた。だれもが、ピエール伯に引きたててもらおうと必死だったのだ。そして、この贈り物は、ジャック・ル・グリの旧友であり侍従としては同僚でもあったジャン・ド・カルージュをとくに不快にさせた。いくらル・グリがピエール伯の宮廷でいちばんの寵愛を受ける存在になったとはいえ、カルージュ家はル・グリ家よりもずっと古くからある名家だった。そして、いくらふたりとも侍従であるとはいえ、ル・グリはエクスム城塞の長官にすぎないのに、ピエール伯の秘蔵っ子として、しばしばパリの王宮をも訪問するようになった。寵愛を受け、急速に裕福になっていったル・グリとのあいだには、古くからのあたたかい友情があったにもかかわらず、その成功と繁栄に、カルージュはいらだちをつのらせた。そして、ふたりの関係は冷えていった。

一三七〇年代後半、ふたりの従騎士がピエール伯に忠誠を誓い、アルジャンタンの宮廷に通うようになってからほどなく、ジャン・ド・カルージュは痛ましい喪失を経験した。妻ジャンヌが病で命を落としたのだ。このひどい痛手のあと、すぐにまたべつの不運がカルージュを襲った。まだほんの数歳だった——ジャック・ル・グリが名づけ親となった——ひとり息子もまた天に召されたのである。カルージュはあっというまに、妻と唯一の跡継ぎをもぎとられた。

この悲痛な二重の喪失は、中世ヨーロッパをたびたび襲った悪疫に原因があったのかもしれない。ペスト、チフス、コレラ、天然痘、赤痢といった疫病は、まだ治療法がなく、ヨーロッパを一掃するかのように頻繁に荒廃をもたらしていた。あるいは、当時の女性の死因としてめずらしくなかった出産で、ジャンヌは命を落としたのかもしれない。中世の出産はじつに不衛生な状況でおこなわれ、合併症を起こしても治療の手立てはなく、多くの女性が出産後、感染症で亡くなっていた。

家族を喪うと、ジャン・ド・カルージュはすぐに家を離れ、命運を賭けた出征にでかけた。一三七九年、長いあいだ病に苦しんでいたシャルル五世が、当時まだ一〇歳だった息子に王土を遺すまえに、ノルマンディからイングランド軍をなんとしても駆逐しようと決意をかためたのである。そして、高名なジャン・ド・ヴィエンヌの指揮のもと軍を起こした。ジャン・ド・カルージュは一三七九年秋、自前の傭兵や従騎士を引きつれ、ノルマンディ南部でフランス軍に合流した。カルージュと同様に、兵士はそれぞれ自分で甲冑、武器、召使、馬を揃えなければならず、一日あたり半リーヴルという給金を受けとった。

遠征は五カ月近くつづき、イングランド軍がシェルブールの城塞を基盤に略奪をくりかえしていたコタンタン半島を、カルージュらはくまなく攻めていった。一三七九年一〇月末から一三八〇年三月初旬にかけて何度も召集(montres)がかかり、カルージュの隊はZの文字を横倒しにしたようにコタンタン半島をジグザグに進んでいった。北東のブズヴィルから南のカランタンへ、そしてシェルブールにほど近いブリックベックへと北西に進み、ついに、シェルブールとモン・サン・ミッシェルの中間にあるクータンセ南部にたどりついた。カルージュの部隊は一〇月には四人の従騎士だったが、翌年の一月には九人に増え、三月にはまた四人にまで減っていた。おそらく、負傷か戦死によるものだろう。

こうした危険があったにもかかわらず、ジャン・ド・カルージュは出征の機会を歓迎したにちがいない。コタンタン半島への遠征は、カルージュでの男やもめの孤独な生活から抜けだし、従者や気心の知れた戦友とともに、戦いと冒険というなつかしい興奮に身を投じる機会になったのかもしれない。

しかし、イングランド軍との戦闘に何度も命を賭けるにつれ、そして従者を戦死させるにつれ、カルージュは自分の名前と家系が断絶の危機にさらされていることを痛感するようになった。自分が殺されれば、カルージュの名は死に絶え、所有地はカルージュ系列の家に譲渡されるだろう。すなわち、戦争を生き抜くことができたなら、自分はぜったいに再婚しなければならない。それも、金持ちの娘と、できるだけ早く。彼の弟は司祭であり、正統な跡継ぎは望めない。妹はすでに結婚し、カルージュの名を失っている。カルージュ家の財産を次世代に残せるかどうかは、ひとえにジャンの身の振り方にかかっていた。

コタンタン半島を移動しながら、ジャン・ド・カルージュはブズヴィルやカランタン、クータンセといった町や城で足をとめては、結婚相手にふさわしい若い貴族の娘をさがしつづけた。ときおり、地元の領主や城塞の長官に招待されると、そこの大広間で供される晩餐でノルマンディの貴族の若い娘たちと会う機会があった。ジャンは結婚相手としてふさわしいかどうか、そうした娘たちの品定めをした。

求愛という笑顔や世辞の裏側では、封建時代の婚姻という真剣な計算や取引がおこなわれていた。当時の婚姻は愛情やロマンスから生じるものではなく、土地であり、金であり、権力であり、家同士の縁組みであり、跡継ぎの生産だった。つまりジャン・ド・カルージュの理想の花嫁は、貴族の出身で、裕福で、領地拡大を可能にしてくれるだけの持参金をもたらす娘でなければならない。そのうえ若く、健康な息子を産める能力が必要だったが、新婦が処女であるという保証まではさすがに求められなかった。とはいえ、法的に正統な跡継ぎを産むためには、貞淑であらねばならない。そのうえ美人とくれば、無論、それは欠点とはならなかった。

注1　臣従の礼をあらわす英語の homage は、フランス語の homme（人間、男）に由来し、忠誠をあらわす英語の fealty は、フランス語の fealte（信頼）に由来する。

注2　貴族にはおもに三つの階級があった。上級貴族（pair）、騎士（chevalier）、そして従騎士（escuier）である。ペルシュ伯爵は第一の階級に、ジャン・ド・カルージュ三世は第二の階級、そして息子のジャン・ド・カルージュ四世は第三の階級にあてはまった。

注3　紋章は地の色で家族の名前をあらわし、赤（rouge）はカルージュ家を、銀色か灰色（gris）はル・グリ家をあらわした。

2　宿　恨

一三八〇年、フランスが新たな国王に王位を授けた年、ジャン・ド・カルージュはついに新たな妻の獲得に成功した。コタンタン半島への遠征から帰宅してほどなく、この男やもめの従騎士は、マルグリットという女子相続人と結婚した。ノルマンディの旧家の一人娘で、未婚であり、婚約した頃はまだ一〇代後半だったと思われる。若く裕福で、非常に美しいマルグリットは、一族の名前と財産を守りたいと切望する貴族の男にとって、まさに理想の花嫁だったろう。そのうえ、父親の唯一の跡継ぎであるマルグリットには、相当の結婚持参金が期待できたし、将来そのときを迎えれば、遺産として相続する土地や財産も期待できた。

どの史料にも、マルグリットが若い絶世の美女だったことが描写されている。ある年代記作家は、彼女を「若く、美しく、善良で、分別があり、控えめ」と描写している——最後の描写は、その美しさにもかかわらず、マルグリットが多情でも男たらしでもなかったことをほのめかしている。ただひとり、女性全般に猜疑(さいぎ)心をもつ修道士だけが、マルグリットの美しさや性格をほめそこなっているが。ジャン・ド・カルージュ自身はこの二番目の妻について、のちに法廷で「若く美しい」と同時に「貞淑で慎み深い」とも証言している。とはいえ、あきらかに彼は偏見をもった証人であり、腹に一物もち、法の場に臨んでいた。

マルグリットの肖像画が、かつてカーンにある大修道院の壁を飾っていたことがあった。そこには好戦的な夫の肖像画も飾られていたが、マルグリットの顔もまた時間の経過とともに消しさられ、どんな顔つきだったのか詳細がわかる史料はもう残っていない。しかし、作家や画家が描いたものを見れば、かれらが当時の女性の美のどんなところを賞賛していたのかがよくわかる。北フランスにおける理想の淑女は、金髪、輝く白い額、アーチ形の眉、青灰色の瞳、かたちのいい鼻、小さな口、ふっくらとした赤い唇、えくぼの持ち主であり、甘美な息づかいをする女性だった。そしてまた、ほっそりとした首に雪のように白い胸をもち、「釣りあいのとれた、すんなりとした」からだつきをしていた。長い麻のガウン（chainse）――たいていは白色だったが、祭日のときなどには明るい色のもの――を身にまとい、大半の貴族の女性はブローチやネックレス、それにおそらく宝石のついた金製の指輪などの宝飾品を身につけていた。

城主夫人(châtelaine)として、マルグリットは家事をとりしきり、領土を治める夫に力を貸すことが期待されていた。宮廷を訪れたり、出征したりと、夫がたびたび城を留守にするあいだ、マルグリットはおそらくまだ一〇代の身で城を守っていたのだろう。ガウンの裾を引きずりながら、腰にじゃらじゃらと鍵束をぶらさげ、その鍵で地下室や金庫や貯蔵室の扉をあけていたにちがいない。召使の指揮をとり、乳母たちの監督をつとめ、訪問客が快適にすごせるよう心をくばりと、日常の雑務をこなしていたはずだし、大広間での晩餐会では采配をふるったことだろう。そのうえふたりきりになれば、宮廷の訪問などについて夫に忠告もしていたはずだ。貴族の親族や友人たちのあいだで、マルグリットは多大な政治的影響力をもっていたからだ。

マルグリットはまた、あくまでも淑女らしい完璧な礼儀作法をもってふるまうことも求められていた。礼儀正しく、高潔で、慈悲深くある(ノブレス・オブリージュをはたす)こと、思慮深くあること、そしてなにより、夫に従順であることが求められた。貴族の血筋を守るためには「妻はひとつの種、つまり夫の種だけ」を受けなければならなかった。さもないと「ほかの男の血がはいった侵入者ともいうべき種が、先祖伝来の相続財産を要求しはじめるであろう」から。貴族の男たちは、たとえ自分たちは勝手気ままに領土の農婦たちや町の愛人たちと放蕩にふけろうと、妻には絶対的な貞節を求めたのである。

家柄がよく、かつ美しく高潔な娘と結婚したジャン・ド・カルージュは、マルグリットが貞節な妻となり、正統な跡継ぎを産んでくれるにちがいないと思っていた。たしかにマルグリットは自分よりずっと若かったため、ジャン・ド・カルージュは巷(ちまた)でよく言われている「年寄りが若い妻をめとったところで、まず独占はできない」という警告を自覚していたにちがいない。それでも、貴族の男性が自分よりずっと年下の若い女性と結婚する例はよくあった。なぜなら、女性の若さは子どもを産める能力があることを意味したし、健康な跡継ぎをもたらすと思われていたからだ。

とはいえ、マルグリットにはひとつ欠点といえるものがあり、ジャン・ド・カルージュは当初、結婚に踏み切るのをためらった。というのも彼女は、フランス国王を二度裏切った過去のある悪名高きノルマンディの騎士、ロベール・ド・ティボヴィルの娘だったのだ。ロベールの二度の裏切り行為は、マルグリットが誕生した一三六〇年代初頭よりずっと以前の出来事ではあった。しかし、彼の背信はティボヴィル家の汚名となって残り、マルグリットは〝裏切り者の娘〟として育ってきたのである。

ティボヴィル家の名前はカルージュ家より古く、カルージュと同様、いまもノルマンディの景観にその地名を残している。マルグリットの家族はヴェルノンからレザンドリーへと弧を描いて進み、ルーアン、そして海へと向かうセーヌ川の南に広がる湿気の多い肥沃な地帯ウールの出身だ。父親の城フォンテーヌ・ル・ソレルは古代ローマにつくられたローマ街道のそばをエヴルーからリジューへと西に流れるリル川沿いの谷にあった。

初代ロベール・ド・ティボヴィルはこの地の出身であり、その息子はヘースティングズの戦いで征服王ウィリアムに仕えた。一二〇〇年、ロベール・ド・ティボヴィル二世は、ある決闘裁判で、宣誓をしたうえで保証人——あるいは介添え人——になった。この頃、ティボヴィル家の紋章が決まったようだ。銀色の地に、横に青い帯がはいり、上下には赤いアーミン模様——紋章学的にいうとフランス王室のユリ紋章を上下逆さまにしたものに似ている——が三つ並んでいる。

マルグリットの父、ロベール・ド・ティボヴィル五世は、ティボヴィル家が三世紀近くかけてたいせつに築きあげてきた莫大な世襲財産をあやうく失いかけたことがある。一三四〇年代、ノルマンディで起こった反乱にくわわり、フランス国王フィリップ六世にそむいたのだ。戦いで捕虜となり、フランス国王の御前でパリ高等法院により裁きを受けると、大逆罪で有罪となり、ロベール・ド・ティボヴィルはかろうじて死刑はまぬかれたものの、牢獄でみじめに三年をすごすこととなった。こうして死ぬほどの思いも不名誉な思いも味わわされたにもかかわらず、一〇年後、彼はふたたび——こんどはフランス国王ジャンにたいして――臣従の誓いを破り、ナヴァール国のシャルル邪悪王の下で戦った。しかし、ふたたびロベールは死刑をまぬかれ、一三六〇年に反逆を起こしたほかの三〇〇人ほどのノルマン人とともに恩赦を認められた。

ロベールはすぐに復活をとげた。一三七〇年には、ルーアンの南三〇マイルほどのところにあるヴェルノン城塞の司令官に任命された。ヴェルノン城塞はセーヌ川を守る重要な城塞で、七五フィートもの高さの円柱形の主塔があった。どうやらこの頃には、ロベールは最初の妻を亡くしていたようで、マルグリットは八～一〇歳という年齢で母を喪った。そして一三七〇年、ロベールはマリー・ド・クレルと再婚した。

マルグリットが生まれたのは父親が投獄されたあとだったが、幼い頃に母親を亡くし、継母がとりしきる家庭で成長したため、彼女の心には深い傷が残っていたようだ。そのうえ父親の再婚により、マルグリットが相続する遺産は減ってしまった。継母マリーが、ティボヴィル家の土地を自分の名義にするよう要求したのである。それでもマルグリットはロベール・ド・ティボヴィルの唯一の子どもだったので、土地を含む莫大な遺産を相続するものと思われた。

どうやらジャン・ド・カルージュは、彼女のいとこギヨーム・ド・ティボヴィルをつうじてマルグリットと知りあったらしい。いとこのギヨームは、カルージュ家が所有するカポメスニルの北数マイルほどのところにあるクレヴクール・アン・ノージュの領主だった。マルグリットの財力はジャンを強烈に引きつけたのだろう。その引力たるや、彼女が美人であることや貴族であることより、よほど強かったにちがいない。それでもジャンは当初、マルグリットとの婚約になかなか踏み切れなかったはずだ。大逆罪に問われた過去があるティボヴィル家の者を妻にむかえることで、たった三年まえに臣従の誓いをしたばかりの新たな主、ピエール伯との関係にひびがはいるのをおそれたのである。戦時中には捕虜になった経験があり、フランス国王の遠縁にあたるピエール伯が、恩赦を認められたノルマンディの反逆者を軽蔑するのはまちがいない。どうして侍従であり信頼を置いている家臣ジャン・ド・カルージュともあろう男が、二度もフランス国王を裏切り、敵に寝返ったティボヴィル家の人間と結婚するのかと、ピエール伯が疑問に思うのも当然だった。

しかし、ピエール伯とともにイングランドで捕虜となっていた人物のなかに、ひとりティボヴィル家の者がいた。そしてピエール伯自身、ジャック・ル・グリに贈ったオヌー・ル・フォコンの土地を購入したのは、ほかならぬマルグリットの父親からだった。おそらく自分の領土との境界線にある、この価値ある土地をどうしても手にいれたいというピエール伯の欲望が、過去の仇敵と土地取引をするというやましさに打ち勝ったのだろう。あるいは、喉から手がでるほど欲しい土地が簡単に手にはいるのなら、二〇年ほどまえに国王がロベール・ド・ティボヴィルに与えた恩赦を尊重しようという気になったのかもしれない。いずれにしろ、ピエール伯が家臣ジャン・ド・カルージュの結婚に反対したという証拠は、いっさい残っていない。

ジャンとマルグリットの結婚式は、一三八〇年の春におこなわれた。式はジャンの城から二マイルほどのところにある、花嫁自身を賛美する名前をもつ聖マルグリット・ド・カルージュ教会であげられたらしい。聖マルグリットは三世紀、アンティオキアに暮らしていた美しい少女で、邪悪な統治者に誘惑され、脅されても貞淑でありつづけたといわれている。そのうえ竜に姿を変えて近づいてきた悪魔に呑みこまれたものの、十字を切り、竜の腹を破裂させ、自由になったという伝説のもちぬしだ。彼女はまた子宝に恵まれるという象徴でもあり、お産に臨む女性の守護聖人でもあった。

聖マルグリット教会は縦長のラテン十字のかたちに広がる建物で、ローマ様式の円形アーチ窓がいくつもあり、ノルマンディらしい矩形の尖塔がひとつある。ここでジャンとマルグリットは、獣脂ろうそくが灯され、香がたかれ、親族や友人が見守るなか、祭壇のまえに立ち、右手をつないでいた。司祭はひらいた祈禱書を掲げ、夫妻の上で十字を三度切り、ふたりの婚姻を認めることばを詠唱した。「Ego conjungo vos in matrimonium, in

宴会、楽士たちと　貴族の家同士の婚礼には、たいてい、大宴会がともなった。MS. Harley 1527, fol. 36v. By permission of the British Library.

nomine Patris, et Filii, et Spiritus Sancti. Amen（わたしはここに、父と子と聖霊の御名において、聖なる婚姻のちぎりをむすぶことを誓います。アーメン）」。ミサのあとは、新郎の城の大広間で世俗的な祝宴がひらかれた。吟遊楽士、舞踊、多くの招待客、大量のワイン。そのあと、待っている夫のもとへと、花嫁の女中がついにマルグリットのしたくをととのえた。そして司祭は、多産をもたらしたまえと、ベッドを清めた。

結婚のミサと披露宴のまえに、もうひとつ重要な儀式がすでにおこなわれていた。それは民事婚であり、事前に教会の外のポーチでおこなわれるのがしきたりとなっていた。ここでふたりは結婚に同意する意を公的に述べ、指輪と接吻を交換し、たがいの土地や財産を授けあった。持参金の賦与（dotation）により、ジャンとマルグリットは相手が死んだばあいに相続権を得ることを確認し、婚約時に同意した内容を揺るぎないものにした。つまり、この資産家の貴族は、教会の外で土地や財産を法的に交換する結束が強化されたのを事前に確認してから、教会のなかの祭壇で司祭の祝福を受けたというわけだ。

ジャン・ド・カルージュは、若く、美しく、裕福なマルグリットと結婚できてうれしかっただろうが、結婚式当日の機嫌はそれほどよくはなかったかもしれない。というのも、教会の外のポーチで婚姻の契約をむすんだとき、花嫁の魅力的な持参金には、ジャンが切望していた土地が欠けていることがわかったのだ。それは、オヌー・ル・フォコンの土地。

一三七七年にマルグリットの父親がアランソンのピエール伯に売り、それを翌年、伯爵がジャック・ル・グリに贈っていたのである。この土地取引により、マルグリットの父親は八〇〇〇リーヴル以上の現金を得ており、したがってマルグリットの持参金も増えていたのだが、土地そのものの権利は——今後得られるはずだった地代や相続権も含めて——失われており、ジャン・ド・カルージュはこれに腹を立てたのである。

オヌー・ル・フォコンの土地をル・グリに贈ったのは、ピエール伯が自分よりル・グリを可愛がっているからであり、新たな気に入りとして寵愛しているからだと、ジャン・ド・カルージュには二年まえからわかっていた。しかし、その当時はまだ、ル・グリの幸運がまさか自分の不運の上に成り立つことになろうとは夢にも思ってもいなかった。マルグリットとの結婚を決めたあと、彼女の持参金の内容が問題となったとき初めて、本来自分のものになるはずだったオヌー・ル・フォコンの土地がライバルの手に渡っていたことを知ったのだから。

オヌー・ル・フォコンの封土が自分のものになっていた可能性があったことを理解したとき、ジャン・ド・カルージュは行動を起こした。土地をとりもどすために訴訟を起こし、土地取引に異議を申したて、オヌー・ル・フォコンの土地を自分に譲渡するよう求めたのである。とはいえ、すでにル・グリがその土地を所有するようになってから、もう数年が経過していた。一三八〇年の五月になる頃には、この土地をめぐる争いは騒々しいものとなり、ついにフランス国王の耳にはいった。

一三八〇年春、余命があと数カ月となっていたシャルル五世国王は、戦争で引きさかれ、重税にあえぐ王土を未成年の息子に遺贈しようとしていた。イングランド軍との終わりのない戦争、父親をとりもどすための未払いの巨額の身代金、新たな税制にたいして広がりつつある一揆など、国内でもさまざまな問題が山積するなか、シャルル五世は一通の嘆願書を受けとった。差出人はピエール伯で、家臣にたいする土地の贈与を保証してほしいというのだ。ピエール伯はこの贈与にたいして国王の承認を得ることで、オヌー・ル・フォコンに関する争いにきっぱりと終止符を打とうとした。長いあいだ病に苦しんでいたうえ、ほかの懸念で頭がいっぱいだった国王は、自分の親戚であり、ノルマンディでもっとも強い権力をもつ副官であるピエール伯からの要求にふたつ返事で応じた。

一三八〇年五月二九日、パリ郊外ボテ・シュール・マルヌの王城で、国王はピエール伯と会い、ジャック・ル・グリへのオヌー・ル・フォコンの土地の贈与を認める勅許状を与えた。勅許状にはピエール伯にたいする多くの忠義——最近贈与された二九二〇フランの金貨も含む——に報い、ジャック・ル・グリに土地が贈られることが明記されていた。これによってオヌー・ル・フォコンの土地は、「変更不能な贈与」であり、ピエール伯が他人から「保証し、守り、贈る」ことが約束されたのである。すなわちジャン・ド・カルージュが訴訟を起こし、法的手段に訴えても無駄だと暗に断言されたのだった。国王は勅許状に署名し、それに緑色の封蠟で封をすると、オヌー・ル・フォコンの住人に向けて大声で朗読するように命じた。こうして、だれが真の領主であり君主であるかが公言されたのである。この公的な宣言はオヌー・ル・フォコンの聖堂区の教会で、六月一〇日、三九人の住民のまえでおこなわれた。ジャン・ド・カルージュはあきらかに敗訴した。国王の勅許状は、切望していた封土とジャン・ド・カルージュのあいだで分厚く高い壁となり、断固として立ちはだかったのだ。

反逆者の娘と結婚する危険は、オヌー・ル・フォコンをめぐる争いにくらべれば、ジャン・ド・カルージュにそれほどの打撃を与えはしなかった。だが彼は失った封土をとりもどすのに失敗しただけでなく、旧友でありおなじ侍従でもあるジャック・ル・グリを立腹させ、疎遠な関係にしてしまった。そしてまた自分の君主であり、庇護と支援の大本であるピエール伯に盾を突いた。そのうえ、宮廷での自分の評判も落としてしまった。ピエール伯に仕えるようになってからたった三年にして、ジャン・ド・カルージュはノルマン人の基準からしても嫉妬深く争い好きの男として名を広めたのである。

数年まえにピエール伯の家臣としてライバル関係になってから、カルージュとル・グリの友情は薄れはじめていた。そしてオヌー・ル・フォコンをめぐる争いが、ふたりのあいだに決定的な溝を残した。ふたりの関係に亀裂がはいった証拠として、かつてジャン・ド・カルージュの息子の名づけ親となり、深い思いやりと信頼を寄せていたル・グリが、この旧友の結婚式には出席しなかったし、その後も新婚のふたりを祝おうと有志がひらいた祝宴にも、あろうことか欠席した。しかしそれは、そもそもル・グリが祝宴に招待されていなかったからかもしれない。つまりジャック・ル・グリはふたりの結婚式に出席しそこねただけでなく、ずっとのちまでマルグリット本人と実際に会う機会に恵まれなかったのである。

その後の数年間、ピエール伯の宮廷におけるジャン・ド・カルージュの立場は悪くなるばかりだったが、ジャック・ル・グリはますます厚遇されていった。一三八一年八月、ピエール伯がパリの王室を訪問する際には、従者としてル・グリをともなった。宮中でル・グリは、国王の叔父にあたるアンジュー公ルイなど高官が集う評議会に出席した。評議会ではナポリ王国の強欲な君主が、アヴィニョンの教皇から祝福された異教徒討伐の遠征軍の指揮官に就きたいとじきに要求してくると思われる件について話しあわれた。この評議会に出席していたシャルトルの司教ジャン・ル・フェーヴルが八月二三日の日付の日誌に、ル・グリについて記している。名家の出身ではないル・グリがじつに高貴な人々と同席していたことがわかる。「わが君主アンジュー公爵。小生シャルトル司教、シャトーフロモン領主、ブエル領主、レイモン・バルディル閣下、レイモン・ベルナール閣下、そしてアランソン伯爵の従騎士ジャック・ル・グリ」。

ピエール伯自身は評議会に出席しなかったが、代理人としてル・グリを送りだしたのだから、この寵臣に深い信頼を寄せていたことがうかがえる。ル・グリは貴族の仲間入りをしたばかりの家の従騎士にすぎなかったが、ピエール伯の秘蔵っ子として、非常に高位の貴族しかはいれない王室に出入りするきっかけを得たのである。この頃、ル・グリは国王直属の従騎士にも任命されていた。これは遠縁にあたるピエール伯がル・グリに目をかけていることを国王が考慮した結果であり、ル・グリはこのうえなく名誉ある地位を得たのだった。

いっぽうジャン・ド・カルージュはといえば、パリに招待されもしなかった。オヌー・ル・フォコンの土地をめぐって争い、後味の悪い思いをしたのだから、ピエール伯にしてみれば王室を訪問する際に、なにもわざわざ厄介者カルージュを連れていく義理などない。そのため高名な貴族の末裔であり、じゅうぶんにその資格があるはずのカルージュは、ル

・グリが身分の低い生まれでありながら宮中政治に抜け目なくはいりこみ、自分を尻目にどんどん昇進していくようすをむなしく傍観するしかなかった。

一三八二年、第二の、そして以前よりもっと激しい争いが、ジャン・ド・カルージュとピエール伯のあいだで勃発した。この年、カルージュの父親が死亡し、土地を息子に遺しはしたものの、ここ二〇年維持していた名誉あるベレム長官の椅子をあけわたした。カルージュは父親が維持してきたその地位を、自分が受け継ぐものとばかり思っていた。長官職は父親から息子へと受け継がれるばあいが多かったからだ。しかし、そうはならなかった。ピエール伯は、亡くなった弟のロベールからベレムの権利を得ていたため、長官の任命権ももっていた。そこで、この重要な城塞をほかの男に任せることにしたのである。

喉から手がでるほど欲しかった地位が、自分を無視してほかの男のところに受け渡されたことを知ると、ジャン・ド・カルージュは激怒した。オヌー・ル・フォコンの封土は失われたとはいえ、もともとティボヴィル家の所有地であった。だがベレムは、実父の管轄下にあったものだ。そのため、不当に遺産を剝奪されたと、カルージュは激しく憤慨した。ピエール伯の決定により、ジャン・ド・カルージュの権力が弱まり、名声に傷がついただけではない。それはまるで、公衆の面前で顔に平手打ちをくらったようなものだった。そしてまたアルジャンタンの宮廷で地域の貴族に、カルージュが父親のあとを継ぐにふわさしい人間ではないこと、有名な古い城塞と守備隊の長を務めるのにふさわしい人間ではないことが示されたのである。もっと腹立たしいのは、ジャック・ル・グリがもうひとつの主要な城塞、エクスムの長官を長いあいだ務めていたことだった。ベレム長官の地位を剥奪されたジャン・ド・カルージュはピエール伯の宮廷において、ル・グリよりずっと下に扱われるようになったのである。

このベレムの件で怒り心頭に発したジャン・ド・カルージュは、ふたたびピエール伯にたいして訴訟を起こすことにした。中世は訴訟がよく起こされた時代であり、とくにノルマンディの貴族は訴訟好きだったが、それでもノルマンディの一介の家臣が伯爵の決定にたいして高等法廷で訴訟を起こしたなどという話は、だれも聞いたことがなかった。そのうえ、カルージュにはすでにオヌー・ル・フォコンの土地の件で、いちど訴訟を起こした過去があった。つまり、この二回目の訴訟は、その後のカルージュの人生と運命を大きく左右する危険をはらんでいたのである。

この二回目の訴訟でも、カルージュは敗訴した。そのうえ、君主と家臣の絆が社会の基盤であり、貴族の出世の土台となる時代に、この訴訟でピエール伯とジャン・ド・カルージュのあいだの溝はいっそう深まった。だが、それだけではすまなかった。ベレム長官の地位をめぐる争いに、ジャック・ル・グリは直接かかわっていなかったものの、オヌー・ル・フォコンの土地をめぐる争いが起こったあと、ル・グリはあからさまに伯爵側の味方についた。すなわち、この二度目の訴訟により、カルージュとル・グリの関係はいっそう悪化したのである。

ベレムをめぐる訴訟からほどなく、ジャン・ド・カルージュとピエール伯のあいだでまた争いが起こった——長年にわたる争いにおける三度目のものであり、これには直接、ジャック・ル・グリも巻き込まれたため、ふたりの従騎士の仲はいっそう険悪になった。この新たな争いは、ジャン・ド・カルージュがまたべつの土地と権力に関して誤算したことに端を発していた。

損失がつづいていた埋め合わせをしようと、カルージュは熱心に土地を買いはじめた。おそらくマルグリットの持参金で、手元に現金があったのも理由だろう。一三八三年三月一日、カルージュはキュイグニとプランヴィルという二カ所の封土を、ジャン・ド・ヴォロジェールという騎士から購入した。片方の封土はアルジャンタンのそばにあり、もう片方は現在のカルヴァドスという地域の北部にあり、どちらも豊かな収穫と高い地代が約束された選りすぐりの農地だった。カルージュがこうした土地を欲しがったのは意外ではないが、キュイグニはピエール伯とジャック・ル・グリが所有する土地のまさに狭間にあり、無視することのできない危険をはらんでいた。

しかし、この土地取引はすぐに暗礁に乗りあげた。一三八三年三月二三日、ジャン・ド・カルージュが土地を購入してからたったの一二日後、ピエール伯は両方の土地の法的所有権が以前から自分にあると主張し、カルージュに二カ所の土地を譲渡するよう要求したのである。[注4]ジャンは土地を購入するとき、この土地がやがて足手まといになると思わなかったのだろうか？　それとも伯爵に法的所有権があることを知りながら、購入に踏み切ったのだろうか？　たしかに、こうした激しい闘争心があったからこそ、ジャン・ド・カルージュは獰猛な闘士として何度も戦場を生き抜いてきたのだが、アルジャンタンの宮廷ではそれが裏目にでていた。宮廷では薄っぺらな虚勢や野蛮な力強さより、如才のなさや駆け引きの技術のほうが昇進に不可欠だったのである。

ピエール伯の主張の結果、ジャン・ド・カルージュはキュイグニとプランヴィルの土地の所有権をあきらめざるをえなくなった。ピエール伯は、ジャン・ド・カルージュが土地購入のために支払った金額を払いもどした。しかし、カルージュにとってこの敗北は、単に土地の喪失のみならず、価値ある土地から生まれるはずの地代、そして跡継ぎに遺贈する土地の権利が失われたことを意味した。さらには、アルジャンタンの宮廷でまたもや面目を失ったことを意味したのである。

ピエール伯の高圧的な行動に憤りを覚えはしたものの、君主の意思にはしたがわねばならない。そこでジャン・ド・カルージュは、怒りの矛先をライバルに向けることにした。ピエール伯にとりいり、寵臣として宮廷にはいりこみ、ピエール伯から気前よく支援を受けているル・グリに全面的な怒りをぶつけることにしたのだ。だいいち、ル・グリはエクスム城塞の長官に就いたというのに、自分はベレム城塞の長官からはずされた。ル・グリはパリを訪問し、国王直属の従騎士になったというのに、自分は声もかけられなかった。そしてなにより許せなかったのは、ル・グリがオヌー・ル・フォコンの価値ある土地をピエール伯から贈られたことだった。自分はといえば、大枚はたいて購入した土地をピエール伯本人からの抗議により、たちどころに返還させられたのだから。

ル・グリの宮廷での成功と自分の失敗とを混同してとらえるようになったカルージュは、ル・グリが裏で糸を引き、自分をあざむく計略をたてているにちがいないと疑いはじめた。そして、こう結論をだした。昔からル・グリは自分を軽んじるよう、こっそりピエール伯を説得してきたのだ。ル・グリばかりが私腹をこやしてきたのだ。この自分に正当な権利があるはずの土地――最初はオヌー・ル・フォコン、つぎにベレム、そしてこんどはキュイグニとプランヴィル――を、ピエール伯が三度も奪ったのは、耳元でずっとル・グリに邪悪な助言を囁かれていたからにちがいない。憎悪をつのらせ、疑惑を深めたカルージュは、自分がつぎつぎに土地を失ったのは、ただひとつの原因によるものだと決めつけた。かつては深い信頼を寄せていた旧友が、昇進したいばかりに自分を裏切ったせいだ。そして、その旧友ル・グリは自分を踏みつけにして、宮廷で昇進の階段を上っていったのである。

ピエール伯との三度目のいざこざ、そしてジャック・ル・グリにたいする憎悪が、ふたりの従騎士のあいだにかろうじて残っていた友情を立ち切った。そしてカルージュは、自分の不運をすべて旧友のせいにし、「ル・グリを嫌悪し、憎むようになった」。ところが怒りに駆られたこうした行動が、嫉妬深く争い好きで癇癪（かんしゃく）もちの男という評判をさらに悪化させたため、ジャン・ド・カルージュはいっそう宮廷に出向かなくなった。公的には宮廷の侍従のひとりであったにもかかわらず、ジャンは実質上、〝好ましからざる人物〟になったのである。その後一年以上、ジャン・ド・カルージュはアルジャンタンの宮廷に出向かなかった。距離でいえばカルージュから一二マイルほどしかないのだが、そこには広く深い溝があった。一三八三年八月、フランドルに召集されると、ジャン・ド・カルージュは戦場でたった八日すごしたあと、引きあげてしまった。ピエール伯との関係がどれほど悪化していたかが、よくわかる。

この頃は、マルグリットにとってつらい時期だったにちがいない。まだ結婚して三年もたっていないのに、怒りっぽく短気な夫は宮廷に顔もださず、城の主塔にこもり、その高く分厚い壁の内側でみずからの不運のことばかり考えていたのだから。彼女はきっと耳にたこができるほど、ジャック・ル・グリの悪口を聞かされていただろう。ここ数年、たっぷり噂は聞かされてきたものの、まだいちども会ったことがない男の話を。

ジャン・ド・カルージュが孤立し、宮廷と、そしてまたピエール伯とジャック・ル・グリと疎遠になった状態は、一年以上に及んだ。一三八四年、確執がはじまってから二年目になっていたが、和解のきざしはなかった。みずからピエール伯の宮廷に足を踏みいれなくなったカルージュの気持ちに変化を起こす事件が起こったのは、おそらく、その年の秋かクリスマスに近い頃だろう。

ノルマンディ各地の果樹園ではリンゴがすっかり葉を落とし、果実は残らず収穫され、切り株だらけの畑は休閑期にはいり、まれに冬小麦が植えてある程度だった。ノルマンディの秋は冷たく雨の多い季節であり、冬はいっそう悪かった。雨が雪や氷にかわり、道はぬかるみ、土地は冬の氷に閉ざされる。人々は寒さから避難しようと炉辺で肩を寄せあう。ノルマンディの城の大広間には、人間の背丈ほどの高さがあり、巨大な丸太を燃やせる暖炉がある。この暖炉には、年間を通じてひんやりと冷たく湿っている分厚い石壁にかこまれた、隙間風のはいる天井の高い部屋を暖めるだけの大きさがあった。[注5]

一三八四年の暮れ、冬が厳しさを増した頃、ジャン・ド・カルージュは一通の招待状を受けとった。差出人は、従騎士である旧友のジャン・クレスパン。クレスパンの妻は最近息子を出産しており、生まれた子どもの洗礼と妻の産後の順調な回復を祝い、クレスパンが友人や親族を自邸に招待したのである。クレスパンはカルージュから一〇マイルほど西のラ・フェルテ・マセ近郊の町に暮らしていた。町は王室所有の森に囲まれており、クレスパンはそこで森林の管理をし、猟を禁じ、王室への材木供給を維持していた。

ジャン・ド・カルージュはマルグリットを連れ、クレスパンが主催する祝宴にでかけていった。アルジャンタンの宮廷には近づいていなかったため、その年、彼にとってこの訪問はめったにない社交の場への参加だった。マルグリットはカルージュの城をでる機会が夫よりすくないうえ、その一年ほどはもっぱら夫から不平不満ばかり聞かされていたのだから、自宅を離れ、にぎやかな社交の場に顔をだせることを、どれほど楽しみにしていただろう。クレスパン邸ではきっとなつかしい人たちと再会をはたせるだろうし、初対面の人たちとも交流できるはずだ。なにしろ、マルグリットがはるか北の地にある父親の城を離れ、夫と暮らすようになってから、まだ四年しかたっていなかったのである。

ジャンとマルグリットのほかにも、招待客のなかには「多数の貴族や高名な人々」がいた。クレスパンはパリの王室とも深いつながりをもっており、ピエール伯とも知己だった。とはいえ、ラ・フェルテ・マセはアルジャンタンからは距離があり、カルージュとは方向が違うので、ジャン・ド・カルージュがそこでピエール伯の取り巻き連中に会う確率は低かった。ピエール伯との争いで何度も恥をかかされ、金を費やしてきたカルージュはまだその傷から立ちなおっておらず、宮廷の人間にまず会う可能性はないだろうという、まさにこの理由から、クレスパンの招待を受けたのかもしれない。

ところがクレスパン邸に到着し、マルグリットをともない大広間にはいっていくと、招待客のなかに、なんとジャック・ル・グリの姿があった。ル・グリはワインを飲み、ほかの客たちと祝宴の輪にくわわっている。マルグリットはもちろん、ル・グリにそれまで会ったことがなかった。そしてル・グリについて知っていることといえば、もっぱら夫から聞かされた話であったため、いい話はなにひとつ耳にしていなかった。

カルージュとル・グリ——かつては親友であり、のちにライバルとなり、いまや敵となった——は、それぞれ部屋の端に立ったまま、視線を合わせた。にぎやかに騒いでいたほかの客たちも、ふたりが視線をかわすのに気づくと、稲妻を見て落雷を待つかのように動きをとめた。このふたりの従騎士の対立は格好のゴシップの種となっていて、土地や肩書き、そして寵愛をめぐってピエール伯の宮廷でくりひろげられた苛烈な不和は、そのあたりの貴族のあいだでは知れわたっていたのである。

しかし、怒りが炸裂することも、侮蔑のことばが応酬されることもなければ、相手にくってかかることも、威嚇の態度を示すこともなかった。その反対に、おなじ部屋のなかにいるたがいの存在をぎこちなく無視しようとする冷淡な態度もなかった。むしろ、周囲からあがった応援の声と、あおるようにして飲んだワインの力を借り、ふたりの従騎士はたがいに歩みよった。たいまつが灯された大広間では、お喋りと笑い声がぴたりとやんだ。そして、すべての目がふたりのほうに向けられた。

祝宴にふさわしく、ふたりの従騎士は、それぞれの家の色——カルージュ家は赤、ル・グリ家は灰色——の短い上着か、ダブレットという腰のくびれた胴衣を着ていた。ふたりの男は大広間の中央あたりで立ちどまり、数フィートの距離を置き、たがいの顔をじっとながめた。

ジャン・ド・カルージュが最初に歩みよると、右手を伸ばした。ル・グリは大柄な男にしてはすばやく足を踏みだし、カルージュが差しだしてきた手を力強く握った。

「カルージュ！」と、灰色の服を身にまとった従騎士がほほえんだ。

「ル・グリ！」と、赤い服を身にまとった従騎士がほほえみかえした。

挨拶をし、握手をすませると、ふたりの従騎士は争いに終止符を打ち、和睦した。室内の緊張がとけた。ふたりを囲むようにしてようすをながめていた貴族たちは賛同の声をあげ、淑女たちは拍手を送り、クレスパンは進みでると、ふたりの男を祝福した。

これがあくまでも偶然の再会であったとは、とても思えない。クレスパンはカルージュとル・グリの両方を知っており、おそらくピエール伯に頼まれ、ふたりの憎みあう従騎士を和解させようと一肌脱いだのだろう。カルージュは何年でも恨みをもちつづけることができる男であったが、自分の城に引きこもっているうちに、ル・グリとの争いをこれ以上長引かせても自分が傷つくだけだと、ようやく思い知ったのだろう。それに、ひょっとすると、何年もカルージュとの仲を悪化させ、苦い不和を経験してきたル・グリもまた、ふたりの関係を修復したいと思っていたのかもしれない。

再会の背景になにがあったにせよ、そのあと、度肝を抜くようなことが起こった。挨拶をすませ、ル・グリを抱擁したあと、ジャン・ド・カルージュはマルグリットのほうを向き、和睦と友情のしるしとして、ル・グリに接吻するよう命じたのである。祝宴のために宝飾品を身につけ、裾の長いガウンを着て優雅に盛装していたマルグリットは進みでると、ジャック・ル・グリに挨拶をし、慣習どおり、その口に接吻をした。現存する記録によれば、ル・グリに接吻したのは、まちがいなくマルグリットのほうだった。

夫とこの旧友とのあいだには長い確執があったことを考えれば、マルグリットがル・グリにあまり好意をもっていなかったのは当然だ。ここ数年、カルージュはル・グリをあしざまに言ってきたし、マルグリットの身を案じ、彼の女癖の悪さについても言い聞かせてきた。単なる噂だったのかもしれないが、ル・グリのふるまいには醜聞がつきまとい、若い既婚女性に友人や知り合いとしてとても推薦できる男ではなかった。そのため、憎きライバルであり、長年、自分の不運の原因として非難しつづけてきたその男にたいして、接吻するよう命じた夫の態度は、マルグリットを驚かせたにちがいない。たとえ、この和解がお膳立てされたものであり、マルグリットも事前にそのことを知っていたにせよ、ル・グリに接吻しろという夫の命令は、いきすぎと思えたのではなかろうか——これはきっとワインの飲みすぎによる衝動的な命令であり、のちに後悔することになるはずだ、と。

ジャック・ル・グリのほうも、おそらく、マルグリットとおなじくらい驚いたはずだ。長年の争いと疎遠のあとで、カルージュと和解できようとは思ってもみなかったうえに、まさかその美しい妻が自分のほうに足を踏みだし、唇に接吻してこようとは。数年まえから、マルグリットの美貌について、ル・グリは噂を聞いたことはあった。それほどまでに若い女相続人とジャン・ド・カルージュとの結婚は、宮廷で大きな話題となっていた。しかし、ル・グリはマルグリットに会ったことはなかったし、いまのいままで、この目で見たことさえなかった。

マルグリットの美しさが、彼女を見たほかの人間と同様、ル・グリにも強い印象を与えたのはまちがいない。そして、色恋沙汰が絶えないという評判のこの従騎士が、新たに征服する獲物をさがしていたとするならば、自分にさっと唇を重ねてきた、この若き絶世の美女に、一瞬のうちにとりこになったとしてもおかしくない。まさにこの瞬間、ル・グリはマルグリットにたいして興味をもちはじめたのかもしれない。

注4　封建法では、領主と臣従の礼をむすんだ家臣の世襲の封土は、領主の許可なしに、家族によって売買されることが禁じられていた。そのような封土に相続人がいなくなったばあい——つまり、土地の保有者が跡継ぎを残さずに死んだばあい——封土は領主に戻され、領主はその封土をほかの家臣に譲渡することができた。

注5　複数の年代記によれば、一三八〇年代初頭から半ばまで、ノルマンディは何度も降雪の多い厳冬に見舞われた。

3　戦いと攻城

翌春、ジャック・ル・グリとはいちおう和解したにもかかわらず、まだピエール伯の宮廷とは疎遠のまま忸怩(じくじ)たる思いをかかえていたジャン・ド・カルージュは、ノルマンディをしばらく離れ、富と出世を求めてフランス軍のスコットランド遠征にくわわることにした。フランス国王の命のもと、一三八五年五月、遠征隊は出陣した。フランス軍の騎士や重騎兵はエディンバラまで航海し、そこでスコットランド軍に合流し、南へと進軍していった。途中、イングランドの村を襲撃し、焼き払い、町や城では略奪をくりかえし、農村を荒らしまわり、あとは収穫を待つばかりだった穀物を奪い、一帯に壊滅的な打撃を与えた。

遠征隊を率いていたのは、ジャン・ド・ヴィエンヌ提督という高名な指揮官だった。一三七三年、三二歳のときにフランス海軍の司令長官に任命されると、ヴィエンヌは海軍の組織を徹底的に見なおし、沿岸防衛隊を組織し、艦隊を率いてイングランド軍を次々と襲撃した。また一三七八年にはナヴァール国のシャルル邪悪王撃破に力を貸し、一三七九年にはコタンタン半島で遠征軍を率いた。ジャン・ド・カルージュも、そのコタンタン半島で数カ月間、彼に仕えたのだった。

この遠征隊は一〇〇〇人以上の騎士と従騎士で構成されていたうえ、その倍の数の弩の射手や〝体格のいい従者〟がくわわり、使用人もまた武器をもって戦ったため、フランス軍の兵力は総勢三〇〇〇人程度に達していた。遠征にはフランスじゅうから貴族が集まり、ジャン・ド・カルージュも、みずから集めた九人のほかの従騎士とともにくわわった。カルージュは生まれつき〝大いに冒険を好む〟性格であり、遠征に参加すれば、しばらくのあいだはアルジャンタンでピエール伯に恥をかかされたことを忘れられると思ったのだろう。異国の戦場で武勇伝を残せば、騎士という肩書きさえ与えられるかもしれない。そしてなによりカルージュとしては、遠征で利益を得たかった――イングランドの町や城から略奪した財宝をもちかえり、土地や地代収入の減少を穴埋めできればと思ったのである。

ジャン・ド・カルージュは出発まえ、定期的な兵役を免除してもらえないかと、ピエール伯に頼まなければならなかった。ピエール伯は快諾した。それまでの数年間、この家臣からはたびたび訴えられていたので、厄介者がしばらくいなくなるのは大歓迎だったのだ。

ひょっとすると、カルージュが帰還できないことさえ望んでいたかもしれない。そうなればカルージュにはまだ跡継ぎがないため、封土はピエール伯のもとに返され、それを気に入りの廷臣たちに与えることができる。

カルージュはそのいっぽうで、自分が留守のあいだ妻が安全かつ快適に暮らしていけるよう手を打っておかねばならなかった。敵軍や盗賊はまだノルマンディを跋扈しており、マルグリットは夫の留守中、カルージュに残ることを望んでいなかったのかもしれない。あるいは、カルージュ自身が美しく若い妻を心の底から信用していなかったのかもしれない。なにしろ、あたりには守備隊の兵士たちがうろついていたし、カルージュという土地はピエール伯の宮廷やほかの城からほど近い場所にあったのだから。

そこで遠征に出るまえに、ジャンはマルグリットを、彼女の父親の城に連れていった。父親のフォンテーヌ・ル・ソレルの城はルーアンの南西二〇マイルほどのところにあり、五年まえにジャン・ド・カルージュと結婚するまで、マルグリットはここで暮らしていた。フォンテーヌ・ル・ソレルに戻ることを決めたのは、マルグリット本人だったのかもしれないが、そこでは継母が女主人となっていた。だが、それがいやなら、未亡人として暮らしている義母と暮らすしかなかった。

結婚以来、マルグリットがこれほど長期間、夫と別居するのは初めてのことだった。夫が出征すると知り、マルグリットは大きな不安を覚えた。ひょっとすると五年の結婚生活で、夫はもう自分に飽きてしまったのではないか、それとも、なにか夫を不快にさせるようなことをしてしまったのか、そもそも、夫は跡継ぎ欲しさで再婚したのに、自分にはまだ跡継ぎさえできないと、さぞ心を痛めたことだろう。

だがジャン・ド・カルージュは、のちにこう主張した。遠征に出るまで、自分と妻は「深く愛しあっており、たがいに貞淑に平和に暮らしていた」のだと。ジャンはまた、マルグリットの実家とも良好な関係を築いていたようだ。四月の頃、夫妻がフォンテーヌ・ル・ソレルに到着すると、そこにマルグリットのいとこ、ロベール・ド・ティボヴィルもやってきた。そして、ジャンと一緒に遠征に出かけた九人の従騎士のひとりとなった。

ほどなくマルグリットは出征する夫を見送り、いとこに別れのことばを述べた。ふたりの男はこれから海上で、そしてまた異国の戦場で、多くの危険に直面することだろう。もう二度とふたりには会えないのではないかと、マルグリットは言いようのない不安に襲われた。

遠征にくわわるべく、ジャンとロベールはノルマンディから同志とともに出立した。行き先はフランスの重要な港である、フランドル沿岸地方のスロイス。そこでは、ヴィエンヌ提督が陸軍と艦隊を集結していた。

ジャンと家臣たちが四月末か五月初旬、その騒々しい港に到着すると、港には二〇〇隻近い大型船と小型船が停泊していた。船体が丸く底が深い船は、北の海域への航海に使われたものだった。港湾労働者たちが忙しく動きまわり、甲冑やまだ初期の大砲などの武器を船に載せた。そしてまた、異国での一年間の遠征に必要な備品も大量に積みこまなければならなかった。多くの男たちが、馬も乗船させていた――戦場で乗るためにも荷物を輸送するためにも必需品だったのだ。船にはまた頑丈な収納箱に収納された五〇もの甲冑や五万フランの金貨など、スコットランド軍への気前のいい贈り物が積みこまれた。

出航まえに、ヴィエンヌ提督が兵士全員に前金として二カ月分の給金を支払った。一三八五年五月八日付けの隊の点呼記録（revue）によれば、「ジャン・ド・カルージュ、従騎士（escuier）」とあり、九人の従騎士とともにスロイスに到着したことがわかる。そして、三二〇リーヴルが支払われている――ひとり当たり、日当半リーヴルの計算だ。

五月二〇日、提督の命により、艦隊が出航した。天気はよく、風も良好だった。フランス軍はスロイスからフランドル沿岸を北上し、オランダのゼーラントやフリースラントを通過し、スコットランドのフォース湾をめざした。

フランス軍がエディンバラ近くのリースに入港すると、外国の大軍がやってきたという噂がたちまち広がり、スコットランド人は不満を漏らしはじめた。「やつら、いったいなにしにきたんだ？　だれが呼んできた？　おれたちだけじゃ、イングランド軍と戦えないっていうのか？　さっさと帰るがいい。おれたちの戦いだ、自力でやれるさ」と。

スコットランド王ロバートは国民の意見に負けてはならじと、多額の賄賂と引換えでなければイングランドに進軍しないと断言した。このスコットランド人の抵抗に直面し、ほかに選択肢もなく、ヴィエンヌ提督はロバート王のとんでもない要求に応じるしかなかった。応じなければ、スコットランド軍からはいっさいの援軍が期待できなくなるからだ。

兵士五〇〇〇人ほどのフランスとスコットランドの連合軍は、七月初旬、ついにエディンバラを出発した。南下し、トゥイード川を渡り、東に進み、農地や村を焼きはらい、海へと向かった。そして、とうとうトゥイード川を見おろす岸壁の上に建てられたウォーク城で駐屯した。

ウォーク城には四階建ての巨大な主塔があり、どの階にも入り口のあたりに〝石の大きな丸天井〟があり、〝五つの大きな殺人孔〟――石を落としたり、弓を射たりできる開口部――があった。ウォーク城を所有しているサー・ジョン・ルッセボーンは、そこに妻子と暮らしていた。敵軍の接近を知らされると、サー・ジョンは守備隊を強化し、〝巨大投石機〟――重い石を投げとばす兵器――を城壁に据えた。狭間を守る弩や投石機があるだけでなく、城は溝に囲まれており、攻撃者の進入を遅らせ、敵を頭上から狙いやすくしていた。

ヴィエンヌ提督は軍使を送り、降伏して城をあけわたすか、攻城戦に耐えるかのどちらかを選択するよう、サー・ジョンに迫った。サー・ジョンは返答として、壁の頂上から侮蔑のことばを叫び、おまえのほうこそ退却したほうがいい、さもなければ信用ならないスコットランド人の罠に落ちるぞ、と警告した。こうして談判が不首尾に終わると、攻撃が開始された。

急襲隊は敵陣を焼き払う戦法を得意としていたため、フランスとスコットランドの連合軍は攻城戦用の重い武器を装備していなかった。そのため、敵の城壁を越えて屋根へと石を落とす投石機もなければ、分厚い石壁を破壊できる小型で持ち運びできる大砲もなかった。壁の下にトンネルを掘れば、城を崩壊させることもできるのだが、城の堅固な岩の基盤には穴をあけることさえできなかった。そのうえ攻撃を急がなければならず、たっぷりと食糧を蓄えた敵の守備隊を餓えさせるだけの時間はなかった。

そこで提督は、はしごで城壁をよじのぼるよう命令をくだした。兵士たちは長い棒にむらがってはしごをつくり、城壁をよじのぼる準備をはじめた。もっとも勇敢な兵士が先頭

ウォーク城の攻囲戦（1385年） スコットランドやイングランドへのフランス軍の遠征に参加したジャン・ド・カルージュは、イングランドの城を攻略し、破壊する際に協力した。フロアサール『年代記』MS. Royal 18 E. I, fol. 345. By permission of the British Library.

を進み、あとから、あたふたとほかの兵士がつづいた。そして壁の下ではしごを固定すると、フランス軍は「数々の勇敢な偉業を見せた。狭間へとのぼっていき、そこで守備隊と接近戦をくりひろげ、短剣を交えた。フランス軍の騎士たちがはしごを上り、交戦するなか、サー・ジョン・ルッセボーンも自分がすぐれた騎士であり、武装しているところを見せていた」。

攻撃側は熱湯や熱い砂を顔に浴びせられたり、壁から生石灰をかけられたり、至近距離から太い矢を射られ、致命傷を受けたりした。不運な者は、はしごをよじのぼる途中で足場を失い、重い甲冑ごと落下して命を落とした。そしてまた、もうすこしで壁をのぼりきるというところで、守備隊にはしごを揺さぶられ、はしごごと宙に舞っていく者もいた。

スコットランド軍は攻城戦にくわわるのを拒否したが、フランス軍の射手たちは城の周囲から狙いを定め、「狭間上にあらわれた頭を、ひとつ残らず迅速に射り」、着実にイングランド軍の守備隊を消していった。そして攻撃するフランス軍は「無数におり、戦法がたびたび変えられ、ついに城を陥落させ、内部にいた騎士、妻、子どもたちを捕虜とした。最初に入城したフランス兵は、四〇人以上を捕虜にした。城は燃やされ、破壊された。イングランド奥深い地であったため、この城を維持し、守備することはできないと考えたのだ」。

沿岸を南下し、侵略者たちはつぎにノーサンバーランドのヘンリー・パーシー伯爵の領土へと進軍し、村や農地を破壊し、途中にあるものはなにもかも燃やした。一帯に恐怖と警戒が広がるなか、ジャン・ド・カルージュと同志たちは戦争という大渦巻きに身を投じ、敵兵だろうが農民だろうが虐殺し、家畜を奪い、価値あるものはすべて略奪した。あるフランスの年代記作家は、この土地に自分の同胞たちが「殺人、略奪、放火」をもちこみ、「あらゆるものを剣で刺し、火で燃やし、目のまえにいる者が農夫であろうが、だれかれかまわず無慈悲に喉をかっ切った。相手の地位、年齢、性別はいっさい関係なかったし、高齢者であろうが乳児であろうが、おかまいなしだった」と、記している。

領土や城を破壊しつくされたイングランドの領主たちは、反撃にむけてすぐに動員された。若きイングランド国王リチャード二世は後方からの残忍な攻撃に激怒し、ロンドンを出立した。そしてフランスの侵略者どもを殲滅し、エディンバラを炎上させ、スコットランド人に目にもの見せてやるといきごみ、隊をともない急遽北部に向かった。

フランス・スコットランド連合軍は密偵を通じて、イングランド軍の接近を知らされた。ヴィエンヌ提督は決戦にむけて、リチャード国王と同様に勇みたっていた。だがスコットランド軍は、イングランド軍が多勢であるという報告に警戒しており、補給品が足りるかどうか懸念していた。そこでスコットランド軍は、ひとまず退却させてもらいたい、敵が攻めてきたときには自国で支援を得て戦いたい、と主張した。ヴィエンヌ提督はスコットランド軍との同盟関係を失いたくなかったため、承諾した。

トウィード川を渡ってスコットランド領内にはいったイングランド軍は報復をはじめ、「六マイルにわたって虐殺、強奪、放火のかぎりを尽くし、かれらが通りすぎたあとには、ただ荒廃のみが残った」。

フランス軍が驚き、また呆れたことに、スコットランド軍は敵軍であるイングランド軍が自国の土地を荒らすがままにまかせ、抵抗のようすをいっさい見せなかった。それどころか、破壊行為をしないでくれるのなら、イングランド軍が自由に通過することを認めた。ヴィエンヌ提督は、このとんでもない裏切り行為に狼狽し、スコットランド軍に伝令をだした。「そちらは同盟国ではないか？　支援を頼んだら、いまなにをしてくれるのか？」と、尋ねた。すると、スコットランド軍は「仰せのとおりに」という返事をよこした。

ヴィエンヌ提督は武装し、馬に鞍をつけ、合図を待つよう家臣に命じた。その晩、イングランド軍はエディンバラから数マイル南の地で野営し、疲弊したまま眠りについた。見張りはごくわずかしかいなかった。ヴィエンヌ提督の命令で、フランス軍兵士全員が夜陰に乗じ移動をはじめ、まどろむイングランド軍とはじゅうぶんに距離を置きながら、こっそりと南に進軍していった。

翌朝、めざめると、イングランド軍はエディンバラに向かった。すると、町の門には鍵がおりていないうえ、あたりには人っ子ひとりいないではないか。住民はすでに逃げうせていたのだ。フランス軍は夜のあいだに野営地を引きはらい、あたりにいたスコットランド軍は町から物品や家畜を略奪し、周囲の村へと消えていた。

数日後、イングランド国王リチャードは、フランス軍がイングランドにふたたび進軍し、王土をふたたび焼き払い、略奪のかぎりを尽くしたことを知らされた。国王は憤激し、エディンバラを炎上させろと家臣に命じた。八月一一日、イングランド軍はエディンバラの町を焦土としたが、丘の上の要塞だけは炎上をまぬかれた。そしてリチャード二世は軍隊を率い、途中、すべてを破壊しつくしながら、はるかアバディーンまで北上した。

一五〇マイル南では、フランス軍とまだ忠義を尽くしていたスコットランドの連合軍が、湖水地方をすこし北上したところにある、緑の丘陵地帯カンバーランドに攻めいっていた。ジャン・ド・カルージュと家臣たちは、イングランド奥深い地への二度目の急襲で、略奪や捕虜獲得に励み、もっと財を得たいと願っていた。

沿岸を南下しつつ、フランスとスコットランドの連合軍は、あらゆるものを荒廃させていった。「イングランドから財宝がつぎつぎと奪われていったが、イングランド国王とともに遠征にでていた重騎兵たち」が大きく円を描くようにして戻ってくるまでは、侵略者たちには「敵などいないも同然」であり、そのまま進軍をつづけ、カーライルに到着した。カーライルは、かつてローマ軍が国境の防壁を築いた土地であり、ハドリアヌス長城のかなめとなっていた。この長城跡はいまもニューカッスルから反対側の沿岸まで湿原地帯に伸びている。この時代はイングランドの砦として、町は防壁、塔、濠で強化され、攻囲戦に耐えるための糧食をたくわえていた。

九月七日、フランス・スコットランド連合軍は、このカーライルの町を攻撃し、防壁をよじのぼるためはしごをかけ、「一気に占領するか破壊しつくすしかないと、召集した強力な兵士たちとあわただしく攻撃をはじめた」。しかし、この激しい攻撃は失敗に終わった。防壁が大いなる障害として立ちはだかり、やすやすと突破し、略奪し、破壊することができなかったのだ。そして敵陣深くにはいりこんだいま、反撃をおそれはじめていた。そこで侵略者たちは、実りのない攻囲戦を終わらせる決断をくだした。

フランス・スコットランド連合軍は北にもどっていった。それでも速度を落とし、帰路でも略奪や破壊をおこない、大きな利益を得た。しかし、ノーサンバーランド伯爵の息子であり、跡継ぎでもあるサー・ヘンリー・パーシーが、突如として、後方から連合軍を攻撃した。若きパーシー――馬を駆る速さと蛮行から〝短気者〟として知られた――は、夜陰に乗じて侵略者たちを襲い、「多数を殺し、多数を敗走させ」、捕虜を「実質、二六人」つかまえた。

ジャン・ド・カルージュとロベール・ド・ティボヴィルは、幸運にも、捕虜となることも殺されることもなかった。しかし、同志全員が同様の幸運には恵まれはしなかった。一カ月ほどすぎた一〇月二八日付けの提督の軍の記録によれば、ジャンは九人の同志のうち五人を喪っている。何人かは初期の戦闘で命を落とすか、病の犠牲になっていた。しかし、何人かは、退却するフランス軍にたいする短気者パーシーの残虐な奇襲で殺されたのだろう。そして、この奇襲が、遠征における最後の戦いとなったことが立証されている。

戦争の季節が終わろうとする頃、さまざまな軍隊が戦地から退却するなか、ヴィエンヌ提督は、ずたずたになった自軍とエディンバラで越冬するという決断をくだした。ジャン・ド・カルージュはもう半年以上、自宅に戻っていなかった。どうやらジャン・ド・カルージュと、戦争で疲弊しきった生き残りの家臣たちは、すくなくとも翌春まではスコットランドに残留していたようだ。

しかし、スコットランド軍は以前ほどフランス軍を客人としてもてなさなくなっていた。

「提督は、家臣の騎士や従騎士とともに、飢えに苦しんでいた。というのも、かれらの金では食料品をほとんど調達できなかったのだ。ワイン、ビール、大麦、パン、オーツ麦はほとんどなかった。そのため、かれらの馬たちも、飢餓で死んだり、疲労で倒れたりしていた」。

おまけに、提督がスコットランド王家の王女と不義の関係をはじめたため、状況はいっそう悪化した。そして、提督は命を脅かされはじめた。多くのフランス貴族が、この地に春まで留まることを拒否しはじめていた。貧しさのため死ぬかもしれないし、スコットランド軍に殺されるかもしれない。提督はしぶしぶ、帰国したい者はしてよい、と認めた。

イングランド軍と戦うために遠征してきたフランス軍は、こんどはスコットランド軍への怒りをたぎらせ帰路についた。「フランス軍は船を確保すると、フランドルなど上陸できる土地を経由して帰国した。兵士たちは餓え、武器も馬も失っていた。そしてスコットランドを呪い、スコットランドくんだりまではるばるやってきたことを悔やんでいた」。

フランスへの帰路で、多くの騎士と重騎兵が「あまりに貧しく、もはや馬に乗ることもできなかった」し、なかには「野原で見つけるやいなや、家畜用の馬を奪う」者もいた。

そしてかれらは軍馬を失ったまま、鋤（すき）や荷馬車を引っ張るのに慣れている家畜の背中に乗り、よろよろと帰国した。

ジャン・ド・カルージュは、一三八五年末にノルマンディに帰郷した。無一文となり、身体はぼろぼろだった。異国への冒険に出かけるにあたり用意した大金も失っていた。出征先で略奪すれば、じゅうぶん元がとれるという胸算用だったのだ——黄金、銀、馬など、価値あるものが手にはいると思っていたのである。しかし実際は、スコットランドの泥炭地に金を投げすててきたようなものだった。多くのフランス人と同様に、彼もまた身体をこわして帰国した——慢性的に熱があり、身体が弱り、疲弊しきっていた。そして、つねに身体が震え、汗がとまらなかった。

海外で実りのない六カ月間の遠征を終えたあと、ジャン・ド・カルージュは健康をそこね、大金を失い、五人の戦友を喪っていた。こうした損失と引換えに、唯一、獲得できたもの。それが、騎士という肩書きだった。スコットランドにふたたび戻り、大きな打撃を受けて帰還したフランス軍の一〇月下旬の記録によれば、「サー・ジャン・ド・カルージュ、騎士」と記されている——つまり、その年の夏か秋の遠征で、彼はこの栄誉を得たのだろう。

この頃、ジャン・ド・カルージュは五〇歳に手が届こうとしており、これまでのところ、ピエール伯の宮廷では騎士の称号を得ることはできなかった。しかし、これからアルジャンタンの宮廷に戻ったときには、騎士（chevalier）と呼んでもらいたい、と主張できる。そしてまた、給金が一日あたり一リーヴルに倍増した。とはいえ、ジャン・ド・カルージュにはまだ遠征中の給金がすべて支払われてはいなかった。支払いがひどく遅れていたのだ。

スロイス——さもなければ、アルフルールの港——に上陸すると、ジャン・ド・カルージュはフォンテーヌ・ル・ソレルに急いだ。そこに七カ月まえ、マルグリットの実父に彼女を預けてきたのだ。ジャン・ド・カルージュに同行していたのは、マルグリットのいとこだった。このロベールもまた、危険な戦争、疾病、海の航海を生き抜いていた。

ふたりの男がフォンテーヌ・ル・ソレルに到着した頃には、クリスマスが近づいていた。マルグリットは帰国した夫やいとこととともに、あと数週間、父親の城ですごすのを楽しみにしていた。ふたりの男は遠征で疲弊しきっていた。そのうえジャンは重病に苦しんでおり、おまけに冬季で道も悪かった。

それでも、カルージュは義父の城に長居しなかった。数日後、こんどはマルグリットを連れ、実母ニコル・ド・カルージュを訪問した。ニコルもまた、もう何カ月もまえに、スコットランドに出征する息子を見送ったきりだった。

未亡人ニコル・ド・カルージュは、カルヴァドスのフォンテーヌ・ル・ソレルから西に三五マイルほどのところにある、カポメスニルという一族の所有地に住んでいた。ニコルは三年ほどまえ、夫を亡くし、ピエール伯がベレム長官の地位を息子に継承させるのを拒否したあと、カポメスニルに越してきていた。なんらかの理由で、未亡人は息子と嫁とカルージュで暮らしていなかった。新しい嫁とおなじ城で暮らしたくなかったのだろうか。あるいはジャンとマルグリットのほうが、こうしたかたちでの別居を望んだのかもしれない。

フォンテーヌ・ル・ソレルを発つと、夫妻はローマ街道をたどり、リジューへと西に向かった。季節は冬、道は雪や氷でぬかるみ、よくすべった。旅はすくなくとも二日はかかり、道中の町か友人の城で一泊したはずだ。道が悪く、強靭な馬でひとり旅をする男でさえスピードが落ちるほどだった。そのうえ、フランスの年代記によれば、一三八五年から八六年にかけての冬は「おそろしく厳しく、つらい」ものだった。マルグリットは敷物を載せた乗用馬にあたたかく着こんで乗るか、覆いのついた荷馬車に居心地よく座っていたことだろう。二、三人は女中を連れていただろうし、数人の下僕が荷馬車を進めていただろう。

一家のささやかな行列の先頭で馬に乗り、騎士ジャン・ド・カルージュは剣を帯び、ほかの武器を手元に置いていた。下僕たちは強盗や山賊を寄せつけまいと、ナイフや棍棒で武装していた。かれらはまた、ならず者たちのことも警戒していた。断続的につづく百年戦争を食い物にしようと集まった傭兵たちが、獲物をさがして山村地帯をうろついており、旅人がよく通る主要道でさえ物騒になっていた。馬上は荷物で身動きもできないほどだったが、待ち伏せ攻撃を警戒しつつ、凍るようなノルマンディの田舎道を、夫妻はゆっくりと進んでいった。

4　最悪の犯罪

父親の城を出発し、厳冬のなかつらく困難な道を進んで義理の母を訪ねるのは、マルグリットにとって気が進まないことだった。カポメスニルにある義母ニコルの人里離れた城には、フォンテーヌ・ル・ソレルにある父親の城での居心地のよさも気晴らしも期待できない。そのうえ、夫の健康も心配だった。数カ月に及ぶ遠征と航海のあと、ジャン・ド・カルージュは慢性的な発熱に苦しみ、切実に休養を必要としていた。厳冬のなか、またも旅にでるなど、とんでもない話だった。それでも夫妻と従者たちは、わだちが残る道をカポメスニルに向かった。義母ニコルが自分をどう受けいれるだろうかと思うと、マルグリットは不安でならなかった。結婚してもう五年以上になるというのに、まだ夫の跡継ぎを産んでいない身としては、訪問中、義母にとがめられるのではないかと気が重かったのだ。

ニコル夫人は、五年まえに反逆者の娘とあわてて結婚し、輝かしいカルージュの名に不名誉なティボヴィルの名をくわえた息子を許していなかった。もちろん、マルグリットの美しさと父親の巨富に息子の目がくらんだことはわかっていた。土地と金を欲しがるのは当然だし、マルグリットは父親の死去によってもっと資産を相続するものと思われた。だが貴族の家にとって、名声は金に代えられない。とくに陰謀と謀反の温床となって久しいノルマンディでは、悪い縁組をしようものなら往々にして一家は幸運に見はなされてしまう。事実、マルグリットとの結婚式の数年後、ニコルの夫が亡くなったとき、ピエール伯は、本来彼女の息子のものとなるはずのベレムの長官職を継承させるのを拒否した。そのせいで七〇に届こうという齢になったのに、ニコルはカポメスニルで隠遁生活を余儀なくされていた。ほんとうは、かつて聖王ルイ九世の管轄下にあった壮麗な城塞で余生を送ることができたはずなのに。ベレムでは高名な貴族の夫人として、だれもが彼女の機嫌をとっていた。ところがカポメスニルに引っこんでからというもの、行商人や世間の嫌われ者がたまに押し売りにくる程度で、だれも夫人のもとを訪問してこない。ニコルは、この地に自分が流刑に処されたも同然となった原因の根本はマルグリットにあると考えていた。それなのに、その張本人は、もっと広くて立派なカルージュの城の女主人におさまっている。

ジャン・ド・カルージュとマルグリットは大聖堂のある町リジューに到着すると、従者

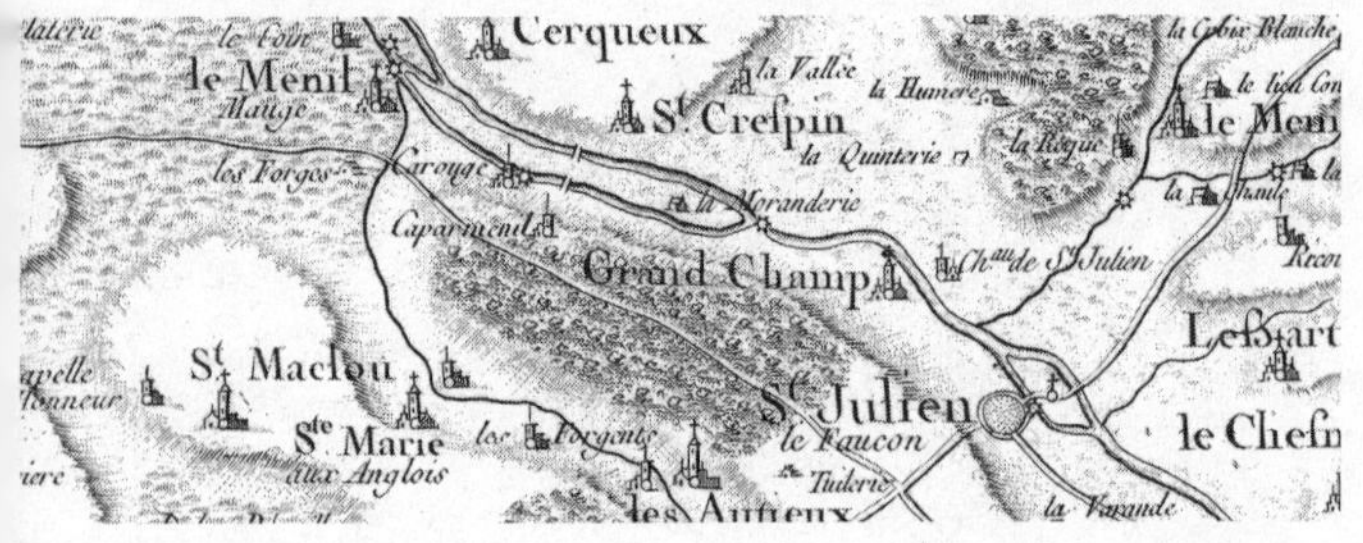

カポメスニル　ジャンは、1386年1月に、パリに向かったとき、母親が暮らす質素な城にマルグリットを置いてでかけた。城は、ヴィ川の南岸に位置していた（訳注：この地図は1759年の地図）。Detail from Cassini de Thury, Carte de France, no. 61（ca. 1759). Charles Stuart de Rothesay Papers, Department of Special Collections, Charles E. Young Research Library, UCLA.

たちと一泊しただろう。そこから一行はローマ街道を抜け、サン・ピエール・シュル・ディヴという修道院がある町につづく田舎道を南西へと向かった。リジューから八マイルほど進み、サン・ピエール・シュル・ディヴまでの道のりを半分はすぎたあたりのサン・ジュリアン・ル・フォコンという村でヴィ川を渡った。ここで一行は川の南側の土手に沿って西に走る細い小道へとはいっていった。数マイル進むと川を見おろす絶壁があり、小作人や借家人が暮らすわらぶきの家が一〇から一二軒ほど集まる集落があった。このさびれた土地が、カポメスニルだった。集落のそばの川岸にぽつんとそびえているのが、ニコルが暮らす古城だった。

城は手狭で、大広間が一階にあり、厨房と

召使の部屋は裏手にある。二階は居住区で、いくつか部屋があり、城内部の階段でつながっている。防衛のために堅固な主塔はあるが、城の周囲を丸く囲む壁はなく、主塔のほかには防衛用の塔もなく、「どの要塞からも離れた広々とした土地にぽつんと立って」いた。この城はフランス革命直後にとりこわされ、もはや存在しないが、ノルマンディの景観には似たような小さな城や領主の館が数多く残っている。このめったに人が訪れない過疎地で、ニコルは数人の召使とひっそりと暮らしていた。この地からもっとも近いべつの集落は、川を渡り、一マイルほど北上した丘の上に広がるサン・クレスパンという村だった。

おそらくマルグリットはカポメスニルでの滞在が長引かないことを願い、到着して数日後には夫婦でまた旅を再開し、カルージュへ、自宅へと戻りたいと願っていたにちがいない。この一年、ほとんど自宅を留守にしていたのだから無理もない。とはいえ、スコットランドから帰国して以来、夫がつねに金策に頭を痛めていることも察していた。そして実際に到着してみると、カポメスニルでの滞在は一カ月以上に及び、そのあいだ、彼女は夫よりも義母に会う時間のほうが長かった。

到着するとすぐに、天候も体調も悪かったにもかかわらず、ジャンはまた旅にでるしたくをはじめた。悲惨な遠征でひと財産を失ったうえ、略奪した財宝で投資した金をとり戻すことにも失敗したため、とにかく手持ちの現金が必要だったのである。マルグリットの領地から地代収入という補充があったにもかかわらず、彼の収入では生活費にも事欠いていた。遠征のために馬や補給品を購入した際の借金もまだ返していないうえ、遠征での給金は未払いのままだった。そこでジャンはパリに出向き、国王の下で軍の財務を担当していたジャン・ル・フラマンから、相当の額になる未払いの給金を支払ってもらうことにした。それにパリに暮らす裕福で影響力のある友人を訪問すれば、王室からの支援をとりつける力となってくれるかもしれない。

ピエール伯と何度も争うようなまねをしていなければ、ジャン・ド・カルージュは必要な金を入手するのにアルジャンタンを訪問すればそれですんだことだろう。ピエール伯は寵臣には、なかでもジャック・ル・グリには、惜しみなく金を与えていた。だがピエール伯との仲が険悪になっていたため、スコットランドに遠征するまえにル・グリとは和解していたにもかかわらず、伯爵の同情や力添えを得られる見込みはなかった。それに、いくら和解したとはいえ、ル・グリ本人から支援を得るのは、どれほど相手が裕福であろうと、カルージュの誇りが許さなかった。

それでもカルージュはパリへ向かう途中、アルジャンタンに立ち寄る計画を立てていた。アルジャンタンの町は、カポメスニルからパリに向かう道のなかでも最短距離の道沿いにある。そのうえ前年の春、兵役を免除してくれたピエール伯に、スコットランドから帰還したことを報告しなければならない。破産しかけているうえ体調も悪かったカルージュにとって、もう出征したり公的な任務を帯びたりするのは無理な話だったし、冬に遠征するのは不可能だった。しかし、それでも彼はいまだにピエール伯に忠誠を誓った家臣であり、君主を訪問する義務があった。

とはいえ、アルジャンタンに立ち寄ったのは義務感からだけではなかった。ひょっとすると宮廷は自分を歓迎してくれるのではないかという期待もあった。あるいは、新たに得た騎士の位をほかの家臣たちに自慢したかったのかもしれないし、海外での危険な遠征から帰還すると思っていなかった連中を驚かせ、ついでにがっかりさせたかったのかもしれない。彼には、自分の死によってあわよくば利益を得たいと思っていた輩がいることもわかっていた。なにしろ、自分にはまだ跡継ぎがないから、死後は財産の大半がピエール伯に戻される。そうすれば伯爵は、ほかの家臣たちにそれを贈与できる。

またアルジャンタンに寄れば、ジャック・ル・グリと再会するだろうということも、カルージュにはわかっていた。ル・グリはスコットランド遠征に志願せず、自邸で気ままに暮らしていたのである。その前年、ふたりがジャン・クレスパン邸で和解したとき、ル・グリの値踏みするような目は、抱擁したあと、ジャンの美しく若い妻にすこしばかり長く留まってはいなかっただろうか？　ことによると、そうかもしれない。しかし、マルグリットはその年の大半を父親の城ですごしていた。それにいまは、アルジャンタンに近いとはいえカポメスニルでニコルの監視下にあり、安全だった。

それでも、ル・グリのような廷臣の連中が喉から手がでるほど欲しがっているのは、カルージュの土地だけではないはずだった。そこで数週間、妻を置いて旅立つまえに、ジャン・ド・カルージュはマルグリットの女中のひとりを呼び、自分がパリから戻るまで、女主人のそばを昼も夜も一瞬たりとも離れるな、と命じた。こうしたばあい、夫が慎重すぎることはない。

ジャン・ド・カルージュは、一三八六年の一月第一週、アルジャンタンに向かって出発した。二五マイルほどの道のりを——冬の道の悪さを考慮すれば、すくなくとも馬で半日はかけて——東に向かい、ヴィ川に沿ってサン・ジュリアン・ル・フォコンを経由した。リヴァロのあたりで南に折れ、ローマ街道をとおり、そこからディヴ川沿いの村と広大なファレーズ平野を見おろす高い丘陵地帯にはいった。目のまえに広がる土地の大半は、ピエール伯の所有地だった。

高地からすこしずつ下りてくると、カルージュはトゥルンのそばでディヴ川を渡り、反対側にある川沿いの村に向かった。松の古木が鬱蒼と茂るグフェルンの大森林を数マイルも走ると、絶壁の上にそびえるアルジャンタンの城壁と塔が見えてきた。

かつてイングランド軍の支配下にあった古代の城塞アルジャンタンは、一一七〇年のクリスマスの直後、臣下の騎士四名が極秘裏に海峡を渡ってカンタベリー大司教トマス・ベケットを殺害したと、イングランド国王ヘンリー二世が報告を受けた場所である。一三八〇年代のアルジャンタンは、分厚い石壁と一六の巨大な円柱の塔に囲まれていた。ジャン・ド・カルージュが衛兵に守られた門へと馬で近づいていくと、ピエール伯の家臣のひとりが通行を許可した。カルージュは巨大な四階建ての城に向かった。そびえる三つの塔は、一三七二年にピエール伯が町を買いとったあと改築したものだ。そこで疲弊しきった騎士カルージュは下馬し、馬丁に馬を預け、城にはいっていった。

過酷な冬の道を何時間も馬に乗ってきたため、身体じゅうに泥がはねとび、ひどい有様だったので、ジャン・ド・カルージュは御前にでるまえに泥だらけの乗馬用の外套を脱ぎ、召使がさしだした水盤で手や顔を洗った。それから階段を上がり、ピエール伯の宮廷であり、伯爵が友人や廷臣と食事をとる大広間に向かった。

ジャン・ド・カルージュの訪問は、宮廷に驚きをもって迎えられた。その頃には不運なスコットランド遠征の知らせがアルジャンタンにもすこしずつ伝わっており、戦場や病で命を落とした貴族の名前や、大金や馬を失い、健康を害し、ようやっと帰還したもののすっからかんになった生存者の話は宮廷の知るところとなっていた。しかし、これまでカルージュからはなんの報告もなかったので、ピエール伯は問題の多い家臣がついに非業の死をとげ、いい厄介払いができたと思っていたかもしれない。廷臣のなかには、カルージュの領地の分配まで算段している者もいた。だからこそ発熱で弱り、疲労で衰弱してはいたものの、まだしっかりとした足取りでジャン・ド・カルージュが大広間に突然はいってきたときには、ピエール伯たちは驚愕し、不快感さえ覚えたはずだ。

その日、宮廷でなにが起こったのかはよくわかっていない。しかし、アルジャンタン滞在中、ジャン・ド・カルージュは「ジャック・ル・グリや、アランソンのほかの廷臣たちと会い、これからパリを訪問する予定だと話した」ようだ。このときに、カルージュは妻が自分の母親と近郊のカポメスニルに滞在していることを明かしたかもしれない。たとえカルージュがこの事実を隠そうとしたところで、宮廷はやすやすとカルージュの妻の居所を推測しただろうし、ほかの手段で突きとめることもできただろう。

カルージュとル・グリの再会は友好的にはじまったはずだ。一年ほどまえに、ふたりの男は争いを終えたことを公にし、和解していたのだから。しかし、ジャン・ド・カルージュは争いを好むぶっきらぼうな男で、短気なうえに、突然、嫉妬に駆られることもあった。

伯爵の館　ピエール伯は、アルジャンタンにある堂々とした館で宮廷をひらいていた。ここで、1386年1月、ジャン・ド・カルージュがジャック・ル・グリと再会した。Archives Photographiques, Coll. M. A. P. (c) CMN, Paris.

そしてフランス王国のために半年を異国ですごし、命を危険にさらしてきたというのに、その成果は皆無に等しかった。おまけに、アルジャンタンの数百マイル先にあるパリへの道は、途中、失った封土オヌー・ル・フォコンのすぐそばを通る。過去の不満がふたたびカルージュを苦しめたとしてもふしぎはない。

これまでさまざまな不運に見舞われてきたうえ、とくにここのところの逆境に追いつめられたカルージュが、このとき、手っ取り早く攻撃目標を定めたとしたら……。宮廷でル・グリに再会したカルージュは、自分は男らしく命を賭けて出征していたというのに、おまえは安穏と自宅にいたのかと愚弄したかもしれない。あるいは、従騎士としてフランスを発ったものの、戦場での勲功を認められ、帰国して騎士に叙位されたことを声高に自慢したかもしれない。晴れて騎士となったばかりのジャン・ド・カルージュはル・グリに、宮廷での居心地のよさと安泰を捨てれば、きみも騎士になれるぞと、助言したのかもしれない。いずれにしろ、ほかの廷臣たちのまえで、従騎士にすこし怒りのことばを発し、不注意に愚弄しただけで、ジャン・ド・カルージュは古い傷口をあけてしまったのだろう。休眠中だった宿恨が、ふたたび目を覚ましたのである。

その日ピエール伯の宮廷でなにが起こったにせよ、騎士と従騎士の再会はル・グリのなかで、なにかの引き金を引いたようだ。というのも、カルージュがパリ訪問を計画していると知ったル・グリは、カルージュがアルジャンタンを発つと、もっとも親しい同志であるアダム・ルヴェルを呼びだしたからだ。

ルヴェルは従騎士であったが、斡旋係としてジャック・ル・グリに仕えていたといわれている。彼に肉体を許す女性を紹介していたのだ。ルヴェルは一三七九年から八〇年にかけてのコタンタン半島遠征のときにはカルージュに仕えていたため、カルージュのこともよく知っていた。ルヴェルは、マルグリットが義母と暮らしている城のすぐそばにある、カポメスニルの集落に家をもっていた。そこでカルージュがパリへとアルジャンタンを出発すると、ルヴェルは反対方向へ馬を走らせ、カポメスニルに向かった。マルグリットを監視し、彼女に関する情報をたえず報告するよう、主人に命令されたのである。

なぜジャック・ル・グリが、突然マルグリットに注意を向けたのか、その理由はさだかでない。ジャン・ド・カルージュはのちに、ル・グリはただ若く美しい女子相続人を切望し、「彼女をだまし、誘惑できたらと夢想しはじめた」と主張した。ル・グリはほかの多くの女性にも同様のまねをしてきたというのである。ある年代記作家は「奇妙で邪悪な誘惑の魔の手が、ジャック・ル・グリの身体にはいりこみ、彼はジャン・ド・カルージュの妻のことしか考えられなくなった。そして、彼女が召使とともにひとりさびしく暮らしていることを知ったのである」と記している。

おそらくル・グリは、カルージュがスコットランドから帰還できなかったらおこぼれに与りたいと考えていた廷臣のひとりだったのだろう。この頃には、ル・グリは男やもめになっており、カルージュの美しく若い妻に会ったあと、カルージュの城と領地をもっと切望するようになったにちがいない。そしてまた、マルグリットの持参金と同額程度の領地を所有していたル・グリは、マルグリット本人も手にいれたいと思いはじめたのかもしれない。

さもなければ、それはマルグリットへの欲望というよりも、夫への復讐の念から新たな征服欲に駆りたてられたせいかもしれない。ふたりの男は公には和解していたものの、ル・グリは忘れていなかった――そして本心では許してもいなかった――カルージュがオヌー・ル・フォコンの領地を自分から奪おうとしたこと、ピエール伯を訴え、伯爵の寵臣である自分を巻きこんだこと、カルージュが宮廷で自分への憎悪と疑惑を広めたことを。カルージュが今回のアルジャンタン訪問の際に、ル・グリの面前でなにか侮蔑のことばを吐いていたとすれば、ル・グリがうんざりし、相手をもっとも傷つける方法で報復しようと決意したとしても、ふしぎはない。

カルージュが長いあいだ自邸を留守にし、その妻がすぐ近くに滞在しているという事実が、ル・グリに狡猾な考えを浮かばせたのかもしれない。カルージュの妻をこっそり寝とることができれば、どれほど気味よい仇討ちになることか。その征服によってもたらされる快楽はいわずもがなだ！　もともと、マルグリットが男好きのようだと考えていたル・グリは、ただ単にこの夫人を誘惑する計画を立てていたのかもしれない――計画を立てるだけでも悪いのに、その結果は悪いなどということばではすまされないものになるのだが。カルージュへの報復という動機と、彼の妻を誘惑するという手段があれば、あとル・グリに必要なものは、その機会だけだった。

ほどなく、チャンスが訪れた。一月の第三週、カルージュがパリに出発してから約二週間後、サン・ピエール・シュル・ディヴという六マイルほど離れた修道院のある町に、ニコル夫人が予期せぬ招待を受けたのである。ファレーズ子爵が、カーンの執行吏ギヨーム・ド・モヴィネのまえで裁判の証人を務めてはもらえないかと頼んできたのだ。一三八六年一月一八日に出廷してほしいという話だった。サン・ピエール・シュル・ディヴへ赴き、そこで証人を務め、また帰ってくるとなれば、ニコル夫人はカポメスニルからすくなくとも半日は離れているものと思われた。

召喚状が届いたとき、アダム・ルヴェルはすでにカポメスニルにおり、そばにある集落の自宅から城を監視していた。そしてマルグリットに関して新たな情報を得るたびに、主即座にジャック・ル・グリにその旨を伝えたのだった。

一月一八日木曜日の早朝、ニコル夫人はカポメスニルを発った。サン・ピエール・シュル・ディヴとは往復してもたったの一二マイルの距離であり、その日はほんの数時間だけ留守にするつもりだった。ところがニコル夫人は城の召使をほぼ全員、連れていくことにした。理由は不明だが、留守中、マルグリットのそばをけっして離れるなとカルージュに命じられていた女中まで、夫人は連れていった。こうしてマルグリットは昼間、城にほぼひとりきりでいることになった。ただひとりの女中だけが城に残ったといわれているが、その女中はなるべくマルグリットに近づかないようにしていたようだ。

木曜の朝、ニコル夫人がカポメスニルを出発してほどなく、マルグリットは城の正面の重い門がどんどんと叩かれる音を耳にした。二階で暖炉にあたっていたマルグリットは、いったいだれだろうと、ふしぎに思った。

門を叩く音がつづき、マルグリットはガウンの上に毛皮の裏のついたマントを羽織り、一階に下りると、客人の顔を見にいった。玄関にくると、彼女は分厚い木の扉についている格子のついた小窓の羽目板を、注意深くわずかにずらした。

男の顔がこちらをじっと見ていたので、マルグリットはぎょっとした。だが、その顔には見覚えがあった。アダム・ルヴェルだ。

なんのご用ですか、とマルグリットは尋ねた。ちょっとお願いがありまして、とルヴェルが答えた。

「なんですの？」と、マルグリットが尋ねた。

「外はえらく寒いんで、奥さま」と、ルヴェルが応じた。「お話しさせていただくあいだ、すこし、なかで暖まらせていただけませんでしょうか？」

マルグリットはルヴェルのことを知っていた。すぐそばの家に暮らしていたし、遠征では夫に仕えていた。この予期せぬ訪問者におびえるというよりは、いらだちを覚え、マルグリットは願いに応じた。内部から錠をおろしていた鉄のかんぬきをはずし、重い扉をあけると、マルグリットは訪問者を招きいれた。そして冬の外気がはいってこないよう、ふたたび扉を閉めたが、今度はかんぬきを通さなかった。

扉の内側に立つと、ルヴェルは暖炉をさがすかのように、あたりを見まわした。しかし、マルグリットがそれ以上奥に招きいれるそぶりを見せなかったので、用件の説明をはじめた。

ご主人に拝借したものの、まだお返しできていない金の件でうかがったんですと、ルヴェルが言った。拝借した金貨一〇〇フランの返済が遅れているのはわかっておりますが、返済の期限を延ばしていただけないかと思いましてと、ルヴェルは頼んだ。奥さまはやさしいお方だ、返済期限延長の件、ご主人さまにお口添え願えないでしょうか？

マルグリットには貸付のことなどわからなかった。だが、さすがに疑問に思った。そもそも、わたしはお金の話にはうとい。夫が留守だというのに、どうしてこの件でわざわざわたしに会いにきたのかしら？

だが返事をするまえに、ルヴェルが突然、話題を変えた。ところでジャック・ル・グリから挨拶のことばを言付かっておりまして、ル・グリになりかわり、奥さまへの敬意を述べさせていただきたいのですが、と。

「小生は」と、ルヴェルがはじめた。「あなたさまを激しくお慕いしており、あなたさまのためならなんでもいたします。あなたさまとお話しさせていただきたいと、切に願っております」

突然、会話の風向きが変わったことを警戒したマルグリットは、こう断言した。ジャック・ル・グリにお目にかかりたいとも思わないし、お話ししたいとも思いません、ですからご主人にかわってわたしに愛を懇願するのはおやめください、と。そう話しながらも、マルグリットが見るからに不快でたまらないようすであるのが、ルヴェルにもよくわかった。

そのとき、かんぬきがはずされた扉がふいに押しあけられた。そして凍るような一陣の風が吹きつけてきた。ぎょっとしてマルグリットが見ると、そこにはル・グリ本人の姿があった。玄関に足を踏みいれると、ル・グリは泥だらけの肩マントを長椅子に放りなげ、ベルトに差してある短剣を見せつけながら、おびえた夫人に近づいていった。警戒し、あとずさりをするマルグリットを見ると、足をとめ、にたりと笑った。

「奥さま」と、ル・グリが口をひらいた。「召使が申しましたように、あなたさまをだれよりもお慕いしております。あなたさまのためなら、どんなことでもいたしますし、小生のものは、すべてあなたさまのものです」

マルグリットはこうしたことばをル・グリ本人の口から聞き、いっそう警戒を強めた。しかし、なんとか冷静沈着を装い、そんなふうにお話しになるのはおやめくださいと警告した。

求愛の世辞にはいっさい耳を貸さない。マルグリットにそう断言されると、ついに従騎士は手荒なまねにでた。体格のいい屈強な男は歩みより、マルグリットの手首をつかむと、長椅子に並んで座るよう命じた。マルグリットは身体を引きはなそうとしたが、ル・グリが彼女の手をぎゅっと握り、無理やり自分の横に座らせた。

いやいや横に座らされると、マルグリットは彼の熱い息が顔にかかるのを感じた。おびえきった彼女の耳に、ご主人が金に困っているのは知っている、という声が聞こえてきた。思わせぶりにほほえみ、彼女の胸を悪くさせながら、ル・グリはこう言った。自分のやり方にしたがってくれさえすれば、あなたのその寛大さと引換えに、カルージュ家の復興に力を貸すことをお約束しましょう、と。

性と金を引換えにしよう。そうしたあからさまな申し出が、この従騎士のいつもの口説き文句なのだと、マルグリットは噂で聞いたことがあった。そんな手がこのわたしに通用するものですか。マルグリットは意を決した。

とらわれの身となり、震えあがってはいたものの、あなたの金に用などないし、あなたの意思にしたがうつもりもない、とマルグリットは断言した。そしてル・グリの圧倒的な握力から逃れようと、必死になって手をもぎはなそうとした。

マルグリットの同意が得られそうにないと見ると、ル・グリは説得の試みを断念した。その顔からほほえみが消え、野蛮な形相があらわれた。

「望もうが望むまいが、おまえはおれと一緒に二階に行くんだ」とル・グリは脅し、ルヴェルにむかってあごをしゃくった。ルヴェルが扉にかんぬきをかけた。

そのときマルグリットは、ふたりの男の邪悪な意図を悟った。縮みあがり、凶暴な手から逃れようと、彼女は死に物狂いで助けを求め、悲鳴をあげた。

「アロ！　助けて！　アロ！（Haro! Aidez-moi! Haro!）」[注6]

しかし、マルグリットの悲鳴を聞いた者はいなかった。すくなくとも、だれも助けにはこなかった。ニコル夫人は召使をほぼ全員、サン・ピエール・シュル・ディヴへと連れてでかけていた。そのうえ分厚い石壁やかんぬきのかけられた扉があったのだから、マルグリットのくぐもった悲鳴は城の外や近所の集落には届かなかったことだろう。とくに冬場は寒さを避けるべく、住民は家のなかにこもっている。

えじきの悲鳴にかかずらうことなく、だれもこないことを知っているかのように、ふたりの男はマルグリットを階段のほうに引きずっていった。マルグリットは無我夢中で重い木の長椅子にしがみつこうとした。だが男たちはマルグリットの腕をつかみ、長椅子から引きはがした。

もがくマルグリットを、男たちは階段へと引っ張っていった。彼女は一瞬、身をふりほどき、その勢いで石の床に倒れこんだ。そして倒れたまま、マルグリットは大声で誓った。あなたがたが暴力をふるったと、夫に言います。夫と友人たちは、かならずあなたがたに復讐するはずよ、と。

さらなる警告にもかかわらず、ル・グリは彼女の両腕をつかみ、無理やり立たせると、ルヴェルがうしろから彼女の腰に手をまわした。ふたりの男は力をあわせ、叫んではもがく彼女に石の階段を上がらせようとした。

とうとう二階までマルグリットを連れてあがると、ふたりはいちばん近い戸口から、彼女を室内に押しこんだ。そしてルヴェルが扉を閉め、ル・グリがマルグリットとふたりきりになれるようにした。

ル・グリはかがみ、編み上げ靴のひもをほどこうとした。マルグリットは自由になった一瞬を逃さず、窓辺へと走りだすと、助けをもとめて叫び、半狂乱になって窓をあけようとした。ル・グリは飛びあがり、彼女のあとを追った。

窓から離れると、マルグリットは部屋の反対側にあるべつの扉へと走っていった。そこでバリケードを築こうとしたのである。

しかし、ル・グリはほんの数歩で部屋を横切り、ベッドをまわりこむと、マルグリットの脱出をさえぎった。

両腕を押さえつけ、ル・グリは彼女をベッドに引きずりあげ、乱暴に押さえつけた。大きな手でうなじをベッドに押しつけながら、ル・グリはもう片方の手で自分の靴ひもとベルトをゆるめ、脚絆（きゃはん）を下ろした。マルグリットは手足をばたつかせたが、ル・グリがうなじにまわした手に力をこめた。このままでは首の骨が折れてしまう。彼女はあえぎはじめた。

ベッドに身を乗りだし、ル・グリは彼女のマントを押しひらき、ガウンの裾をたくしあげた。だが、うなじを押さえつけていた手をゆるめた瞬間、マルグリットが激しくのたうちまわった。ル・グリがのしかかってきたのがわかったのだ。ル・グリは、もう彼女を押さえつけられなくなった。

これほど強い女は見たことがない。そう大声で悪態をつくと、ル・グリは仲間を呼んだ。

「ルヴェル！」

扉が勢いよくひらき、ルヴェルが走りこんできた。

ルヴェルがマルグリットの片手と片足を押さえつけると、ル・グリが反対の手足を押さえつけ、ふたりは彼女の脚を広げた。そして、彼女の顔を下にして、ベッドに押さえつけた。必死の抵抗で疲弊しきったマルグリットは、もう力が消えうせてしまったように感じていた。ふたりの男は抵抗するえじきを縛りあげた。それはなにかのひもか、布をよりあわせたものだったのか。ふたりが部屋で見つけたものかもしれないし、この目的のために持参したものかもしれない。

ベッドに打ちつけられながらも、マルグリットは悲鳴をあげ、助けを求めつづけた。そこでル・グリは革の帽子を脱ぐと、それを口に突っこみ、だまらせた。

縛りあげられ、猿ぐつわをかまされたマルグリットは、呼吸困難になった。長い抵抗で疲れはてているところへ、口に空気まではいらなくなり、急速に身体から力が抜けていった。このまま窒息死するかもしれないと、マルグリットは思いはじめた。

ルヴェルはいまや、ベッドのわきに立つだけだった。縛られ、猿ぐつわをされているにもかかわらず、マルグリットは渾身の力を振りしぼり、抵抗をつづけた。が、ル・グリはとうとう、彼女に乱暴をはじめた――「彼女の意思に反して、おのれの欲望を満たそうとした」のである。

乱暴を終えると、ル・グリはマルグリットの拘束を解くよう命じた。ずっとおなじ部屋にいたルヴェルは、ベッドのところにくると、ひもか綱か布をほどいた。

縛めを解かれたマルグリットはベッドに横たわったまま、すすり泣き、乱れた衣服で自分の身体をおおった。

ル・グリはベルトを締め、編み上げ靴のひもをゆわえ、立ちあがり、帽子をとろうとベッドに手を伸ばした。マルグリットの口のなかにあった帽子は、ベッドに転がっており、まだあたたかく濡れていた。

従騎士は丸まった帽子を広げ、腿ではたくと、マルグリットに視線を落とした。「この

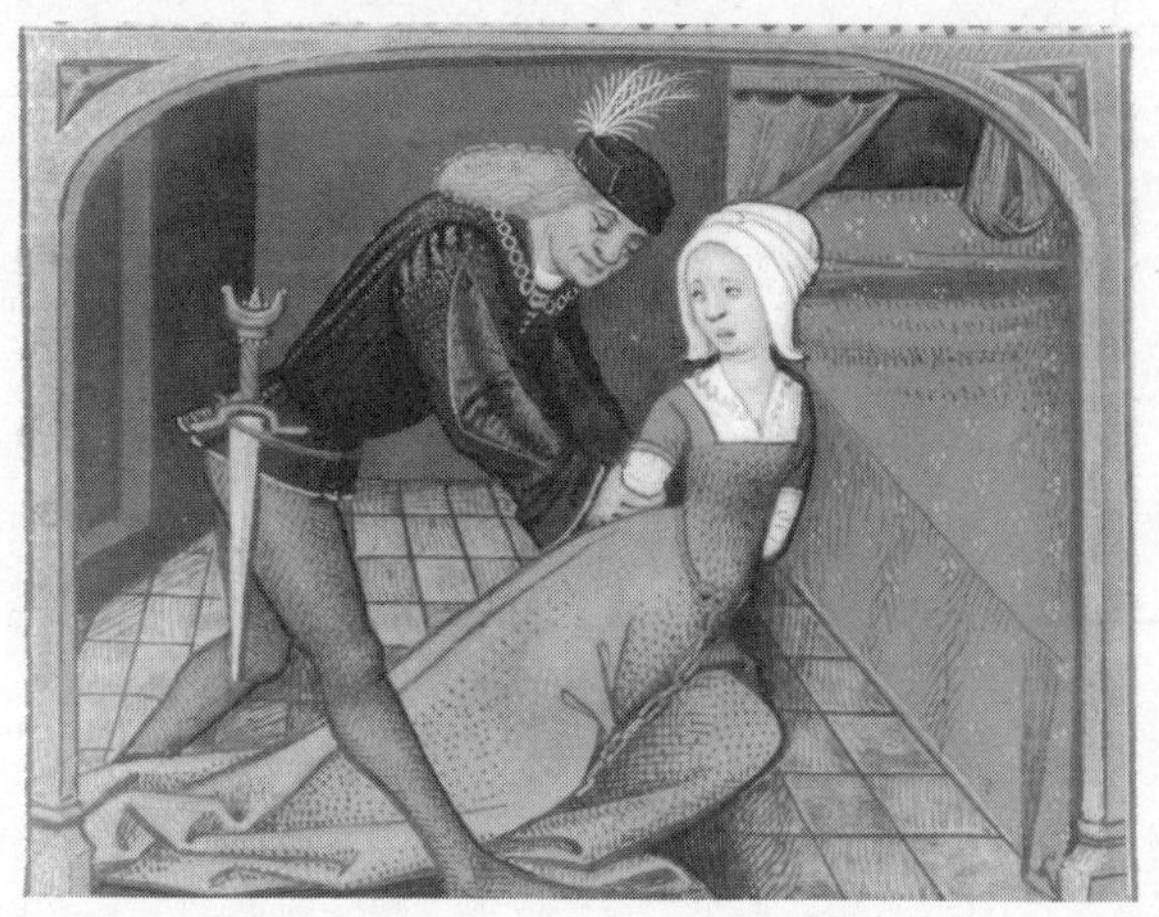

強姦の場面　男が女性を押さえつけており、男の突起した剣がつぎに起こることを暗示している。The Romance of the Rose, miniature. The Bodleian Library, University of Oxford, MS. Douce 195, fol. 61v.

ことをだれかに話そうものなら、それは、おまえの不名誉となる。ご主人の耳にはいるようなことになれば、彼はおまえを殺しかねない。口をつぐんでいることだ。そうすれば、わたしも静かにしていよう」

マルグリットは目を伏せたまま、なにも言わなかった。そして長い沈黙のあと、ついにかすれた声を絞りだした。「静かにしています」

一瞬、ほっとした表情が、ル・グリの顔に浮かんだ。

マルグリットは視線を上げ、ル・グリをねめつけ、「でも、そうしてほしいと、そちらが思っているほど、長くはもたないでしょうね」と、苦々しくつけくわえた。

ル・グリは彼女をにらみつけた。「ばかにするな、マルグリット。おまえはここにひとりきりだ。だが、わたしがきょう、ほかの場所にいたと証言してくれる人間ならいくらでもいる。だいいち、わたしが証拠を残すものか！」

ル・グリはベルトから革の小袋をとりだした。それはてのひらで、ちゃりんという音をたてた。「ほら」と、ル・グリは言い、硬貨のはいった袋をマルグリットのわきに投げた。

涙にくれながらも、マルグリットはぎょっとしてル・グリを見た。

「あなたのお金なんぞ、いるものですか！」彼女は叫んだ。「正義を求めるわ！　正義を！」袋を握りしめると、彼女は投げかえした。それはル・グリの足下の床に落ちた。

ル・グリはなにも言わなかった。彼は袋を拾い、それをベルトの下に押しこみ、籠手をつけはじめた。

ルヴェルが口をひらいた。「一発、平手打ちいたしましょうか？　ご主人さまのおっしゃったことを忘れぬように」

ル・グリは振りかえると、警告もなしに、重い革の手袋をはめた手でルヴェルの顔を乱暴に殴りつけた。血が吹きだし、仰天したルヴェルが頰をおさえた。

「ご夫人に指一本触れるな」と、ル・グリがどなった。

そして無言のまま、ル・グリは戸口へと歩きだし、いきおいよく扉をあけると部屋から出ていった。マルグリットのほうを二度と見ることなく、ルヴェルは主人を追い、こそこそと寝室から出ていった。

マルグリットは、ふたりの男が階段を下りていく足音が人気のない城に響きわたり、階下で重い玄関の扉からかんぬきがはずされ、扉があけられ、音をたてて閉じられるのを聞いていた。ベッドから起きあがる力もなく、非道な蛮行に打ちのめされたまま、マルグリットは中庭の砂利に編み上げ靴が当たる音を聞いていた。その音が徐々に消えうせ、なにもかもが静寂に包まれると、彼女はふたたびひとりぼっちになった。

中世は無法の時代であり、婦女暴行が蔓延し、強姦は犯罪とは認識されていなかった……。現代の人は、そう想像するかもしれない。たしかに、中世では強姦の被害者が加害者との結婚を強制されることもあったし、加害者のほうも犠牲者との結婚に同意することで自分の命を救うことができた。そして、夫婦間の強姦は法的に認められていた。というのも、妻は結婚により夫に〝借り〟ができるため、たとえまだ一二歳の幼い娘が自分の数倍の年齢の男と家族に無理やり結婚させられたとしても、性の務めをはたさなければならなかった。強姦はまた戦時中の女性にとっては、往々にして避けられぬ運命となった。たとえば一三五〇年代末に発生した農民一揆ジャックリーの乱では、フランス貴族の夫人たちが攻撃してきた農夫に強姦されたし、一三八〇年にはブルターニュの修道女たちがイングランド兵によってとらわれの身となり、暴行をくわえられた。

しかし、中世の法典と現実に起こった裁判の記録を見ると、強姦が重罪であり、極刑に値する罪と見なされていたことがわかる。ノルマンディも含め、フランスの法律はたいてい古代ローマ帝国のやり方にならっており、古代ローマ帝国では強姦――婚姻外で強制された性的関係と定義されていた――は死をもって罰せられた。[注7] 十三世紀のフランスの法律の権威であるフィリップ・ド・ボマノワールは、強姦にたいする懲罰は殺人や反逆の罪と同様に重かったと述べている――つまり「路上を引きずられたあと、絞首刑」に処せられた、と。戦時中でさえ、隊を率いる軍人は兵士たちを制止しようとした。一三四六年、カーンを陥落させたイングランド軍は「町の女性たちを傷つけようものなら死刑にするぞと兵士たちに釘をさした」が、多くの隊がこの警告を無視した。

強姦にたいする社会の態度は、じつにさまざまだ。宮廷詩人たちは女性の名誉を守る闘士として騎士を称えたし、封建時代の貴族社会は貴族の女性にたいする強姦を〝最悪の犯罪〟と見なしていた。だが多くの詩や物語を読めば、騎士たちが偶然出会った身分の低い娘にたいして気軽に乱暴をはたらいていたことがわかる。イングランド国王エドワード三世は、一三四二年、ソールズベリーの伯爵夫人に強姦をはたらいたといわれている――いまでは論争の的となっている逸話ではあるが、かつては広く信じられていたものだ。暴力で慰みものにされても女は悦ぶという考えに反論する手段をもつ中世の女性は、ごくわずかしかいなかった。クリスティーヌ・ド・ピザンは、著書『女の都』（一四〇五年）のなかで、女性は「強姦されて快楽を感じることなどけっしてない。それどころか、強姦は女性にとってこれ以上ないほどの悲しみなのだ」と記した。

強姦の告訴と刑罰は、被害者の社会階級と政治的影響力に左右されるばあいも多かった。フランスでは窃盗のような軽犯罪で有罪となった女性が死刑になる例もあったが、強姦罪で有罪となった男性への刑罰が罰金の支払いだけにとどまるという例もあった――この賠償金もまた被害者の女性ではなく、その父親や夫に支払われるほうが多かった。というのも、強姦は当の女性にたいする性的暴力というよりは、女性の後見人の財産に損害を与えた犯罪であると見なされていたからだ。訴訟記録によれば、強姦罪で訴えられた加害者のなかでは、教会で職に就いている聖職者の数が突出して多かった。だが、かれらは〝聖職特権〟を主張し、一般の裁判ではなく宗教裁判を受け、重い刑罰をまぬかれた。

犯罪現場の状況を法廷で立証する際には証人がいないばあいも多く、非常にむずかしかった。そのうえフランスでは、その社会的地位が高かろうが低かろうが、そもそも女性は夫や父親など男性の後見人の協力がなければ告訴することもできなかった。そのうえ強姦の被害者の多くが、他言すれば恥をかいて不名誉な思いをするのはおまえのほうだと脅され、犯罪を公表して家族や自分の評判に傷をつけるよりは沈黙を守るほうを選んだ。そのため法的には強姦は重罪であり、重い刑罰がともなうにもかかわらず、現実には強姦を犯しても男は罰せられず、訴えられず、報告もされないばあいが多かった。

この野蛮な暴行の直後、マルグリットは、ひとりだまって痛みと恥辱に耐えなければならなかった。「この恥ずべき事件に見舞われた日、カルージュ夫人は呆然自失の体で城にとどまり、歯を食いしばって悲しみに耐えていた」。こうして、みじめな時間をひとりですごしたマルグリットの脳裏には、他言するなという従騎士の警告がこだましていた。じきに、義母が召使と戻ってくる。いったい、どうすればいいのだろう？

ル・グリは、あなたのような社会階級の女性にとってこれは最悪の不名誉になるぞと、彼女を脅していた。貴族のあいだでは名誉がすべてであり、恥辱は死よりも悪であると考えられていた。女性の名誉——忠節で貞淑であるという女性の評判——は、とくに重視された。ル・グリの脅迫はマルグリットにとって、とりわけ毒針となった。というのも、彼女の父親がフランス国王を裏切っていたため、ティボヴィル家はすでに面目を失っていたのである。ル・グリは、家族の過去を恥じているマルグリットの急所を衝けるだろうと計算したうえで、脅迫してきたのだ。そもそも実家に不名誉な歴史があるため、マルグリットは今回の新たな恥辱について口をつぐんでいるだろうとの胸算用があったからこそ、ル・グリは獲物を定めたのかもしれない。

もし、マルグリットが公にル・グリを告発したとしても、告訴内容を立証するのは不可能とはいわないまでも、非常に困難だろう。証拠というこみいった問題のほかに、ル・グリはピエール伯の寵臣であり、アルジャンタンの法廷では手加減した審問しか受けないはずだ。いっぽうマルグリットはといえば、反逆者の娘であり、ピエール伯のもっとも厄介な家臣の妻であるのだから、最初から色眼鏡で見られるにきまっている。ル・グリはまたパリの王室でも国王直属の従騎士として、よく名前が知られていた。そのうえカルージュと妻が一般裁判所で告訴したとしても、ル・グリは下級とはいえ聖職者であり、いつでも聖職特権を主張し、裁判地の変更を申したて、宗教裁判を受けることができた。ル・グリはまた強姦の件を夫に話そうものならどうなるかという点も、マルグリットに警告していた。カルージュは彼女を殺すかもしれない。この嫉妬深く、疑い深く、怒りっぽい騎士は、話を信用せず、妻がル・グリまたはほかの男との不義をごまかすために、強姦の話をでっちあげたと思うかもしれない。当時、妻の不貞を疑った夫が、怒りに駆られて妻を殺すことはよくあったが、妻が密通していたのだからしかたがないと正当化され、痴情沙汰として刑をまぬかれていたのである。ル・グリは、アルジャンタンの宮廷でのカルージュとの長いつきあいから、嫉妬深く疑い深い彼の性格を熟知しており、たとえ妻の話であろうと頭から信じることはないだろうと踏んでいたのかもしれない。ル・グリはまたマルグリットが夫をおそれているはずだと思い、その恐怖心を利用して、だまっていろと警告したのかもしれない。

こうしてル・グリに脅迫されたうえ、公平な裁判を受けられる見込みが低いにもかかわらず、沈黙を破れば醜聞とさまざまな危険に襲われると畏縮するのを、マルグリットは断固として拒否した。暴行を受けたあとすぐに、マルグリットは決心した。夫が帰宅したら、すぐにこの犯罪のことを打ち明けよう。そして、あの従騎士に復讐してやろう。そして「マルグリットは、ル・グリがこの城にやってきた日時をしっかりと記憶に刻んだ」。重要な詳細を記憶することで、マルグリットはこのおそろしい秘密を明らかにしたとき、かならず家族から問いただされるであろう質問に備えただけでなく、公衆の面前で受けるであろう苦難にもまた備えたのである。[注8]

暴行の直後、ル・グリがマルグリットに強制しようとした沈黙は、ほんの数日しかもたなかった。ジャン・ド・カルージュがパリでの用事を終えて帰宅した一月二一日か二二日に、マルグリットは夫に真実を告げたのである。事件があった日、マルグリットを襲ったふたりの男がカポメスニルを離れた数時間後には、ニコル夫人がサン・ピエール・シュル・ディヴへの短い旅から帰宅した。しかし、マルグリットにとってみれば、このおそろしい秘密をいちばん打ち明けたくない相手こそ、義母だった。そのため圧倒的な緊張と不安に押しつぶされそうになりながらも、マルグリットは夫が帰宅するまで、かたく口を閉ざしていた。

カポメスニルに帰宅したジャン・ド・カルージュは、妻がすっかり意気消沈し、なにか悩んでいるようすであることに気づいた——「悲しそうに涙を流し、表情もふるまいにも覇気がなく、いつもの彼女とはまったくちがった」。最初、カルージュは、妻と母のあいだに不和があったのではないかと疑った。なにしろマルグリットは夫の留守中、丸三週間——もちろん、事件当日はのぞいて——義母とふたりですごしていたのである。自分の不在中に、ふたりの女性が口げんかをしたり、意見の食い違いを見たりしたのかもしれないと疑うのは当然だった。

だがマルグリットは、ようやくふたりきりになるまで、夫に事情を話そうとはしなかった。「一日がすぎ、夜となり、ジャン・ド・カルージュはベッドにはいった。夫人は一緒にベッドにはいろうとはしなかった。そのため、夫はたいへん驚き、こちらにおいでと何度も声をかけた。妻ははぐらかし、なにか考えこみながら、ただ部屋を行ったりきたりするばかりだった。とうとう、城にいる召使の全員が眠りにつくと」——領主の館や城では、領主夫妻がほんとうの意味でふたりきりになるのはむずかしかった。召使たちが立ち聞きしていたので、全員が寝室に引きあげるまでは油断がならなかったのである——「妻は夫のところにいき、かたわらにひざまずくと、自分の身に起こったおそろしい出来事を、哀れを誘う口調で話しはじめた」。

マルグリットは事件について話す機会が訪れるまで、夫と一緒にベッドに——おそらく、彼女が縛りあげられ、乱暴を受けたまさにそのベッドに——はいろうとはしなかった。数週間留守にしていた夫は、なんとかして妻とベッドを共にしようと努力したことだろう。しかし、それこそ、マルグリットがなんとしても避けたいことだった。そしてまた、ふたりの男に乱暴をはたらかれた身体には、あざや傷が残っていたにちがいない。中世では、領主やその夫人も含めて裸で寝るのが習慣であり、妻は夫の目のまえにすべてをさらさねばならず、マルグリットにしてみれば説明の機会が欲しかったにちがいない。とにかく、マルグリットは事件当日のようすを夫に話すことで、この不穏な状況をなんとか自分の思うように進めたいと思ったのだろう。そして、こうした状況にありながら、みずから打ちあけることを選択したのだろう。

マルグリットが「不潔で邪悪な犯罪行為の全貌」について涙ながらに語りはじめると、ジャン・ド・カルージュは仰天して耳を傾けていた。が、やがて怒りがふつふつと煮えたぎりはじめた。彼女は話しおえると、あなた自身の名誉のためにも復讐してほしい、と懇願した。マルグリットは、夫の名誉と評判が自分のそれと同様、保たれるか地に堕ちるかのどちらかであることがわかっていた。ふたりは結婚によりすでに運命を分かちあってはいたものの、これからはまさにおなじ運命を背負うのである。そしてまたマルグリットには、夫の支援と弁護なしでは、自分にはまったく法の後ろ盾がないこともわかっていた。

翌朝、ジャン・ド・カルージュは家族と友人を呼び、秘密の会合をひらいた。カルージュにはこれまで、ル・グリを憎むだけのありあまる理由があったが、こんどは新たに相手が悪事をはたらいたという疑いがでてきたのである。ル・グリがその昔、宮廷において裏切り行為をはたらいたことを確信していたカルージュは、ル・グリに乱暴されたという妻の説明を頭から信じたにちがいない。しかし、ピエール伯の寵臣にたいして、説得力に欠ける時期尚早の訴えを起こしたところで、とくにカルージュがここ数年宮廷と争いをくりひろげてきたことを考えれば、もっと厄介な問題を引き起こさないともかぎらない。こうして身内だけで会合をひらけば、家族や友人から価値ある忠告が受けられるし、訴訟を起こすにしても、裁判を恥辱にまみれた大損害をもたらすものにせずにすむ。

会合はカポメスニルでひらかれ、そこにはまちがいなくニコル・ド・カルージュと、マルグリットのいとこのロベール・ド・ティボヴィルが同席していたはずだ。ロベールはつい先日、ジャンと共にスコットランドから帰還したばかりだった。そしてほかの親族や友人のなかには、ジャンの妹と結婚した騎士、ベルナール・ド・ラ・トゥールの姿もあった。マルグリットのもうひとりのいとこ、トマン・デュ・ボアも同席していたかもしれない。どうしてこのように緊急に、そして極秘裏に集められたのだろうと、だれもがふしぎに思いながら城にやってきたことだろう。ジャン・ド・カルージュは、全員をひとつの部屋に集めた。「かれらを呼んだ理由を話す際、彼は妻に、起こったことをなにもかも、くわしく説明させた」。

マルグリットはふたたび、集結した友人や親族に向かって、自分のつらい体験を語らなければならなかった。そのうえこんどは、どれほどの痛みをともない、どれほどの恥辱であったかという詳細まで話さなければならなかった。正確に、一分の漏れもなく話すことがなにより重要だった。というのも、マルグリットの説明こそが、のちの公的な裁判で証言の基盤となり、この場に立ちあった人間が、陳述の確証のために法廷に召喚されるはずだったからだ。ある意味で、この家族会議は予備審理に等しかった。

野蛮な暴行についてマルグリットの口から説明を受けた面々は「非常に驚いた」。マルグリットのほうの家族は、即座に彼女の話を信用したかもしれないが、カルージュのほうの親族は、最初は疑ってかかったかもしれない。ティボヴィル家には反逆者という悪評がある。そして、これ以上ないほど意外な物語を語って聞かせたのは、その反逆者の娘なのだから。その数日まえ、彼女は城にひとりきりで滞在しており、ふたりの男に乱暴された。そして、そのうちのひとりが、ほかでもないジャック・ル・グリであり、彼女を強姦したというのだ。ニコル夫人は、それまでこの暴行事件についていっさい耳にしていなかったが、それは当日、彼女が留守にしていたほんの短時間に起こっていた。夫人やほかの面々は、マルグリットに徹底的に質問をしたことだろう。正確に、いつ、どこで、犯罪は起こったのか？　ふたりの男はどのくらいの時間、城にいたのか？　そもそも、なぜ扉をあけ、男たちをなかにいれてしまったのか？

しかし、マルグリットがすべての質問に答え、カルージュがとうとう助言を求めると、一同は「ピエール伯の宮廷に赴き、洗いざらい話せ」と熱心に勧めた。封建時代の法律では、領主には家臣たちの争いを裁く責任があったため、アルジャンタンのピエール伯の宮廷が、この場合の唯一の裁判地だった。もちろん、寵臣の従騎士が罪を犯したという訴えを、ピエール伯が歓迎するはずはない。ル・グリがマルグリットに暴行をはたらいたという驚愕の話を、ピエール伯は容易には信じないだろう。そして、そのうちに怒りだし、重い報復手段をとるかもしれない。カルージュとル・グリは、つい先日、和解をしたにすぎない。以前のものとは比べものにならないほど危険なこの争いが、公の知るところとなれば、ふたりは不倶戴天の敵となる。そうなればピエール伯はカルージュではなく、気に入りのル・グリを支援するはずだ。

ピエール伯の宮廷では、公平な審理を受けられる可能性が低かったものの、カルージュには、自分と妻のために正義を求め、ル・グリに報復をはたさなければならない、せっぱつまった理由があった。

パリから戻り、妻にたいするおぞましい暴行があったことを聞かされてほどなく、カルージュは妻がそれまで隠していた新たな秘密を知らされた。なんと、妊娠したというのだ。

この知らせに、ジャン・ド・カルージュは身体に稲妻が走ったような衝撃を受けた。結婚して五年、夫婦はずっと子どもを授からなかった。そして、カルージュは長いあいだ跡継ぎを待ちのぞんでいた。ふつうならマルグリットの妊娠に、カルージュは歓喜していただろう。だが、この知らせは、カルージュに新たな悩みをもたらした。健康、金策、政治的不運、仲間の廷臣であり元友人である男から受けた妻へのおそろしい暴行。こうした悩みに、またいらだたしい問題がひとつ、くわわったのである。

いったい、だれの子なのだろう？

注6　法律により「Haro!」（アロ！）と叫び声をあげれば、つまり〝叫喚追跡〟の声をあげれば、相手の悪党に犯罪行為をいますぐやめるよう警告できると同時に、叫び声が聞こえる範囲にいる人間に、被害者を助けに駆けつけるよう義務を負わせられると定められていた。

注7　当時、〝強姦〟（raptus）は、強制的な性交のほかにも、婦女誘拐など関連する犯罪も意味した。

注8　マルグリットはもっぱら記憶力に頼っていたのかもしれない。たとえ文字を読めたとしても、かならずしも文字を書けたとはかぎらないからだ。当時、書き方はまったくべつの技術として教えられていた。

5　決闘申し込み

一三八六年一月下旬、ピエール伯はある噂話を耳にし、大いに憤慨した。もっとも面倒な家臣であるジャン・ド・カルージュが、気に入りの廷臣ジャック・ル・グリを誹謗中傷する噂を流しているというのだ。こともあろうに、ル・グリが共犯者を連れ、カルージュの留守中をねらって自宅に夫人を訪問し、驚かせたあげく、暴力をふるい、強姦したという。騎士カルージュからのこの非難に、伯爵は激怒した。たしかにあのふたりは反目しあっている。だからといって、そんなとほうもない作り話を、いったいだれが信じる？

噂を耳にすると、ピエール伯は即座に調査を開始した。そして、ふたりの高名な貴族に宮廷にくるよう命じ、カルージュ夫人と従騎士ル・グリに関するとんでもない噂話について、くわしく問いただした。呼ばれた貴族のひとりはベルナール・ド・ラ・トゥールといい、ジャン・ド・カルージュの義弟にあたった。もうひとりは王室の森林を管理する従騎士ジャン・クレスパンで、一年ほどまえにカルージュとル・グリが和解し、マルグリットが初めてル・グリと会ったパーティーを自宅で開催した人物だった。ふたりともジャン・ド・カルージュと仲がいいはずであり、その事件についてなにか知っているものと思われた。

ピエール伯に質問され、ふたりの男は「騎士カルージュとマルグリットから、何度も、ちがう場所で、おなじ話を聞かされた。マルグリットが、ジャックにより肉欲に駆られた暴行を受けたという話だった」と、証言した。クレスパンとラ・トゥールはまた、騎士カルージュとその妻は宮廷に参り、御前で不満を述べ、正義を実現させたいと申しております、と報告した。

ジャンとマルグリットのために審理をひらく準備をしていると、ピエール伯は返答した。伯爵には家臣どうしの争いをおさめる責任があったからだ。したがって、伯爵は廷臣たちや「高位聖職者、騎士、評議会の面々など、経験豊富な人間」を集めた。高位聖職者のなかには、法の知識をもつ者もいたし、ほかの聖職者は審理の記録をとったはずだ（ただし、記録はいっさい残っていない）。

審理はピエール伯の宮廷の大広間でおこなわれた。タペストリーや絨毯で装飾された豪華な部屋には、どっしりとした木の長椅子が置かれ、そこで伯爵が審理することになっていた。指定された日、大広間は貴族、聖職者、廷臣たちでごったがえしていた。夫人が乱暴され、夫である騎士が激怒して従騎士を告訴したという噂は、伯爵の封土であるアルジャンタンじゅうに広がり、寒さをものともせず大勢の人間が見物に詰めかけたのだ。この目で当事者たちを見てみたい、巷でもちきりの信じられないような噂はどこまで本当なのか、どうしても知りたいというわけだ。

ジャック・ル・グリがピエール伯の寵愛を受けていることは、秘密ではなかった。しかし封建時代の領主は、よく問題を起こす家臣のあいだで争いが起こると、みずから裁決をくださなければならなかった。すると、どうしても片方が寵臣であるばあいがでてくる。できるだけ公明正大な判断をくだすよう、法律では定められていたものの、このばあい、ピエール伯が偏りのない裁決をくだすとは思えなかった。

ほかにも問題があった。ピエール伯はこの外聞の悪い噂を調査するよう、わざわざ証人を呼びよせ、ジャック・ル・グリにたいするカルージュとマルグリットの不満に応え、正義を貫くことを約束し、廷臣たちを集め、審理をひらくことにした。ところが、その指定の日に、カルージュとマルグリットは宮廷に姿を見せなかったのである。

夫妻の欠席はいやがうえでも目立ち、犯罪と主張されるものにたいする証言もほとんど得られず、ピエール伯はしかたなくつぎの行動にでた。アダム・ルヴェル――ル・グリの共犯者といわれる男――を逮捕し、尋問するあいだ、牢獄にいれておくよう命じたのだ。

そして、この手段を通じて新たな情報が得られるまで、ピエール伯はル・グリにたいする訴えについて、宮廷で慎重に審議した。

そしてピエール伯は「前述のジャックは完全に無実であり、なんの罪もない」という結論をだした。従騎士ル・グリが罪を犯したという告訴を却下し、伯爵はこの件を記録から削除し、「本件については今後いかなる質問も受けつけない」ことを命じた。ピエール伯はまた、そもそもル・グリを訴えたマルグリットに疑惑の目を向けていた。夫人が嘘をついていたのではないかと、ピエール伯は遠まわしに述べ、強姦といわれているものは「彼女が夢で見たにちがいない」と、断言した。

裁決の知らせが、アルジャンタンからぬかるんだ冬の道を二五マイルほど北上したカポメスニルに届いたとき、マルグリットは驚かなかったかもしれない。だが当初から、彼女は必死になって正義を求めていた。おそろしい乱暴をされたあと、ずっと隠遁生活を送っていたマルグリットは、ル・グリが無実の裁決を受けたと聞き、激怒したにちがいない。そのうえ、ピエール伯は彼女のことを嘘つき呼ばわりしたのである。しかし、この知らせで、マルグリットはいっそう断固たる決意を固めた。なんとしてもル・グリ本人に復讐をはたしてやる、と。

カルージュにとってもまた、この知らせは意外でもなんでもなかったはずだ。伯爵の裁決は、正義をまねた猿芝居にすぎない。しかし、これまでピエール伯の宮廷で数々の屈辱を受けてきたとはいえ、今回のものは最悪の侮辱だった。たとえ自宅でこの知らせをこっそりと受けたとしても、カルージュは公衆の面前で平手打ちを食らったような気がしただろう。

しかし、夫妻にほかになにが期待できたろう？　その重要な日、伯爵の審理を夫婦で欠席したことを考えても、宮廷で直訴できなかったカルージュの失敗を考えても、たとえマルグリットが宣誓のうえ証言をおこなったとしても、正義を期待するほうが無理というものだ。夫の病状が急に悪化したため、夫妻は審理に姿を見せなかったのだろうか？　それとも、たいへんな苦痛を体験したあとだったため、マルグリットが審理で証言するような状態になかったのだろうか？　それとも、夫妻はわざと自宅にとどまっていたのだろうか？　ピエール伯の宮廷では、真の正義など得られるはずがないと確信していたのだろうか？　あるいは、ル・グリの怒った親族や友人に命を狙われることをおそれたのだろうか？　それとも、好意的でない裁決を無理にださせようと綿密に計画を立てたうえで、あえて審理を欠席したのだろうか？

領主が不公平な裁決（a faux jugement）をくだしたと考えたばあい、家臣にはもっと上級の領主に訴える権利があった。つまりピエール伯はフランス国王の家臣であったため、カルージュはパリの法廷に直接、上訴することができた。カルージュはピエール伯の審理では敗れていたが、もし国王が審理をひらくことに同意すれば、妻のため、そして自分のために正義を得る機会ができる。

ピエール伯は、カルージュのつぎの動きを心配していたようだ。上訴があればすぐに押しつぶそうと、ピエール伯はあわててパリに書簡を送り、ル・グリの容疑を晴らす裁決を自分がくだしたという情報を知らせた。カルージュとル・グリのあいだの争いの噂は、すでにノルマンディからパリに、すなわちアルジャンタンから馬車で数日もあれば到着できる都に伝わっていたことだろう。ふたりの男にはともにパリに重要な友人がいたのだから。しかし、この事件のことを公的に王室に最初に知らせたのは、あきらかにピエール伯自身であった。

ジャン・ド・カルージュは王室でひらかれた審理において、以前もピエール伯の裁決に異議を申したてていた。オヌー・ル・フォコンの領土に関する争いのときだ。しかし、ル・グリが妻を強姦したという今度の申し立ては、以前のものよりずっと深刻だったし、危険もはるかに大きかった。カルージュの抵抗は、彼自身を――そして妻を――大きな危険にさらした。またもやカルージュが法的手段をとることを知った伯爵は「そのあまりの強情さに激昂し、カルージュを殺してやりたいと思ったことが何度もあった」という。

一三八六年の冬が終わる頃か早春、ジャン・ド・カルージュは、その年二度目のパリ訪問をおこなった。マルグリットとカルージュの自宅に戻った直後のようだ。その頃、マルグリットは妊娠二、三カ月を迎えており、カルージュは妻を自宅に残しておくことにした。あとでパリに呼びだすか、自分で迎えに戻るかしようと考えていたとしても、とにかく今回はしっかりと護衛をつけていった――おそらく、妻のいとこであるロベール・ド・ティボヴィルのような信頼の置ける親族に頼んだにちがいない。これから暖かくなり、道が乾きはじめ、馬車ならもっと居心地よく旅ができるとしても、お腹が大きくなるにつれ、パリへの旅はマルグリットにはつらいものになると思われた。

カルージュからパリへの一五〇マイルほどの旅は、一週間近くかかった。セー、ヴェルヌイユ、ドルーといった町を抜けて東に向かうその経路は、ノルマンディからパリへ向かう主要道で、商人たちが町から町へと旅をし、パリで食用として売る畜牛を引いていた。

カルージュには、王室でどう迎えられるかが、さまざまな点に影響されることがわかっていた。国王にたいするこれまでの自分の奉仕、親族の縁故、友人の強力な輪、王室での利害関係に影響する個人的なつきあいなどが考えられたが、功績を挙げるとすれば、カルージュ家は長いあいだ、フランス国王に忠誠を尽くしてきた。カルージュ自身は先日、シャルル国王のためにイングランドで戦ったところだし、長年、さまざまな遠征にくわわってきた。二〇年ほどまえ、一三六四年には、ジャン国王の身代金の資金調達にも力を貸した。

とはいえ、ジャック・ル・グリは生まれこそ平民ではあったものの、いまや王室とは密接なつながりをもち、国王直属の従騎士となり、パリでの評議会にもとくべつに参加している。すっかり裕福となり、王室の一員であるピエール伯の寵臣という身分を謳歌していた。審理の結果についてピエール伯が国王に送った書簡は、あきらかにル・グリにたいする国王の支援を求めてのものであり、カルージュにとっては大きな打撃だった。

そのうえ、マルグリットにも問題があった。王室は、この争いの渦中にいる妻が反逆者として悪名高いロベール・ド・ティボヴィルの娘であることを、けっして忘れていないだろう。彼の裏切りは、ティボヴィル家に永遠に消えない汚名を残したのである。そして、マルグリットと五年まえに結婚したカルージュに、その汚れは染みだしていた。

だがついに、国王の御前でこの件を訴えるときが訪れた。カルージュは、大胆かつ異様な上訴を計画していた。

フランスの法の下では、国王に上訴する貴族の男性には、相手に〝決闘裁判〟を申し込む権利が認められていた。つまり、決闘によって裁判をおこなうのである。決闘裁判は、侮辱と認められたものについて名誉を守るべくおこなわれた決闘とは異なり、当事者のどちらが偽誓をしたかを決定する正式な法手続きだった。決闘の結果は、神の意思にしたがい真実をあばくと広く信じられていた。そのため、決闘は〝神の審判〟、つまり神判(judicium Dei)としても知られていた。

決闘による裁判は、フランス、とくにノルマンディでは古来の習慣だった。ジャンとマルグリットの祖先のなかには、決闘裁判で保証人や介添え人を務めた者がいた。中世の初期においては、あらゆる社会階級の人間が決闘裁判に訴えることができたし、貴族のみならず農奴や町人のあいだでも、一般的に決闘がおこなわれた。ヨーロッパの一部では女性でさえ男性に決闘を申し込み、闘うことができた。決闘は土地をめぐる争いといった民事裁判と同様に、さまざまな重罪で判決をくだす際に利用されていた。

民事事件のばあい、決闘する本人が代理人、すなわち決闘代理人(チャンピオン)を立てることができた。しかし刑事事件では、決闘する本人同士が闘わなければならなかった。というのも、敗者への罰はたいてい死であり、決闘代理人を立てられるのは女性か高齢者か虚弱な者にかぎられていた。

数世紀にわたって決闘は上訴のひとつのかたちでもあり、裁決に不満をもった訴訟当事者は、宣誓をしたうえで自分に反する証言をおこなった証人に決闘を申し込むことができた。地方の法廷で判事を務めた領主でさえ、裁決を不服とした家臣から決闘を申し込まれる危険があった。

しかし、中世も後期になると、決闘裁判はめったにおこなわれなくなった。教皇が決闘を神への冒瀆であり、聖書で禁じられていると非難したのである。そして国王も、決闘による裁判に難色を示した。決闘裁判は裁判官としての国王の職権を侵すものだったからだ。そのうえ国王は強力な諸侯から裁判官の権利をもぎとり、玉座をいっそう堅牢なものにしようとしていた。

一二〇〇年頃になるとフランスでは、民事訴訟において決闘はおこなわれなくなり、刑事訴訟においても、決闘裁判がおこなえるのは貴族の男性のみに限られていった。一二五八年、ルイ九世がフランス民法から決闘を削除し、かわりに証拠と宣誓証言をともなう審理(enquête)を採用した。それでも、刑事事件で君主の裁決を不服とする貴族にとって、決闘は最後のよりどころとして残った。

一二九六年、国王フィリップ四世は、戦時中の決闘を完全に禁じた。貴族のあいだでの決闘裁判は、国の防衛体制に必要な貴重な人的資源を減少させていたからだ。一三〇三年、国王は平時も同様に決闘を禁じた。しかし臣下の貴族たちは、昔から貴族に認められていた特権の廃止に怒りをあらわにした。三年後の一三〇六年、国王が折れ、ある種の刑事裁判における上訴のかたちでのみ、決闘裁判を復活させた。そこには強姦も含まれていたが、あくまでも国王がじきじきに裁判をおこなう事件に限られた。

一三〇六年の法規命令は、八〇年後、ジャン・ド・カルージュがパリに赴き、ピエール伯の裁決にたいして上訴を申し立てたときも、まだ効力をもっていた。しかし、決闘裁判はほとんどおこなわれなくなっていた。決闘裁判をする資格を得るには、厳格な四つの条件を満たしていなければならなかったからだ。第一に、その犯罪が殺人、反逆罪、強姦など重罪であること。第二に、その犯罪が実際に起こったのが確実であること。第三に、ほかに法的な救済方法がいっさいなく、相手に有罪判決をくだすには、決闘――〝片方の死体という証拠〟――しか手段が残されていないこと。そして第四に、被告人に罪を犯したという強い疑惑があること。

このように法的にさまざまな制限があるうえ、決闘を申し込むのはカルージュにとって非常に危険な戦略だった。自分の命のみならず、財産や家族の名誉までも危険にさらすことになるからだ。そのうえ、自分の魂さえ救済されなくなる危険があった。決闘のまえには謹厳に宣誓しなくてはならないため、決闘の結果、自分が嘘つきであることが証明されれば、地獄に落ちるおそれがあったのである。

そのうえ、マルグリットが裁判では主要な証人となるため、カルージュは妻の命まで危険にさらすことになった。マルグリットはジャック・ル・グリにたいして訴訟を起こす際に宣誓しなければならない。そのため、マルグリットの代理人としてカルージュが決闘で敗北するようなことになれば、彼女もまた嘘つきであることが立証されてしまうのだ。古来、虚偽の告発は厳しく罰せられた。決闘裁判で偽誓したうえで、強姦されたと偽証したことが立証されようものなら、彼女は死刑に処せられる。

このように決闘裁判を認められる確率はおそろしく低かったうえ、決闘には大きな危険がともなったが、ジャン・ド・カルージュはこの頃には、妻にたいするおそろしい犯罪の復讐をとげ、ジャック・ル・グリへの告訴が正当であったことを立証し、夫妻の名誉を回復するには命を賭した決闘しか方法がないと覚悟していたらしい。ひょっとすると、きっと自分には神のご加護がある、だから決闘で負けるはずがないとかたく信じていたのかもしれない。なにを考えていたにせよ、人生でもっとも危険な冒険であることが立証されるであろうものをめざし、カルージュはノルマンディのわだちのできた道を、一路パリへと馬を駆った。

一三八六年、パリは人口一〇万を超えるヨーロッパ最大の都市だった。当時、町をぐるりと囲んでいた壁は、パリを三平方マイルほどの土地に閉ざしていた。こんにち残ってい る壁の一部は、二〇平方マイル以上の土地を囲んでいる。中世のパリは騒々しく、人ごみの多い悪臭の漂う危険な場所だった。敵軍――とくに侵攻するイングランド軍――にたいして防壁を築き、溝をめぐらせた町はまた壁の内部からの脅威にもさらされていた。暴徒、反乱軍、無法な学生、大勢の犯罪者が、相手かまわずえじきにし、暴れまわっていたのである。壁からすこし北上すると、悪名高いモンフォーコンの丘がある。そこでは有罪判決を受けた重罪犯が、高さ四〇フィート近くもある、ずらりと並ぶ巨大な石の絞首台で絞首刑となっていた。世間への警告として、かれらの腐敗した死体は数週間も放置され、ぶらぶら揺れていたという。

パリの中心地を横断して流れるセーヌ川は、この町最大の通航可能な川であり、主要な下水道でもあった。その不潔な水は、町の中央部に位置し、キリスト教国でももっとも偉大な聖堂で美観を添えるシテ島を挟むようにして流れ、たえまなく船が往来していた。シテ島の端には、パリの司教座聖堂である巨大なノートルダム大聖堂がそびえている。そのふたつの堂々とした矩形の塔は、まだほんの一世紀まえ、一二八五年に完成したばかりだった。島の反対側には一二四〇年代、聖王ルイが聖地からもちかえった聖遺物を飾るために建築したサン・シャペルという教会の優雅な尖塔がそびえ、キリストのいばらの冠や

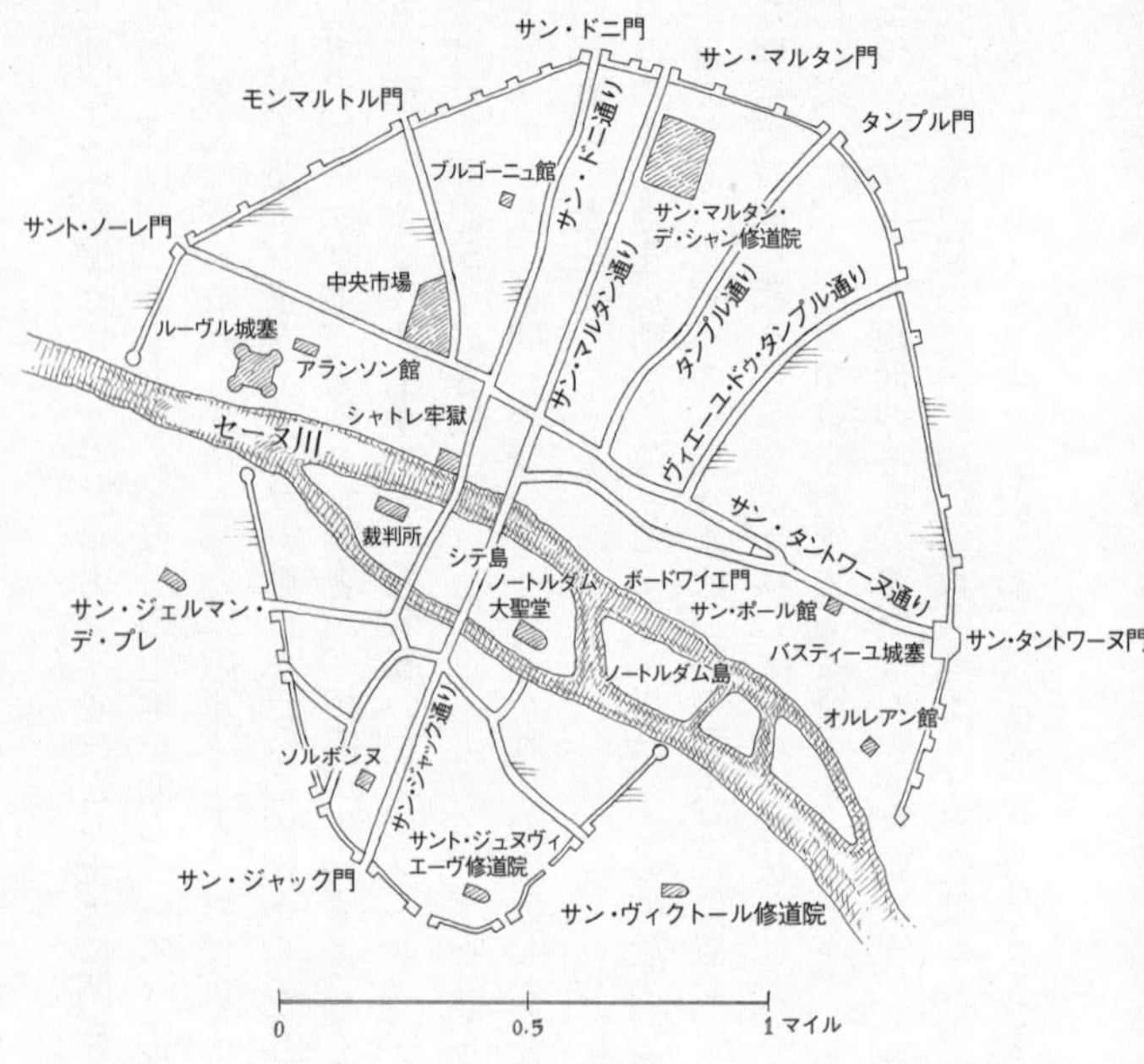

1380年のパリ　ジャン・ド・カルージュはサン・ポール館（東側）近辺に投宿し、ジャック・ル・グリはルーヴル城塞そばのアランソン館（西側）に宿泊した。

磔(はりつけ)の十字架の断片が安置されている。そばにはパリ高等法院がはいっている裁判所があり、川の南側にはヨーロッパでもっとも有名な学校、パリ大学があった。ここで礼服を着た博士たちが、中世の講義では共通語だったラテン語でアリストテレスやアクィナスについてくわしく講義をした。各国から集まった自由民である学生たちは数カ国語で冗談を飛ばし、論議をかわし、路上や居酒屋、売春宿を賑わしていた。パリの物価の高さに嫌気がさすと、学生たちは店主を襲ったり、国境を越えて暴動を起こしたりした。路上でイタリア人にむかって糞を投げつけるドイツ人、積みあげられていた薪(たきぎ)を奪いとりスコットランド人を連打するイングランド人に、襲いかかっていったのである。

　町を交差する大通りは壁を通りぬける門につながり、その通りぞいには高名な貴族の一族や裕福な教会の高位聖職者、町でも指折りの金持ちである商人が所有する堂々とした石造りの邸宅が立ち並んでいた。こうした個人の邸宅（hôtels）は庭に囲まれ、壁や門のある塀をめぐらし、大衆の暴動や町でひっきりなしに起こる強奪行為から主(あるじ)を守っていた。こうした邸宅の多くは、町の西端を防御する巨大な矩形のルーヴル城塞付近に集まり、そのひとつがピエール伯の一族が所有するアランソン邸であった。

　町を抜ける大通りのあいだに、もっと細い街路や裏道がもつれるようにして伸び、その両脇には半木造の四階から五階建ての家が密集している。こうした家は一階が商店で、上階の狭苦しい部屋には大勢の家族が暮らしていた。上から投げ捨てられたごみやがらくたが路上に散らかり、往来する荷馬車の車輪で押しつぶされ、まだ舗装されていない道の泥に埋もれていった。町には教会区やギルドごとに多くの教会や礼拝堂が点在し、煙っぽい空へと尖塔がそびえていた。いくつかの大修道院が町から離れたところに立ち、空き地や郊外の庭に囲まれていた。たとえば南部にあるサン・ジェルマン・デ・プレのように、盗賊や山賊から身を守るために独自の壁に守られている修道院もあれば、北部にあるサン・マルタン・デ・シャンのように拡大する町に吸収され、最新の壁に囲まれている修道院もあった。この壁は一三五六年に建築がはじまり、一三八三年に完成していた。ジャン・ド・カルージュが上訴を起こす年のたった三年まえのことだった。

ジャン・ド・カルージュはパリに到着すると、まず弁護士に相談した。王宮でひらかれる裁判にかかわる貴族は、お抱えの弁護士からよく法的助言を得ていた。とくに決闘裁判に訴えたいと策していれば、なおさらだ。カルージュの主任弁護人はジャン・ド・ベティジといい、その補佐役として、パリで強大な権力をもつ司教ピエール・ドラジュマンが雇った廷吏がついた。

まちがいなく弁護士たちは、ジャン・ド・カルージュに忠告したことだろう。決闘裁判にもちこむには厳しい条件を満たさなければならぬ、貴殿がジャック・ル・グリとの決闘に臨める可能性はないも同然、そんな危険な賭けはやめたほうがいいですぞ、と。

しかし、カルージュが一歩も譲らなかったため、決闘裁判にいたるまでの長く複雑な法的手続きについて、弁護士は説明をはじめたことだろう。

第一段階は、初期上訴だ。これは正式な儀式で、そこで上訴人（appelant）が被告人（défendeur）を告発し、上訴した理由を述べ、決闘裁判――つまり命を賭した闘い――で身の潔白を証明する権利を認めてもらいたいと訴える。被告人は上訴法廷に出頭する必要はない。そのため、被告人がすでに逃亡している、見つからないというばあいでも、上訴人は法的請求権を奪われることはない。

第二段階は、正式な決闘申し込みである。これは争いの当事者双方が出頭することを必要とする別個の儀式であり、ここで上訴人は面と向かって被告人を告発し、「自分の身をもって」決闘で身の潔白を立証したいと申し出る。この申し込みでは、双方がそれぞれ保証人として規定の人数の貴族をともなわなければならない。保証人はふたたび法廷に召喚されたばあい、それぞれの当事者を必ず出頭させると誓い、決闘の敢行が決定されれば、かならず決闘場へ当事者を連れていくとも誓う。

上訴は国王ひとりに訴えることができるが、決闘申し込みには三二人の司法官で構成されるパリ高等法院の面々が立ち会わなければならなかった。パリ高等法院は国王の法廷(curia regis)として知られており、あらゆる決闘に関する裁判権をもっており、決闘裁判をおこなうのが正当か否かをかならず決定した。パリ高等法院で正式に決闘の申し込みをおこなうには事前に入念な準備が必要であり、短期間で片づけることはできなかった。まず、必要な人間全員が出席できるように手をまわさなければならず、国王や司法官、決闘の当事者、弁護士、保証人など、ひとりの漏れもあってはならなかった。

一三〇六年の国王の法規命令には、長々しい規約(formulaire)があり、決闘裁判をおこなうにあたり必要な初期上訴、正式な決闘申し込み、そして実際に決闘をはじめるまえに必要な厳格な宣誓など、詳細な規則が決められていた。ジャン・ド・カルージュが、なんとしても決闘裁判に訴えると決心を固めたときから、彼は国王の法規命令という厳しい規則と手続きに縛られていたのである。

ジャン・ド・カルージュはひとり以上の弁護士をともない、ヴァンセンヌ城で上訴をおこなった。城はパリから東に数マイル離れた広大な狩猟園のなかにある国王の別荘だった。国王はパリ周辺に多くの住まいをもっており、なかでもルーヴル城塞は古い王宮だった。ほかには町の東端に位置するバスティーユ城塞のそばにあるサン・ポール館、シテ島の裁判所のなかにある王宮などがあった。しかし、国王の姿がよく見られたのはヴァンセンヌ城だった。パリ市民が一三五八年に反乱を起こしたあと、シャルル五世がこの巨大な城塞を建て、その息子であり跡継ぎであるシャルル六世はここで裁判をおこなっていた。ヴァンセンヌ城には濠のある巨大な主塔だけでなく、九つの堂々とした見張り塔があり、二重になった高く分厚い壁が円柱状にそびえ、城自体が町のようだった。城の内部に商店、鋳造場、病院、礼拝堂があり、自分が所有する都市で暮らすことをおそれる国王が必要とするものはすべて揃っていた。

カルージュは一月にもパリを訪問していたため、王室ではよく知られる存在だった。とはいえ、予告もなしに出廷できるわけがなかったし、好きなときに国王に謁見できるわけでもなかった。国王の命を狙う者があとを絶たなかったため、昼夜をおかず、城壁、衛兵、役人、召使が層をなして王室を守っていたのである。それでも、その前年の夏、ナヴァール国のシャルル邪悪王の密使が若き統治者と伯叔たちを暗殺しようと、衣服に毒物を縫いつけていたのが発見されたことがあった。

王宮に到着すると、カルージュは北側の壁を守る巨大な門楼（châtelet）へと馬で乗りつけた。巨大な濠は深さ四〇フィート、幅八〇フィートあり、その後方には高さ七〇フィートの壁があり、城塞のまわりを半マイルほど囲んでいた。そのうえ、角と両脇には巨大

ヴァンセンヌ城　ジャン・ド・カルージュはパリ郊外にある王家の巨大な城塞の主塔で、国王に上訴した。Seeberger, Archives Photographiques, Coll. M. A. P. (c) CMN, Paris.

な矩形の見張り塔がそびえている。

カルージュら一行は、下ろされた跳ね橋を渡っていき、衛兵に向かって名を名乗った。入門を許されると、一行は馬を引き、通路を歩いていった。だがすぐに、重い鉄の門、もしくは頭上から落ちてきた落とし格子で行く手をさえぎられた。

一五エーカーほどもある広大な前庭にはいると、左手にはカペー王朝の古い領主館があり、右手にはシャルル五世が本宅として建築した巨大な新しい主塔が、城塞の西側の壁の半分ほどの高さまで伸びていた。

巨大な矩形の主塔には四つの円柱の塔があり、一七〇フィートもの高さでそびえ、背後にはまた別の頑丈な城壁と石で縁取られた深さ四〇フィートの濠があった。その唯一の入り口には、濠にかけられた跳ね橋があり、門楼専任の守備隊が護衛にあたっていた。前庭の馬丁に馬を預けると、カルージュら一行は門楼にはいり、用件を伝えた。しばらく待つと、主塔のなかから小姓があらわれ、奥の部屋へと招きいれた。

主塔は八階建てで、石壁は厚さ一〇フィート、その内部は多くの部屋やアーチを支える鉄の棒で一マイル近く補強され、ヨーロッパで防衛用に強化された最初の石造建築物であった。主塔は王宮の中心であり、階下には大広間があり、上階には国王の家族のための個室があり、いちばん上に衛兵所があった。塔の頂上は、周囲の王室所有の森の樹冠のはるか上にあり、そこからは王土を数百平方マイルにわたって見晴らすことができた。三マイル西にあるパリの尖塔や塔も、そこから大きく湾曲して町を抜け海へと流れるセーヌ川も、川沿い谷をふちどるようにして不規則につづく丘も、望むことができた。主塔の上階には、彩色写本の一大コレクションを収めるためにシャルル五世が建築した贅沢な書斎があった。隅にある大きな塔のひとつには王家の宝庫があり、金貨がぎっしりと詰まった金庫が置かれたその部屋には、鍵がかけられ、護衛が立っていた。それぞれの階には、主塔の裏側から突きだした大きな石の突角があり、便所があった。長期の攻城戦に備え、城の内部には井戸があり、広々とした貯蔵室もあった。

小姓はカルージュら一行を案内し、いくつかの石造りの部屋を抜け、らせん階段を上がり、ひとつの塔にはいっていくと、ビュロ・ド・ラ・リヴィエルに紹介した。彼は王室の生活全般をとりしきっており、「彼に会うことは、王に会うことに等しい」といわれていた。そこでカルージュは緊急な用件を彼に伝え、国王がパリを留守にしているか、もっと緊急の事態が発生し法廷に時間を割けないという事情がないかぎり、できるだけ早く謁見を実現させるという約束をとりつけたのだった。

一三八六年春、フランス全土の統治者である国王シャルル六世は、まだ一七歳という若さだった。一三八〇年、一一歳のときに父親から王位を継承して以来、この若き国王は野心家の伯叔たち、なかでも、ブルゴーニュのフィリップ公爵に支配されていた。シャルル国王はこのあと、すぐに伯叔たちの口出しを封じ、自分こそが君主として主権を有すると明言した。しかし、この頃はまだ経験の浅い従順な若者として、年長者の忠告をほぼすべて――税の上げ下げ、賃金闘争、平和調停、同盟協定など無数にある君主の義務――を受けいれていた。前年の夏、シャルル国王は伯叔たちが選んだまだ一四歳の少女、バイエルン国のイザボーと結婚さえしていた。

国王の父親、シャルル五世は生前、そばの礼拝堂でミサに出席したあと、ヴァンセンヌ城の中庭で毎朝、さもなければ夕食後のおそい時間に、請願者の訴えに耳をかたむけていた。だがシャルル六世はまだ若かったため、フランスの最高裁判事という荷が重く、カルージュの上訴を主塔二階にある華麗に装飾がほどこされた会議室（Salle de Conseil）で聞いたことだろう。

会議室は三〇平方フィートほどの広さで丸天井があり、バルトオークの鏡板がはめこまれ、明るい色彩――赤、青、金色――の石造りのアーチで支えられ、すべてが部屋の中央にある唯一の柱で支えられていた。柱頭にはユリ形紋章が彫刻され、王室の円形肖像画が頭上の丸天井を装飾していた。古典的で宗教的な図像が編み込まれた絹と羊毛のタペストリーが壁をおおい、片側にある部屋を威圧するような低い台座は玉座で、青色と金色の凝った装飾がほどこされていた。重騎兵が護衛としていくつかアーチのある戸口のそばに立ち、貴族、聖職者、ほかの廷臣たちが付き添っていた。

カルージュは国王の御前に招かれ、お辞儀をし、ひざまずいてから嘆願をはじめ、その横では弁護士もひざまずいていた。一〇代の君主は玉座に腰を下ろし、警戒する伯叔たちが脇をかため、ひざまずく家臣を見おろしていた。その家臣ジャン・ド・カルージュは五〇歳前後で、一〇代の国王の三倍ほどの年齢だった。

まだひざまずいたまま、カルージュは剣——拝謁にもちこむことを許された唯一の武器——を抜き、国王のほうに振りまわさぬよう慎重に高く掲げた。剣を抜く行為は決闘を嘆願する伝統的な身振りであり、大義のために闘う意志があることを示していた。

剣を掲げ、御前でひざまずくと、カルージュが口をひらいた。「わが慈悲深き君主よ、騎士であり、君主の忠実なるしもべであるジャン・ド・カルージュは、ここに正義を求めて参りました」

若き国王が玉座から答えた。「ジャン・ド・カルージュ、汝の嘆願を聞こう」

御前にいる者全員に聞こえるよう、カルージュは明朗な声で述べた。「卓越したわが君主、この一月の第三週に、従騎士ジャック・ル・グリが、わが妻マルグリット・カルージュ夫人にたいして、本人の意思にそむき、肉欲に駆られた重罪を犯したことを、ここに告発いたします。わたしには、わが身を彼の身と対決させ、この訴えが真実であることを立証する準備ができております。そして指定の時間に、彼を死にいたらしめるか、打ち負かす所存でおります」

こうして運命を左右する厳粛な口上を述べたことで、カルージュは国王に正義を求めるための歯車をゆっくりと動かしはじめた。こうなれば、これからあとの一連の手続きで、自身のみならず、妻、ジャック・ル・グリ、当事者双方の家族や友人、ほかの多くのフランス貴族の面々を巻き込みつつ、上告への裁決がくだるのを待つことになる。

上訴を終え、国王に謝意を述べると、カルージュと弁護士は護衛にともなわれ、会議室から主塔の外へと出ていった。あとは待つしかない。つぎの段階である正式な決闘申し込みまで、数週間から、ときには数カ月間、待たなければならないこともあった。国王は法律にしたがい、即座にこの件をパリ高等法院にゆだねた。パリ高等法院はすべての決闘にたいする裁判権をもっており、この件の詳細を審理することになるからだ。しかし、国の最高裁判事でもあるシャルル国王はパリ高等法院の長でもあり、その後の数カ月、カルージュ・ル・グリ事件を熱心に追いかけることになる。

つぎは、正式な決闘申し込みの手はずをととのえなければならない。そこで、ひとりの

上訴　上訴人が剣を掲げ、宮中でひざまずき、国王に上訴している。MS. fr. 2258, fol. 2r. Bibliothèque Nationale de France.

急使が国王の封印状をたずさえ、ヴァンセンヌ城からパリ高等法院へと送られた。セーヌ川ほとりにあるゴシック式の壮麗なパリ高等法院では、カルージュによって被告人とされたジャック・ル・グリに送る正式な召喚状を、書記がしたためた。そして、またべつの急使により、アルジャンタンへ、あるいはジャック・ル・グリが滞在しているノルマンディのどこかの土地へと、召喚状が届けられた。

パリからの召喚状を受けとったとき、ジャック・ル・グリはそれほど驚かなかったかもしれないが、不安は覚えたにちがいない。ピエール伯はすでに、カルージュに上訴させないでいただきたいと頼む書簡を国王に送っていた。しかし、カルージュは断固として意志を貫き、国王に嘆願する機会を獲得し、その結果、ジャック・ル・グリにパリ高等法院に出頭するよう命じた召喚状が送られてきたのである。これを無視できるはずもなかった。

ル・グリはパリに到着すると、カルージュ同様、すぐに弁護士をさがしはじめた。ル・グリの主任弁護士はジャン・ル・コックという売れっ子の高名な弁護士だった。ル・コックは弁護士として書き留めた日誌に、慎重にラテン語の専門用語で、この事件に関していくつか覚え書きを残している。この日誌は現存するもっとも古い判例集であり、法的事項やル・グリの性格に関して貴重な一考も記されている。というのもル・コックは、自分の依頼人にたいする個人的な感想や内密のやりとりを書き留めているからだ。

当時、ジャン・ル・コックは三五歳前後だった。父親もまたジャン・ル・コックという名の高名な弁護士で、彼は父親から名前と職業を受け継いだだけでなく、フランス王室との親密な関係をも引き継いだ。年若いル・コックの依頼人には、国王の弟であるヴァロア家のルイや、国王の有力な叔父ブルゴーニュ公フィリップも含まれていた。

上訴ではときおりあったことだが、ル・コックはル・グリの弁護をするよう、パリ高等法院に選ばれたのかもしれない。あるいはル・グリの家族――もしくはピエール伯――が、ル・コックが王室と親しい関係にあるため、命にかかわる裁判の弁護人にふさわしいと、ル・コックに白羽の矢が立ったのかもしれない。

マルグリット・ド・カルージュを強姦したと訴えられたル・グリの弁護は簡単な仕事ではないと、ル・コックはすぐに察した。そのうえ、ル・グリは弁護士の忠告につねにしたがうとはかぎらなかった。「聖職者の特権」を利用するようル・コックが諭すと、ル・グリは早くも頑固なところを見せたのである。

ジャック・ル・グリは従騎士であるだけでなく、聖職者――いくらか教育を受けた聖職者のメンバー――でもあったため、パリ高等法院の裁判権から逃れ、かわりに教会内で裁判を受けることができた。無論、教会では決闘など認められない。決闘で命を失う危険を避けるために聖職者の特権を利用するよう依頼人に強く諭したと、ル・コックは覚え書きを記している。

しかし、そのあとにはいらだたしそうに、こう記している。この従騎士は「まったく言うことをきかず」、ル・コックの忠告を無視し、「自分で自分の首を絞めて」いる、と。ル・グリの虚栄心が臆病者と思われることを許さなかったのかもしれない。とくに、この時点ではすでに、カルージュとル・グリの争いは国王の耳にはいり、フランス全土で知られるようになっていたのだから。

カルージュが国王に上訴を申し立てると、ル・グリは高等法院の召喚に応じ、パリにやってきた。ふたりの男は決闘申し込みにそなえて、保証人を確保しておかねばならなかった。そのため、ふたりとも当初の予定を延長してパリに滞在し、詳細を詰める必要があった。まだマルグリットがパリにきていなければ、カルージュはもちろん、妻をパリに呼び寄せるか、自分が迎えにいくかしなければならなかった。その後の数週間、ふたりの男たちは事件にかかりきりになったが、それはとりもなおさず、情け容赦のない生活を送ることを意味した。

例に漏れず、訴訟には時間もかかれば費用もかかった。これは財源に乏しいカルージュにとって、とくに大きな問題だった。裁判が長引くと、親族や友人から、あるいは高利貸しから借金をして、費用にあてる当事者もめずらしくなかった。従騎士ル・グリの家は裕福だったし、ピエール伯もよろこんで寵臣の支援をしただろうが、騎士カルージュは財源が乏しかっただけでなく、当てにできる友人もほとんどいなかった。しかし、決闘という問題が浮上してきた時点で、ふたりの男たちが危険にさらしているのは、もはや金だけではなくなっていた。

一三八六年の晩春もしくは初夏、カルージュとル・グリは、パリ高等法院で国王と高等法院の面々のまえに出頭すべしという召喚状を受けとった。出頭に指定された日は七月九日、月曜だった。犯罪があったと思われる日から半年近くが経過し、ジャン・ド・カルージュはついに高等法院で、敵と顔を合わせ、妻にたいする非道な犯罪があったことを訴え、決闘で相手の有罪を証明したいと申し出ることになったのである。カルージュはこの瞬間を長いあいだ待ちわびてきたが、決闘申し込みをしたからといって、ル・グリと決闘できる機会をほんとうに得られるかどうかはわからない。その決定は、すべてパリ高等法院にかかっていた。

決闘申し込みがおこなわれるのは、パリでもっとも高貴な場所のひとつだった。パリ高等法院は、シテ島の北側にある一群の建物であり、正式な王宮として一三〇〇年初頭に壮麗に改築されていたが、この頃にはパリ高等法院としておもに機能しており、国王が訪れるのは公式な用事があるときだけだった。川岸の北東の角には、シャルル五世が建築した時計塔があり、時刻を告げる鐘を鳴らしていた。パリ高等法院のほかの三つの塔――シーザーの塔、銀の塔、ボンベックの塔――は、西の川岸にあった。王宮の南側には、有蓋の通路があり、壮麗なサン・シャペルにつづいていた。

七月九日の朝、カルージュとル・グリは、町の両端からパリ高等法院にべつべつに到着した。ジャン・ド・カルージュは司教の邸宅やサン・ポール館に近いサン・タントワーヌ通りに宿があったため、東からやってきていた。ジャック・ル・グリはピエール伯とアランソン館に滞在していた。館はルーヴル城塞に近く、王侯の館が集まる一等地にあった。ふたりの男たちは、弁護士、保証人、親族、友人をともなっていた。

それぞれの一行は、セーヌ右岸（rive droite）からシテ島へと、グラン・ポン――川底の泥に打ちこまれた杭の上につくった木製の橋――を渡り、王の時計塔を通りすぎ、向こう岸に到着すると、東側の門から高等法院の構内にはいっていった。

ここからは、〝五月の庭〟という混雑した中庭を曲がりくねって進まなければならない。まるで、そこにパリじゅうの住民が集結しているかのような騒々しさだった。高等法院に用事のある弁護士と訴訟当事者たちが、引きとめようとする商人、ねぎろうとする買い物客、施しを求める物乞い、終わりのない都市生活の光景をぼんやりとながめている怠け者たちを、押しのけている。中庭のお喋りと噂話の渦のなか、行商人の呼び声、兵士の鉄の靴底がたてる音、鎖につながれ処刑場へと連れていかれる囚人の悲嘆の声が渾然となっている。

騎士と従騎士が中庭を横切り、王宮にはいったとたん、背後から喧騒が聞こえなくなった。石造りの巨大な階段室を上がり、聖母子の彫像が見守るゴシック式の戸口から大広間にはいっていく。そこは壮麗かつ広大な部屋で、奥行き七五ヤード、幅三〇ヤードはあり、高等法院がおもにここで審理をおこなっていた。

うす暗くがらんとした大広間には、金めっきを施した二重の丸天井があり、それを八本の円柱が支え、部屋をふたつに仕切っている。弁護士たちはここで依頼人に会い、書記たちが書類をもってせわしく動き、廷吏や筆写者たちが法という複雑な機械が滑らかに動くよう努めている。鉛枠のある窓にはフランス紋章の彩りが添えられ、部屋の上方の壁を明るく照らしている。その下には大きな暖炉が、壁沿いのベンチと交互にしつらえられている。フランス国王の五〇もの彫像が部屋を環状に囲み、十字軍の有名なゴドフリー・ブイヨンがエジプトからもちかえったクロコダイルなど、壁には動物の皮が飾られている。大

裁判所　1386年7月、右側のふたつの塔に隣接した部屋で、国王や高等法院の司法官たちが見守るなか、ジャン・ド・カルージュはジャック・ル・グリに決闘を申し込んだ。王の時計塔が中央に立っている。Archives Photographiques, Coll. M. A. P. (c) CMN, Paris.

広間の東端には、弁護士の守護聖人、聖ニコラスに捧げられた祭壇があり、毎朝、ミサがあげられている。祭壇は弁護士に課せられた税金と、一三六九年に妻の愛人によって殺害された高等法院の判事エヴァン・ドル殺人事件の共犯者による寄付金によって維持されていた。

大広間では、危機に直面したフランス政府が会合をひらくこともあった。たとえば一三五六年の惨憺たる秋、ポワティエの戦いにおいて大敗北を喫し、国王ジャンが捕虜になったときなどである。全王士から八〇〇人もの代議員が集まり、打ちひしがれた王太子――未来のシャルル五世――に対面し、フランスをこれほどの大敗にみちびいた王室の腐敗した中枢部を一掃するよう、国王に要求した。二年後には、エティエンヌ・マルセルを先頭に、三〇〇〇人もの群衆がこの大広間になだれこんだこともある。エティエンヌ・マルセルは、パリのギルドの長を務めた気性の激しい男で、イングランド軍との恥ずべき平和協定と、金貨三〇〇万エキュという法外な国王の身代金に抗議したのである。マルセルは怒りをたぎらせた一群を引きつれ、二階にある王太子の部屋になだれこみ、「やっちまえ！」と怒声をあげた。群衆は王室の弁護士をひとりつかまえ、その場で滅多切りにして殺した。もうひとりの弁護士は部屋から飛びだしていったが、群衆がつかまえ、殺害した。そして血まみれの死体を部屋から引きずりだし、ほかの死体と一緒に、階下の中庭で叫んでいる群衆に向かって放りなげた。おびえた王太子は、マルセルがとくべつに保護したため命拾いをしたが、青色と深紅色——反逆の色——の頭巾をかぶらされた。

大広間の入り口で、カルージュとル・グリは、秩序を守るために棍棒（bâtons）で武装し、制服を着た廷吏に出迎えられた。そして、ふたりの男はべつべつに大広間を横切り、巨大なチェス盤のように黒と白の模様がついた大理石の床を歩いていった。大広間の北西の角で、衛兵の立つ扉を抜け、狭い通路へとはいっていった。その先には高等法院の聖地であり、部屋こそ狭いものの優雅な大審部がある。大審部は高等法院の北側にあり、銀の塔とシーザーの塔がその脇を固めている。国王が高等法院を訪れたときには、かならずこの部屋が使われた。

大審部にはいっていくと、カルージュとル・グリは天蓋のついた豪華な玉座（lit de justice）に対峙したことだろう。玉座は黄金のユリの紋章の刺繡がはいった青い布でおおわれた台座の上にある。司法官用のクッションの置かれたベンチは玉座の両側にあり、聖職者は国王の左側、俗人は右側に並び、全員で三二人が座れるようになっていた。祭壇の背後にはキリストの磔刑を描写したタペストリーが壁に飾られている。部屋にひとつだけある大きな暖炉は七月の暑さで静かにたたずみ、みずみずしいサヤヌカグサがタイル貼りの床に清潔さと静寂さを送りこんでいる。玉座と司法官らの椅子とを仕切る低い柵があり、その手前には弁護士や依頼人が座る木製のベンチが並べられている。

廷吏が全員にそれぞれの席を示すと、黙って立っているように命じ、司法官らが正式に書類を提出し、最初に聖職者が、そのあとに一般の信徒が、それぞれの席のまえに立った。そして玉座の背後にある戸口に、ついに国王が姿をあらわした。執行吏が国王の到着を告げ、室内の全員が腰をかがめると、シャルル国王が部屋にはいってきた。そのあとに、弟であるヴァロア家のルイ、そして油断のならない目をした伯叔たちのそばを離れない随行団がつづいた。若き君主は玉座に腰を下ろし、だまったまま着席する全員の顔をしげしげと見た。聖職者のひとりが立ったまま、この法の手続きが進むあいだ神のご加護がありますようにと厳粛に祈りを捧げた。フランスの高等法院がいま、開廷した。

するとパリ高等法院の第一判事アルノール・ド・コールビーが木槌を叩いた。

一三八六年七月九日、パリ高等法院の記録によれば、その日、決闘申し込みを見物しようと、大審部に貴族がどっと集まったようだ。「この日、わが君主は高等法院で栄華のきわみにあらせられ、ベリー公やブルゴーニュ公など伯叔ら、国王の弟ヴァロア家のルイなど、偉大なる諸侯が臨席なさっていた。そして上訴人である騎士ジャン・ド・カルージュが一方に、もう一方にジャック・ル・グリがいるなか、決闘裁判をめぐる上訴がはじまった」。

この記録はマルグリットには触れていないため、彼女がその日、法廷に姿を見せていたのかどうかは不明だが、晩夏にはたしかに出廷したようだ。その頃、カルージュ夫人は妊娠六カ月を迎え、公衆の面前でおこなわれる裁判に出廷するのがいっそう苦痛になっていたのだろう。なにしろ、そこでは自分を強姦したという罪で、夫がほかの男を訴えているのだから。

決闘申し込みの儀式のために、騎士と従騎士は顔を見合わせて法廷のまえに立ち、それぞれが側近を連れていた。伝統により上訴人が国王の右側に立ち、被告人が左側に立った。

騎士カルージュは上訴人として、最初に口をひらいた。法廷全体に聞こえるような大声で。

「卓越した強力なるわが国王でありわが統治者どの、わたくしジャン・ド・カルージュ、騎士は、本法廷で上訴人として、わが妻にたいするもっとも不潔な罪にたいして従騎士ジャック・ル・グリを告発いたします。この一月の第三週に、従騎士ジャック・ル・グリが、わが妻マルグリット・カルージュ夫人にたいして、本人の意思にそむき、カポメスニルとして知られる場所で、アダム・ルヴェルの補助のもと、肉欲に駆られた重罪を犯したことを、ここに告発いたします。したがって、こうしたばあいの法律にしたがい、ジャック・ル・グリが自白し、本法廷の裁定に服従し、死刑に処せられ、全財産を没収されることを

決闘申し込み　上訴人（国王の右側）が被告人（国王の左側）を訴え、身の潔白を証明させてほしいと決闘を申し込んでいる。訴訟当事者の背後にいるのは、それぞれの弁護士や保証人たち。MS. fr. 2258, fol. 4v. Bibliothèque Nationale de France.

要求いたします。そして、もし同ジャック・ル・グリが罪を犯したことを否定したばあい、わたしは、わが身をもってこの訴えが正しいことを立証いたします。そして閉ざされた決闘場で、名誉ある紳士がそうするように、裁判官であり統治者であるわが国王の御前で闘います」

ジャック・ル・グリを名指しで非難し、決闘を申し込んだあと、ジャン・ド・カルージュは挑戦のしるしに、昔ながらのやり方で手袋などの所持品を投げすてなければならなかった。法廷が見守るなか、カルージュはル・グリのまえで所持品を床に投げ、異議申し立てをまっとうし、伝統的な決闘裁判の手法にのっとり、囲いをした決闘場（champ clos）で被告人と対決するという挑戦の意思を表明した。所持品（jeter le gage）を床に投げるのは、決闘の際におこなう古代の儀式のひとつだった。

さて、こんどは従騎士の番だ。被告人は、上訴人と対峙して、やはり全員の耳に確実に届くよう、声を張りあげた。

「卓越した強力なるわが国王であり統治者どの、従騎士であり被告人である、わたくしジャック・ル・グリは、さきほどの非難をすべて否認いたします。とくにマルグリット・ド・カルージュとして知られるカルージュ夫人にたいして、不法に肉欲に駆られて罪を犯したという非難を否認いたします。それが一月の第三週であろうとなかろうと、カポメスニルなる場所であろうとなかろうと、否認いたします。そしてまた栄誉ある君主の御前ではありますが、同騎士は邪悪かつ不正にも嘘をついており、こうしたことを主張する本人もまた邪悪かつ不正であることを主張いたします。そして神のご加護とともに、わたくしはこの肉体をもって身の潔白を証明させていただきたく嘆願いたします。いかなる弁解も、釈放も願いません。もし、御法廷が決闘裁判の実施を認めてくださるのなら、わが君主であり裁判官であるわが国王どの、時刻と場所をお定めください」

そう言うと、ジャック・ル・グリは身をかがめ、足元の床に落ちている決闘申し込みのしるしを拾った。これもまた、由緒ある儀式の一部だった。被告人はこのしるしを拾って手にもつ(lever et prendre)ことで、挑戦を受けいれ、身の潔白を決闘で立証することをしめさなければならない。これでル・グリは法廷の決定にしたがい、決闘場での命を賭した闘いによって自分の主張を擁護することに同意したことになる。

ふたりの男が口上を述べあい、挑戦のしるしを投げ、受けいれると、司法官たちが熟慮のすえ、正式な決定(arrêt)をくだし、つぎになにをするかを決める――決闘申し込みの手続きがこれから進むかどうかを。本件を担当する司法官(rapporteur)がパリ高等法院の裁決を、難解な法律用語で一同に述べる。

「決闘裁判申し込みの本件の上訴人であり原告である騎士サー・ジャン・ド・カルージュ、

そして、いっぽうの被告人であるジャック・ル・グリは、両当事者が聞いたように、いま、法廷のまえに事実と理由を宣誓供述書のかたちで書類を提出することを命じられた。本法廷はそれを受理し、本件を解決すべく、その理由を熟慮し、おもんぱかる」

高等法院は本件の詳細な事実を調べるよう、正式な審理を命じた。当事者双方が、この件について書面による宣誓証言を提出する。そして法廷は決闘を認可すべきかどうか、検討することになる。

高等法院の裁定に、カルージュはよろこんだにちがいない。これまでのところ、上訴はうまくいっていた。彼の決闘申し込みにより正式な審理が要請され、ついには高等法院で決闘が認められることになるだろう。もっとも、高等法院はめったに決闘を認めていなかったし、この三〇年間、強姦の罪を告訴した人間が決闘裁判を認められた例はひとつもなかったが。

いっぽう、ジャック・ル・グリはといえば、あまりよろこんではいなかっただろう。彼の弁護士ジャン・ル・コックは、聖職者の特権を利用して、決闘という危険はなんとしても避けねばならないと、彼に口をすっぱくして言いつづけてきた。だがル・グリは耳を貸さず、高等法院の裁定をまぬかれるチャンスを逃したのだ。こうなれば、あとは審理に応じ、その結果を受けいれるしかない。

つぎに法廷は、審理中、連絡がとれるところにちゃんととどまるよう、カルージュとル・グリに念を押した。高等法院はふたりを拘禁することもできたのだが、そうはせず、パリの防壁の内部にいるのなら行動の自由を認めた。それと引換えに、男たちは宣誓と誓約を求められた。ふたりはそれぞれ、召喚されたときには、いつでも「指定された日時に、指定された場所に」出頭することを「誓い、約束し、自分に義務づけ」なければならなかった。もし、どちらかがパリから逃げだしたり、召喚に応じなかったりすれば、命令により逮捕されることになる。つまり不在や逃亡の試みは、当人が有罪である証拠となり、有罪判決と処刑という結果を生むのである。

男たちはそれぞれ六人の保証人を任命しなければならず、六人の高名な貴族たちは、ふたたび召喚されたときにかならず当人を出頭させますと誓約した——必要とあらば、強制的に。七月九日の記録には、この厳粛な義務を遂行することになった一二人の男の名が記されている。全員が著名な貴族であり、その多くが祖国フランスのために兵役に就いたことで名前を知られていた。

カルージュの第一保証人は、リュクサンブール宮のサン・ポール伯ワルランであった。彼は国王と親しく、多くの遠征で活躍した高名な退役軍人であり、一三八二年、フランドルのローゼベケの戦いではフランス軍に勝利をもたらしていた。いっぽう、ル・グリのほうの保証人のひとり、ウー伯爵であるアルトア家のフィリップは、先日、国王の叔父にあたるブルボン公ルイとともに、イングランド軍とのガスコーニュの戦いから帰還したばかりだった。

カルージュとル・グリの保証人の一団を見れば、争いがいったん国王と高等法院のまえで裁かれることになれば、じつに多くのフランスの貴族たちが巻き込まれていくことがよくわかる。二人の保証人は、それぞれ家族や友人といった随行者をともなうため、このカルージュ＝ル・グリ事件に直接かかわる人間の数は、何倍にも増えていった。そしていま、この争いは格好のゴシップの種となっており、王室では喧々囂々と意見が唱えられていた。王室では決闘をおこなう本人やその家族のことがよく知られており、なかには正式に審理がはじまるまえからどちらの味方につくか決めている者もいた。すぐに、この事件はフランスじゅうで物議をかもし、やがてその噂は国境を越えていった。ノルマンディの領主法廷で争われていた一地方の問題が急速に有名になり、フランス王国という舞台を飛びだしていったのである。

カルージュとル・グリは決闘申し込みの儀式で立ったまま顔を合わせたあと、たがいに背を向け、従者とともに高等法院をあとにし、パリの反対側にある宿へと戻っていった。これからふたりは審理に備えて準備をはじめ、高等法院は審理を進めることになるだろう。

証拠を検証したあと、法廷がカルージュの上訴を拒否すれば、ピエール伯の裁決はゆるがぬものになり、ル・グリは無実の身をとおすことができる。しかし、高等法院が決闘を認可すれば、ピエール伯の裁決は無効となり、カルージュは決闘で敵と対決し、自分の主張が正しいことを立証する機会を得られる。しかし、ル・グリはといえば、ふたたび身の潔白を証明しなおさなければならなくなる。それもこんどは、自分の剣で。

6　審理

パリ高等法院が審理をおこなう旨を告知すると、ジャン・ド・カルージュとジャック・ル・グリは宣誓証言の準備をはじめた。法廷の要求により、証拠はすべて書類に記さなければならない。女性は刑事事件でみずから告訴することが認められていなかったが、マルグリットはこの事件の主要な証人であるため、はっきりと証言をおこなった。公的記録にも「本法廷で、マルグリット自身の宣誓、つまり宣誓証言によって、ある情報が受理された」と明記されている。実際、ル・グリにたいする告発について、カルージュ夫人は「くわしく、くりかえし、質問され、取調べられた」そうだ。

ジャック・ル・グリの所見によれば、その夏、マルグリットはパリ高等法院に出廷し、国王と司法官のまえに姿をあらわした――ちょうど四〇年まえ、彼女の父親ロベール・ド・ティボヴィルが大逆罪で訴えられ、召喚されたように。ル・グリはノルマンディで（二年まえにジャン・クレスパン邸で）いちど会ったときと、いまこうして国王の御前で「一連の訴訟手続きの訴訟関係者として」会っているのをのぞけば、これまでに夫人とは「会ったこともなければ、話したこともない」と証言した。つまりル・グリは審理がはじまってすぐ、マルグリットが高等法院に立ち、宣誓をしたときに、彼女の姿を見ていたのだろう。そのあと、彼女は廷吏たちのまえで、ひとり、あらためて宣誓証言をしたものと思われる。審理がはじまった七月半ばには、マルグリットはすでに妊娠六カ月を迎えていたため、高等法院という公の場所に姿を見せるのは、いっそうつらい試練だったはずだ。

ジャン・ド・カルージュ、ジャック・ル・グリ、マルグリットは、それぞれ母国語であるノルマンディ地方のフランス語で宣誓をおこなった。口頭宣誓の記録は残っていないが、高等法院の公式記録は残っており、裁判の詳細な要約がラテン語に翻訳され、法廷の筆写者(greffiers)によって綴られている。この要約は現存する唯一の手稿の写しとして残っており、色あせた茶色のインクで、二折版で一〇枚ほどぎっしりと文字が書き込まれている。そこには夫人の証言に基づいたカルージュのル・グリにたいする告発が箇条書きにされており、そのあとに、ル・グリの長々とした力強い抗弁がつづいている。

カルージュはまず、自分が長年、ジャック・ル・グリのことを親友として、また忠義ある同志として深く信頼し、長男の名付け親になってもらうという栄誉まで与えたほどだったと述べた。こうした親密で高潔な関係にあったからこそ、洗礼式の際、司祭が幼児を聖水に浸す洗礼盤で、ジャック・ル・グリが自分の子を高々と掲げたのだと強調した。そのあとカルージュは、ジャック・ル・グリがマルグリットと初めて出会ったジャン・クレスパン邸での出来事をくわしく述べた。その場で、ふたりの男の平和と友情の証として、自分が妻に指示し、ル・グリに接吻させたことを。

ところがカルージュは、こうしたふたつの出来事のあいだの期間については、なにも述べていない。つまり最初の妻を亡くしたばかりか、息子と父親まで亡くし、誉れあるベレムの長官職を父親から継承できなかったうえ、合法的に購入した封土をいくつか失ったことについては、いっさい触れていないのだ。そのあいだに、ピエール伯の宮廷で張りあったあげく、ル・グリとの友情が破綻したことについても、口を閉ざしている。

カルージュは、クレスパン邸でル・グリが初めてマルグリットと出会ったあと、肉欲にとりつかれてしまったのだと、強く主張している。あくまでもル・グリを悪名高い放埒者と決めつけ、ル・グリがマルグリットを誘惑し、これまで征服した女性の長いリストに妻の名をくわえようとたくらんだのだと断じた。

つぎにカルージュは妻の宣誓証言を根拠に、ル・グリの暴行について詳細を述べている。いわく、ル・グリが「前述のマルグリットに肉欲を覚え、妻の意思と同意に反して不潔にも強姦、姦通、反逆、近親相姦、偽誓」を犯したのだと断言した。この五つの犯罪はそれぞれ非常に重い罪と見なされていた。つまり強姦罪のみならず、妻と違法の情交をおこなったという理由で姦通罪を、自分との信頼と友情の絆をこわしたという理由で反逆罪を、ル・グリがカルージュの息子の名付け親になったときにできた親族関係を踏みにじったという理由で近親相姦罪を、そして最後にふたつの異なる裁きの席で罪を認めなかったという理由で偽誓罪を訴えたのである。このリストの筆頭に強姦罪を置き、マルグリットの肉体・意思・法的権利への冒瀆を強調したとしても、ほかの告発はカルージュ本人にたいする犯罪であると訴えているわけだ。

カルージュは、最初にマルグリット本人の口からこの犯罪について聞かされたのはパリから戻ったときだったと主張した。そして、カルージュ自身の名誉のためにも正義を求め、ル・グリに復讐してほしいと妻から懇願されたと述べた。マルグリットは何度も自分の話が真実だと誓ったし、断固として一貫した証言をつづけ、「彼女自身の魂が危険にさらされているにもかかわらず、何度も宣誓したうえで、こうしたことについて尋問されてきた」と、述べた。

カルージュは――彼の弁護士ジャン・ド・ベティジから助言を受けていたのはまちがいない――決闘裁判に必要な条件を本件はすべて満たしていると述べ、証言を終えた。つまり犯罪がまちがいなく起こったこと、この犯罪には死罪がふさわしいこと、被告人が自白を拒否しているため有罪判決は決闘のみによって可能であること、被告人ル・グリがこの犯罪を「実際に犯したものと、広く、かつ悪名高く疑われ、責められている」ことを、訴えたのである。

カルージュの告発にたいして、ジャック・ル・グリと彼の弁護士は、なぜル・グリが告訴されるにいたったのかという理由や、犯罪があったとされる日に実際はどこにいたかという説明も含め、まったく異なる状況を詳述し、迫力ある抗弁を展開していった。ル・グリはまず、自分がフランス国王とアランソンのピエール伯に忠実な貴族であることを強調し、つねに「思慮分別をもって法を遵守し、忠節に、賞賛に値するやりかたで」君主に仕えてきたこと、「尊敬に値するよき生活を送り、他人にたいして自分を誇れるよう努めて」きたことを説明した。

カルージュとの関係については、自分とカルージュがかつてペルシュ伯に仕え、その死後はともにピエール伯の下、兵役に就いたことを説明した。そして、カルージュの息子の名付け親になったことにも触れた。しかし、のちに信頼を裏切ったというカルージュの非難に関しては、カルージュのほうこそ自分を逆恨みするようになり、まっさかさまに坂を転げ落ちていったのだ、と反論した。

ル・グリは、自分とカルージュが法廷で対立したようすを説明し、その後、カルージュがいっそう自分とピエール伯に敵意をつのらせていったと述べた。そして、カルージュの父親が亡くなり、ベレムの長官職が空くと、ピエール伯はこの地位をその息子に継承させるのを拒んだという経緯にも触れた。それというのも、ピエール伯はカルージュが「陰鬱なうえ、なにをしでかすかわからない」ことをご存知だったからだと断じた。そしてまた、ピエール伯がもともとは自分の所有地だったと主張したにもかかわらず、カルージュがキュイグニの土地を購入しようとして失敗すると、こんどはル・グリのせいだと宮廷で非難しはじめたという過去にも触れた。つまり、ピエール伯がル・グリに信頼を置いていることに憤慨し、怒りのあまり疑い深くなったカルージュが、ル・グリこそが「自分を傷つけるためにそうした行動に及んだ」という結論に飛びつき、ル・グリを「憎み、嫌悪するようになった」と、断言したのである。

カルージュが宮廷で評判が悪いとすれば、きっと自宅ではもっと評判が悪いだろうと、ル・グリは述べた。いわく、最初の妻ジャンヌ・ド・ティーと結婚しているあいだも、カルージュは「常軌を逸した嫉妬」に駆られ、妻に無理やり禁欲的な生活を送らせたため、彼女は若死にした。そのうえ、その最初の妻にたいして、ル・グリとベッドをともにしたと強制的に言わせようとしたが——「前述の賢く善なる妻は、そのような嘘っぱちを言うのを拒否した」。こうしてル・グリはカルージュの人格と信頼性をみごとに攻撃することで、自分にたいするカルージュの非難は、長きにわたる嘘と憎悪の歴史の一部にすぎないことを証明しようとした。

カルージュの品行が公私にわたって破滅的なものであったことを詳細に述べると、ル・グリは自分とマルグリットの関係の説明にはいった。自分はこれまでに夫人と二度しか会ったり話したりしたことがないと、ル・グリは主張した——いま現在、パリ高等法院においてと、「すくなくとも二年まえ」にジャン・クレスパンの自邸での社交の集まりにおいてだけだ、と。つまり、この証言の一部は、犯罪があったとされている日に自分はカポメスニルにおらず、強姦など犯せるはずがないことを明示していた。そしてまた遠まわしにではあるが、本件が的外れの人間を訴えていることも示していた。なにしろマルグリットはル・グリといちどしか会ったことがなく、それも犯罪があったとされる日の一年以上まえの話である。おそらく夫人は人違いをし、関係のない相手を告発したのだろう——それも、現実に暴行がおこなわれたとしての話だが、と。

ル・グリはまた、自分にその罪を犯すことのできた時間帯を狭めた。カルージュは告訴状のなかで、犯罪があった日にちを特定しておらず、ただ「一月第三週のある日」としか触れていない。だがル・グリは、犯罪が起こりえたのは一月一八日木曜日のみであると断言した。というのも、その日にニコル夫人がカポメスニルを留守にし、そのあいだマルグリットは城で留守番をしていたからである。

ル・グリは、この木曜日に近郊の町サン・ピエール・シュル・ディヴにニコル夫人が呼ばれたことを説明した。そして夫人が旅をした距離は比較的短く、カポメスニルからサン・ピエール・シュル・ディヴまでは「せいぜい二リーグしか」離れていないと述べた。換算すると、往復で一二マイル程度である。[注9] ル・グリはまた、ニコル夫人が「朝食、あるいはそのすこしあとまでに」用事をすませていたはずだと主張し、一〇時をまわった頃か、ときには正午近くに昼食をとっていたことを指摘した。もし、ル・グリが正しければ——カルージュはこの点ではなにも反論してこなかった——ニコル夫人はカポメスニルをせいぜい五、六時間、留守にしたにすぎない。ル・グリはまたカルージュが犯罪の日にちは特定できないのに、時刻については「朝の早い時間だった」——つまり九時頃だった——と述べていることに触れた。それは、ニコル夫人が出発したと思われる時刻の二時間ほどあとである。

そのうえ驚くべきことに、ル・グリはこう主張した。ニコル夫人の短時間の外出中、マルグリットのそばにはずっと「ひとりのお針子と、ほかにもふたりの女性」がついていた、と。これは、ニコル夫人が外出しているあいだ、マルグリットが「実質上、ひとりきり」であり、声をあげてもだれも応じたり助けたりできる範囲にいなかったという、カルージュの説明とはまったく異なる状況だった。そのうえニコル夫人が帰宅してみると、義理の娘は非常に機嫌がよかったそうだ――「うれしそうにはしゃいでいて、とてもいやなことがあったようには見えなかった」――と、ル・グリは言い切った。この言外の意味はあきらかだった。ほんの数時間まえに暴行を受け、強姦された女性がはたしてそんなふうに見えるものだろうか？

ル・グリは、その三、四日後にパリから戻ったというカルージュについても攻撃をつづけた。カルージュは嫉妬深く暴力的な男であると、その性格を描写したうえで、ル・グリはこう主張した。マルグリットのそばを離れるなと命じた女中が言いつけにそむき、サン・ピエール・シュル・ディヴへとニコル夫人に同行したことを知ると、帰宅したカルージュはとたんに激昂し、「前述の女中――そしてのちに同様にマルグリットも――の頭をこぶしで殴りはじめた」と。カルージュのこうした残忍なふるまいの報告は、まちがいなく法廷に衝撃を与えた。カルージュが自分は忠実で愛情あふれる夫だと主張しているのにたいして、ル・グリはカルージュを妻やほかの女性を殴りつけるような残酷で暴力的な男だと述べている。ル・グリは自分がマルグリットに暴行をはたらいたことを否定すると同時に、いまや世間に広く知られるようになったこの告発をマルグリットの夫本人へと転嫁してみせたのだ。

カルージュは妻を情け容赦なく殴ったあと、またべつの暴力行為に及んだと、ル・グリは主張した。「その翌日」、ル・グリに強姦されたと偽り、告訴しろと強制したのである——「前述のマルグリットは、この経緯についていちども触れたことはないが」。最後の一節には非常に重要な意味があった。というのも、この一節が真実だとすればカルージュの主張はすべてひっくり返り、カルージュが激昂して妻を殴ったあげく、無実のル・グリに復讐したいがために悪意に満ちた虚言を強要したことになるからだ。それはまた、新たなマルグリット像をも描きだしていた。夫のこぶしで殴られたあざの跡もなまなましいまま、こんどは凶悪犯罪でル・グリに虚偽の告発をすることで夫に協力し、魂と良心にも暴力をふるわれている女性像を。

つまりル・グリの主張によれば、カルージュは「自分の口から、そして脅迫と恐怖心を利用してマルグリットの口から、おまけにさまざまな人間に吹聴することで他人の口から」、ル・グリにたいする告訴を世間に広め、悪名高いものにしたのである。

この悪名高い犯罪が告発されるにいたった経緯について、カルージュとはまったく異なる説明を終えると、ル・グリは抗弁の第二部をはじめた——自分のアリバイである。実際のところ、ル・グリが一月一八日にカポメスニルにいなかったのなら、そしてマルグリットに乱暴をはたらき、強姦をしていなかったのなら、いったいなにをしていたのか？

こうした疑問に答えるため、ル・グリは犯罪があったと思われる日のみならず、一月の第三週にあたる一週間、自分が毎日どこでなにをしていたかを詳細に述べた。カルージュは犯罪が起こった日付については漠然としか表現していないため、ル・グリはその週のいかなる日であろうとも、自分には罪を犯せなかったことを示そうとしたのである。

ル・グリの主張によれば、一月一五日月曜日は友人の従騎士ジャン・ブロトーを訪問し、亡くなったばかりのブロトーの妻のミサにあずかるため、二リーグ（約六マイル）ほどの道のりを外出した。そのままブロトー宅に滞在し、一月一七日水曜日、ピエール伯の命令でアルジャンタンに戻った。その日はピエール伯と夕食をともにし、そのあとはピエール伯の寝室の世話をした。そのあと、「同町の宮廷内のある部屋で横になり、一晩をすごした」と述べており、ここでの「町」はあきらかにアルジャンタンを指している。

一月一八日木曜日の朝、ル・グリはアルジャンタンに滞在していた、ジャン・ブロトーの兄弟であるピエール・ブロトーとピエール・タイユピエによって起こされた。それから、ふたりの友人とともに朝のミサにあずかるため宮廷を訪問し、その後も「継続して」ずっと友人といた。ミサのあと、伯爵が遅い朝食に三人を招待し、ル・グリは「ほかの者がいるところで公に」宮廷で食事をした。食後は「菓子とワインを楽しみ」、それからル・グリはそばの部屋にふたりの友人を呼び、夕食の時間までずっと一緒にすごした。そのあとル・グリはまたピエール伯の寝室の世話をし、それから「自分の寝室」に戻り、夜をすごした。

一月一九日金曜日、ル・グリはピエール・ブロトーとピエール・タイユピエと一緒に、一リーグほど距離のあるオヌーに出かけ、そのまま三人で一月二〇日土曜日まで滞在し、それからアルジャンタンに戻った。〝オヌー〟とは、あきらかにオヌー・ル・フォコンを指しているのだろう。マルグリットの父親の所有地だったものをピエール伯を通じて、ル・グリが獲得した例の土地である。ル・グリがアリバイとしてこのオヌー・ル・フォコンに触れ、犯罪があったとされる日のあと、そこで一日をすごしたと主張したのだから、カルージュはまちがいなく激怒したはずだ。

一月一五日月曜日から一月二〇日土曜日まで自分がどこにいたかをくわしく述べると、ル・グリは「そうしたたぐいの罪や暴行を自分が犯すのは不可能であった」と結論づけた。とくにアルジャンタンからカポメスニルへの距離を考慮すれば、「足元の悪いなか悪路を九リーグも進むのは、冬場には丸一日はかかる」と指摘した。九リーグ（二四・五～二七マイル）は、犯罪があったとされる日に同様の天候と道の条件のなか、ニコル・ド・カルージュが移動した二リーグ（五・五〜六マイル）の四倍以上の距離である。冬場、アルジャンタンとカポメスニルを往復するには、つまり五〇マイル以上の距離を移動するには、ル・グリが主張するように〝丸一日〟はかからないにせよ、たとえ頑強な駿馬でも何時間も必要となる。元気な馬に乗り、足元のいい道を進んだとしても、急使は一日に八〇〜九〇マイル進むのがせいぜいだろう。

ジャック・ル・グリは自由に扱える駿馬を何頭も所有する、裕福な男だ。カポメスニルにいるマルグリットをひそかに見張るようアダム・ルヴェルに命じたうえで、ジャン・ド・カルージュが申し立てているように、ル・グリには元気な継ぎ馬を利用する手配ができたはずだ。だが、たとえそうだとしても、ニコル・ド・カルージュがカポメスニルとサン・ピエール・シュル・ディヴを往復し、一一〜一二マイルの距離を移動する五〜六時間で、ル・グリがアルジャンタンとカポメスニルを往復し、五〇マイル以上の距離を移動できたと決めつけるのは無理な話だろう。

だが、そのいっぽうで、ル・グリが一月一七日水曜の自分の居場所について嘘をついており、アルジャンタンの「自分の寝室」で眠っていたのではなく、一月一八日の朝、夜が明ける頃にはカポメスニルのアダム・ルヴェル宅で横になり、獲物を狙う機会を待っていたのだとすれば、マルグリットに乱暴をはたらいたあと、アルジャンタンまでたったの二五〜二七マイルを移動すればすむ。それは、その日の朝、高齢のカルージュ夫人が移動した距離の二倍とすこしにすぎない——いくら冬の悪路とはいえ、熟練した騎手が頑強な馬を駆るのなら不可能な距離ではない。

ジャン・ド・カルージュの性格と動機を攻撃し、自身の詳細なアリバイを述べたあと、ジャック・ル・グリは自分にはその悪事を犯すのが不可能だったと明言した。それどころか、ほんとうにその悪事は起こったのかどうかと、決闘をおこなううえで必要な四つの条件のひとつに疑問さえ提示した。ル・グリにいわせれば、第一に、この告発はカルージュの嫉妬と強制された妻の証言からでたものである。第二に、「五〇代ですでに老年期を迎えている」この自分が、一月一八日の朝の数時間でカポメスニルまで九リーグの道のりを休憩なしで馬を駆るのは、いくらなんでも無理である。そのうえ、マルグリットを襲った際には揉み合いとなり、第二の男の助けを必要とまでしたのに、そのあとにまた九リーグもの「凍るような気候のなか悪路を」馬を疾走させるのは、とても無理だ。第三に、その犯罪が実際に起こったとしても、「高貴で、正直で、強く、貞淑なマルグリット」なら、襲ってきた男の顔や身体の一部に「爪や手足で」傷を負わせたり、あざを残したりしたはずだ——が、そのような傷やあざは、ル・グリの身体に残っていないうえ、「前述のマルグリットも証拠となる傷やあざを負ってはいなかった」。第四に、人里離れた場所にあるといわれているカポメスニルの城には、実際のところ、すぐそばに「一〇から一二軒の家」があり、そこの住人ならまちがいなく助けを求めるマルグリットの叫び声が聞こえたはずだが、住人のだれも暴行といわれるような物音を耳にしていないし、そうした行為があったことさえ知らなかった。

ル・グリはまた、ニコル・ド・カルージュに関する宣誓証言にもあやしい部分があると引用した。ル・グリによれば、ニコル夫人自身が息子の告発を「徹底的に調べ」、「そんな犯罪は実際には起こらなかった」という結論をだした。ル・グリはこの情報を、法廷記録によればカルージュの叔父にあたるギー・ド・カリニーから得たと主張している。ル・グリは宣誓証言の最初のほうで、一月一八日、ニコル夫人が用事をすませて帰宅すると、マルグリットが「うれしそうにはしゃいでいた」と述べている。それが事実であるならば、カルージュの母親であり、被害者の義母でもあるニコル夫人が息子の告発を信じていなかったという主張は、カルージュにとってじつに不利なものになる。

こうした非常に有力な証言を根拠にル・グリは、自分にたいする告発はとりさげられ、自分の容疑は晴らされるべきであり、カルージュによる決闘裁判の申し込みは却下されるべきだと主張した。そしてまたル・グリは、ジャン・ド・カルージュに反訴を起こすつもりだと述べた。ル・グリにいわせれば、カルージュは嘘と言いがかり、「中傷のことば」で社会的に自分の名声と評判に大きな傷をつけた。その賠償として、金貨四万フランという巨額を要求するつもりだと断言したのである。

ル・グリが要求した巨額の賠償金は、困窮していたカルージュを何度も破産させるほどの金額であり、ふたりのあいだの争いはいっそう危険をはらんだものになった。もし、高等法院がカルージュの希望する裁決をくださず、決闘裁判を認めなければ、ル・グリは晴れてジャン・ド・カルージュにたいして訴訟を起こすものと思われた。

ジャック・ル・グリが抗弁を終えると、告訴人に返答の機会が与えられた。ジャン・ド・カルージュは力のこもった反撃をはじめ、ピエール伯の宮廷での敵対心から嫉妬と憎悪に駆られて強姦事件をでっちあげ、敵に復讐しようと思ったというル・グリの主張に異論を唱えた。ル・グリの説明は「いかなる真実も、真実に似たものさえ含んでいない、まったくのでっちあげ」であると糾弾し、いずれにしろ、本件にはなんの関係もないと断じた。というのも、自分の「魂、肉体、富、名誉」を危険にさらしてまでル・グリを告発するのは「深刻で、困難で、危険な」一大事であるからだ。

カルージュはつぎに、妻を虐待しているというル・グリの申し立てに反論し、自分のふたりの妻にル・グリに虚偽の告発をするよう強制しようとした、嫉妬深く、残忍で、混乱した男だという、自分の性格への強烈な攻撃を帳消しにしようとした。そして、この破滅的な人物像は自分ではないと即座に否定し、これまでにマルグリットを虐待したことなどなく、つねに「尊敬の心をもって、平和に慎み深く妻と接し、嫉妬などしたことはない」と、つっぱねた。

そしてカルージュは、この告発には欠陥があり不十分だというル・グリの主張に、反論をはじめた。自分はあくまでも法を遵守し、告発をおこなった。そして正式なやり方にのっとり、事件について説明したが、日付を特定できなかったわけではない。犯罪が起こったのは「前述のマルグリットの宣誓証言と主張のとおりであり、その宣誓証言は真実であり十分なものだ」と強調した。[注10]

ジャン・ド・カルージュはまた妻が真実を述べていることにまちがいはなく、犯罪が起こったのは明白このうえない、なぜならマルグリットは、ル・グリ自身が説明したように「貞淑で正直」であり、そもそも、この犯罪の実態を明らかにしたことで、彼女自身を「永遠に汚れある者」にしたのだからと言い張った。「前述の犯罪がほんとうに起こっていないのだと仮定すれば、一貫してこれほど断固として、いかなる変転や食い違いもなく」彼女が宣誓証言をつづけられるはずがない、と。

ジャンの最後の反証は、その悪事をはたらくために冬場の悪路をアルジャンタンからカポメスニルまで馬を駆るのは不可能だという、ル・グリの指摘にたいするものだった。この指摘にたいしてカルージュは、ル・グリが「駿馬を何頭も用意できるほど裕福な男」であるため、「短時間で」アルジャンタンとカポメスニルを往復するのは可能だと反論した。この反論をもって、ジャン・ド・カルージュは証言を終えた。

法廷では両者とも触れてはいないものの、本事件に関連性があり、その夏、審理が進むにつれ徐々に明白になっていった点がひとつあった。マルグリットの妊娠である。

マルグリットがだれの子どもを懐妊していたのか――カルージュの子であったのか、ル・グリの子であったのか、あるいは第三の男の子どもであったのか――確かなところはわからない。しかし、マルグリットは結婚してから五、六年のあいだ子どもを産んでおらず、一三八六年の一月をすぎた頃妊娠し、同年、子どもを出産した。それがジャック・ル・グリの子どもであってもおかしくはない。

パリ高等法院の司法官たちは、申し立てがあった強姦の結果、妊娠したのかどうか、マルグリットに尋ねたかもしれない。当時、世間で広く信じられていた生殖のしくみは、医学者ガレノス（西暦二〇〇年頃）の教えに基づいており、受胎には女性の「種」とともに、女性がオルガスムスを感じたときにだけ男性が放出する「種」が必要だというものだった。つまり「女性が完全に性行為に参加していなければ、受胎するはずがない」と考えられていたのである。この思い込みは中世においてかたく信じられており、「強姦が妊娠の原因になるはずがないと、法においても認識されていた」。

この思い込みは現代の知識からすれば笑止千万だが、家族の血のつながりを事故や犯罪によって汚されたくないという思いにより、中世ではとくに財産のある貴族のあいだで強く支持されていた。遺産相続や継承は父系で受け継がれており、その父系はといえば、夫と妻のあいだの信頼関係と妻の名誉にかけた誓いのうえに成り立っていた。姦通は貴族の血筋の純潔をたもつうえで大きな脅威であったため、オルガスムスを感じない性交や強姦からも同様に法律で認められた子どもが生まれ、家系を汚染する可能性があるという考えは非常な脅威であり、そんな可能性はとても認めることはできなかった。ある男がほかの男の妻を強姦し、その犯罪によって生まれた望まれない違法な子どもが、被害者である妻とその夫に押しつけられるなどという話は想像を絶したのである。

こうした当時のあやまった認識を考慮すれば法廷は、マルグリットが強姦された結果妊娠したのではなく、第三の男と満足した性交をした——つまり姦通を犯した——結果、妊娠したのだと判断したのかもしれない。つまりル・グリは、マルグリットの妊娠を自分の無実の証として利用することもできたのである。ほかの男との不貞を隠すために、ル・グリに強姦されたと非難しているだけだと言い張ることもできただろう。しかし、この点に関しては、カルージュは反論の余地のない返答をしただろう。すなわち妻は自分との性交の結果、妊娠したのである。それは自分が海外から帰国したあとであり、半年もはなれなれの生活を送っていたため、ふたりは激しく夫婦生活を求めていたのだ、と。さすがのル・グリも、この点には反論できなかったにちがいない——いくらカルージュ夫妻の結婚生活が不幸であり、五、六年も子どもを授からなかった事実からもわかるように、懐妊を可能とするような豊かな性交は不可能であるほど夫は妻に残忍であったと主張したところで。結局、ル・グリは自分の抗弁において、マルグリットの妊娠にはひと言も触れなかった。おそらくそれは、ル・グリが——あるいは彼の抜け目のない弁護士が——この戦略は危険すぎると踏んだのだろう。

ジャン・ド・カルージュが内心なにを考えていたのか、はたまたマルグリットが自分自身の肉体という証拠からなにを知っていたのかは、またべつの話である。はたしてカルージュは強姦と受胎に関する世間の言い伝えを無視し、マルグリットの子どもは自分の子どもではないかもしれないと疑っていたのだろうか？　はたしてマルグリットは、お腹の子が自分を強姦した男の子どもかもしれないと心配していたのだろうか？　あるいは、夫婦は世間に伝わる民間伝承に慰めを求め、マルグリットに乱暴をはたらき、強姦したル・グリが、このうえ自分たち夫婦に非嫡出子を押しつけるなどという可能性があるはずがないと、自分たちを納得させていたのだろうか？

審理は七月から八月までつづき、驚くような新たな進展が見られた。七月の終わりにギヨーム・ベランジエという急使が、パリ高等法院宛ての「カルージュ夫人とジャック・ル・グリに関する」封印書簡をもち、パリに到着した。急使を寄こしたのは、カーン長官ギヨーム・ド・モヴィネだった。急使はまた「とても書簡に書き留めることができない、ほかの機密事項を口頭で」報告するよう、長官から命じられていたという。急使を送った費用の受領書は、細長い羊皮紙のかたちで残っているが、書簡は消え、書き留めるには危険が大きすぎる「ほかの機密事項」もまた、われわれには知るすべがない。しかし、どうやらこの謎めいた書簡を急使に送らせたギヨーム・ド・モヴィネなる男は、犯罪があったとされる日にニコル夫人がサン・ピエール・シュル・ディヴまで会いにでかけた役人と同一人物であるようだ。ピエール伯はこれよりまえに、カルージュの上訴を棄却するようパリに書簡を送っていたが、この新たな書簡と口頭の伝言もまたマルグリットの宣誓証言は信用ならないと断言することで、カルージュの上訴に痛手を与えようという試みだったよう

謎の書簡　1386年7月に、カーンからパリに馬を走らせた急使に払われた費用の受領証。急使は、ジャック・ル・グリとマルグリット・ド・カルージュに関する情報を記した書簡を運んだ。MS. fr. 26021, no. 899. Bibliothèque Nationale de France.

だ。

この頃には、パリ高等法院はル・グリの共犯といわれているアダム・ルヴェルを召喚していた。ピエール伯の命令により、ルヴェルはその数カ月まえにも逮捕され、尋問を受けていたが、ル・グリの容疑を晴らす裁決により、共犯者の疑いをかけられていたルヴェルも無罪放免となっていたのである。ところが、ルヴェルはまたもや法廷に召喚された。七月二〇日付けのパリ高等法院からの書簡は、パリに必ず出頭するようルヴェルに保証人を求めていた。

二日後の七月二二日、ルヴェルは召喚に応じ、ヴァンセンヌ城のシャルル国王の御前に出頭した。ルヴェルはすでにル・グリの共犯者として、七月九日に国王が告訴状を読みあげる際、名前を挙げられていた。しかし、こんどばかりは、ルヴェルも驚いたことだろう。パリの町の外にある広大な森に到着し、巨大な主塔にはいっていき、大広間へと螺旋階段を案内されてあがっていき、御前にでると、ルヴェルの目のまえには、マルグリットのいとこにあたるトマン・デュ・ボアという従騎士がいたのである。国王、国王の伯叔たち、そして廷臣たちが注目するなか、トマンはルヴェルにむかって、カルージュ夫人を襲った罪を責めた。そして挑戦のしるしを床に投げ捨て、ルヴェルに決闘を申し込んだのである。トマンはまたルヴェルが罪を否認しながらも、自分と戦うことを拒むならば、それは罪を認めることに等しく、そうなれば自白するまでルヴェルを牢獄にいれるべきだと主張した。この第二の決闘申し込みは、最初の決闘申し込みから二週間以内におこなわれた。実施される可能性のある決闘が、突然、ひとつからふたつに倍増したのである。

ルヴェルは弁護士に相談させてもらえないかと、決闘の延期 (jour d'avis) を国王に嘆願し、二日後の七月二四日火曜日までの延期を認められた。だが、パリ高等法院の記録には、実際に決闘がおこなわれた日付は記されていない。しかし、約一ヵ月後の記録によれば、この件に関する逮捕、勾留、尋問の輪は広がったようだ。八月二〇日、アダム・ルヴェルの息子ギヨーム・ルヴェル、そしてほかのふたりの男――エスティヌ・ゴスランとトマス・ド・ベルフォンス――が、「騎士ジャン・ド・カルージュと上訴人トマン・デュ・ボア、そしてジャック・ル・グリと被告人アダム・ルヴェルのあいだで延期されている決闘裁判事件に関することがら」の取調べのため勾留された。この記録を見ると、ふたつの決闘裁判がひとつの決闘裁判へと一緒になったことがうかがえる。

この頃には、高等法院はアダム・ルヴェルを逮捕し、コンシェルジュリ（高等法院付属監獄）に監禁していた。そして、監房から連れてくると、犯罪について「尋問に付した」――つまり、拷問にかけた。拷問は、証人から情報を、被告人から自白を引きだす際に、よく利用されていた。神判と決闘よりも自白のほうが有罪の証拠となりつつあるなか、裁判所による拷問はフランス国内で増大しつつあった。広く使われている技術として、つるし刑があり、これは縄で犠牲者の両手を背中で縛り、地面から巻揚げ機で吊るしたあげく、急に落とすのである。ほかにも、拷問台を使う、足裏に炎をあてる、長時間眠らせない、冷水に浸す、窒息寸前まで喉に水を流し込む、などの方法があった。

従騎士の弁護士ジャン・ル・コックは、自分の日誌に、申し立てられている犯罪についてアダム・ルヴェルや「その日にカルージュ邸にとどまっていたといわれる」女中がこうした「尋問に付された」と記している。当時、裁判所による拷問はよくあることだったので、この弁護士は、このふたりの証人にたいしてどのような方法が用いられたのかについては、触れていない。しかし、アダム・ルヴェルも、名前が記されていない女中も、なにひとつ自白しなかった。[注11]

アダム・ルヴェルのほかにジャック・ル・グリの友人がもうひとり、その夏、法に触れた。妻を亡くしたばかりの従騎士で、ル・グリのアリバイに関与したジャン・ブロトーが、

「raptus」、つまり誘拐もしくは強姦の容疑をかけられ、パリ司教の執行吏によって逮捕されたのである。

ジャック・ル・グリの親友であり、彼のアリバイを証言する重要な証人でもあるブロトーが、こうした容疑によって逮捕されたのは、じつに興味深い。おなじ時期に、従騎士ル・グリはパリ高等法院に召喚され、ほんとうにマルグリット・ド・カルージュを強姦したのかどうか、審理を受けていたのだから。おそらく、ブロトーにたいする告訴は根拠のないものだったろう。しかし、これによって、ジャック・ル・グリがまるで荒くれ者の仲間とつきあっているような印象が広まったのである。

七月のあいだずっと国王と王室は、カルージュとル・グリの争いを熱心に追いかけた。しかし、八月となり、審理が二ヵ月目にはいると、国王は胸躍る命がけの決闘を含む内政から、国際的な水平線にふたたびぼんやりと姿をあらわしてきた、もっと大きな闘いへと注意を向けた。盛夏を迎え、気候も戦争をはじめやすくなると、フランスとイングランドのあいだの敵対関係には緊迫感がともない、一触即発の状態となっていた。

その前年、国王は多くの騎士や従騎士の隊とともにヴィエンヌ提督をスコットランドに送りこんでおり、ジャン・ド・カルージュもそのなかに含まれていた。フランス軍は進軍する途中、国境付近にある村を焼きはらっては略奪をくりかえし、リチャード二世とその隊をロンドンから北部へと向かわせた。だが二度目の、もっと規模の大きなフランス軍の南方からの侵攻は計画どおりにはいかず、イングランドを二方向から攻めようという計画は放棄された。ブルゴーニュ公であるフィリップ豪胆公は、そこで、いまだかつてない規模の大きさで徹底的に破滅させる侵攻を実施し、イングランド軍に致命的打撃をくらわし、シャルル国王の御名を不滅のものにすることを提案した。

感銘を受けた若き国王は即座に計画に賛同し、パリを発ち、フランドルの港スロイスに向かい、巨大なフランスの侵攻軍と一〇〇〇隻以上の艦隊の先陣を切ることにした。パリを発つまえに、シャルル六世はノートルダム大聖堂の厳粛なミサにあずかり、この足でイングランドの土地を踏み、征服の第一歩を記さないかぎり、二度とパリには戻りませんと、かたく誓ったのだった。

国王と伯叔たちが出征すると、パリ高等法院の仕事は、カルージュ－ル・グリ事件の審理も含め、縮小された。やがて八月から九月になり、審理は三カ月目にはいろうとしていた。カルージュとル・グリは、ふたりともパリから一歩もでてはならなかった。パリ内部を移動するのはかまわなかったが、召喚されればすぐに高等法院に出頭しなければならず、それもいつなんどき起こるかわからなかった。

マルグリットはその頃には妊娠八カ月を迎えており、パリの町のみならず、夫と滞在している家のとらわれの身となっていた。そしてまた彼女自身の身体もまた、いわば徐々にとらわれの身となっていった。ひたすら臨月を迎えるのを待ち、パリ高等法院が裁決をくだすのを待っていたのだから、慣れない環境に身を置いたマルグリットにとって、それはさぞ苦しい責め苦であったことだろう。

審理は晩夏にもつれこみ、だれもが高等法院の裁決を待つなか、ジャン・ル・コックはこの物議をかもしている事件について、個人的に結論をだしている。ル・コックは日誌に、自分の依頼人にたいして有利な点と不利な点を箇条書きにし、この異論の多い事件に関して個人的な考えも書きくわえたのだ。

依頼人に不利な点として、ル・コックは「カルージュの妻は、その行為が起こったと断言し、けっして曲げようとはしない」ことを挙げている。否認、アリバイなど、あらゆるたぐいの反証に直面しても、マルグリットの証言はけっしてぐらつかず、弁護士のみならず傍聴人全員に感銘を与えているようだ、と。

ル・コックは、間近から人々をよく観察しており、日誌の覚え書きには、ル・グリがかって「わたしに疑惑をもっているのかと、尋ねてきたことがある。わたしが考えこんでいる姿を見たからだそうだ」と記している。

ル・コックはまた、ル・グリが「この件でカルージュ夫妻が自分を告訴するつもりだと耳にしたとき、すぐさま司祭のもとに足を運び、告解をしたと、わたしに話した」ことを暴露している。パリ高等法院が決闘を正式に許可すれば、双方の闘士は決闘場で対決するまえに、罪を告解するじゅうぶんな時間をもてるはずだ。しかし、どうやらル・グリは不滅の魂に賭けるつもりも、運命の日に直面せざるをえなくなるずっとまえに良心を痛めたことを告解するつもりもないようだった。

ル・コック弁護士は依頼人に有利な点も列挙しており、ジャック・ル・グリが抗弁のため法廷で証言した内容を要約し、「多くの騎士たちが、問題の日、ル・グリがピエール伯と一日じゅう一緒にいるのを見たと誓った」ことをつけくわえた。

「しかし、そのいっぽうで」と、弁護士は書きくわえている。ジャック・ル・グリはいっさい告解などしないと拒否した。そんなことをすれば、息子や友人たちのあいだに中傷を広げることになるし、なにより自分が無実であると、すでにピエール伯が誓ってくださったのだから、と。ということは、ル・グリが自分の話に執着していたのは、他人からの恩義に報いるためだったという可能性がでてくる。そしてまた、ル・コックが自分の依頼人

casu sufficeret eius heredes recompensari in medietate
precii et in retractu eo quod retractus sit solum gratia
et pro beneficium illius tamen non retrahitur et tamquam
eius hereditagium sic totum debet habere et alterius
heredes immediate precii recompensationem. sicut
in casu presenti.

Nota de duello Jacobi le gris.

Item nota quod die sabbati post natale domini anno
millesimo CCC° lxxxvi qui dies fuit festum
beati thome fuit factum duellum inter Jacobum le gris
et dominum Johannem de carrouge retro muros sancti mar
tini de campis et devictus fuit et mortuus dictus Ja
cobus et habeo scrupulum quod fuerit dei vindicta et sic
pluribus visum fuit qui viderunt dictum duellum eo
quia dictus Jacobus contra consilium consiliariorum
suorum noluit se iuvare privilegio clericali quamvis
esset clericus non coniugatus et defensor. Et hec fuit
quia de eius consilio fui. Illis autem visum fuit quod
dei vindicta hoc fiebat eo quia omnes tenebant contra
quod consimus erat communis propter quod fuit duellum
adiudicatum. cum etiam contrarium in pluries affirmant
pro iuramentum dicti Jacobi scilicet numquam factum fuisse
nec consensum fuisse quod eius consentiente relinquo.

ジャン・ル・コックの手帳　このページには、ジャック・ル・グリの弁護士が訴訟事件に関する覚え書きを書き留めている。MS. latin 4645, fol. 47r. Bibliothèque Nationale de France.

の信頼性を少々疑問視していたこともうかがえる。

この事件に関して最後に書き記したル・コックの所見は、なにより多くを物語っている。法的手続きに関して、彼は特権のある立場から見ていたにもかかわらず、そして依頼人を観察し、質問する多くの機会があったにもかかわらず、どうやらこの慎重な弁護士は自分の知識の限界を、そして人間の一般的な知識の限界を自覚したようである。この事件に関する所見を「ことの真相は、ほんとうのところ、闇のなかだ」と、そっけなく記しているからだ。

九月半ば、審理がはじまってから二カ月以上がたち、犯罪があったとされる日から八カ月がたった頃、パリ高等法院はついに裁決をくだした。そして一三八六年九月一五日、その裁決を聞くため、カルージュとル・グリは高等法院に出廷した。

夏は秋に季節を譲り、シャルル国王と伯叔たちはずっとパリを離れたままだった。国王の留守中、高等法廷で裁判長を務めたのは、第一判事アルノール・ド・コールビーだった。大審部で高徳の裁判官が開廷を告げると、壮麗な部屋のなかの喧騒がふいに鎮まり、いつものように大都会の背景音が聞こえてきた。鉄の車輪や馬の蹄がたてる音、高等法院のまえを流れるセーヌ川岸から聞こえてくる牛追いや船頭の叫び声。

このときパリ高等法院の司法官たちのまえで、カルージュとル・グリはまたもや顔を合わせた。それぞれが弁護士、友人、支援者を同伴しており、そのなかには六人の貴族の保証人も含まれていた。だが、マルグリット自身の不在が目立った。その頃はもう臨月に近かったのだ。

一三五四年以来、パリ高等法院は強姦の申し立てに決闘を認めたことはなかった。そしてここ半世紀、高等法院は決闘裁判を求める数々の上訴を却下してきた――一三三〇年、四一年、四二年、四三年、七二年、七七年、そして八三年に。つまり、不安な気持ちのまま高等法院の裁定を待つカルージュにとって、とくに見通しは明るくなかったのである。

司法官たちは事件についてじゅうぶん検討すると、その裁決を証書にフランス語で書き留め、この事件に関するほかの書類とともに布の袋にいれ、封印した。大審部が命令をくだすと、カルージュとル・グリ、それぞれの支援者たちが立ちあがり、この事件を担当する司法官が袋をあけた。法廷の裁定が記された羊皮紙をとりだすと、司法官はその内容をゆっくりと読みあげた。

「わが君主である国王の御前で裁かれた本件において、騎士であり原告であり上訴人であるジャン・ド・カルージュと、従騎士であり被告人であるジャック・ル・グリとのあいだの決闘裁判について、本法廷はよく検討した結果、この事件に関してひとつの裁定に達した――本法廷は、当事者ふたりのあいだでの決闘裁判を命ずる」

一三八六年には決闘がめずらしくなっていたことを考えれば、決闘裁判をおこなうという裁定は、とくに確証されていない証言に基づく事件のばあい、めずらしかった。だが、この裁決は厳密に法的な熟慮というよりは、もっと政治的な熟慮のうえに成立しているのかもしれない。カルージュとル・グリは、どちらもパリではよく知られていた。ふたりとも国王の廷臣だった。そして強力な貴族たちがたがいに力を合わせ、決闘裁判では保証人になった。ジャン・ル・コックは、この裁判がパリでは物議をかもしていたことに触れ、「多くの人たちが従騎士を支持するなか、そうではない多くの人」がカルージュを支持した、と記している。若き国王と伯叔たちがフランドルでイングランド侵攻の計画に没頭しているなか、高等法院はどちらかに味方するのをおそれ、これ以上物議をかもすのをおそれたのかもしれない。そこで、カルージュの要求に全面的に応じるという決断をくだすのではなく、とりあえず決闘を認め、すべての込み入った問題を神の手にゆだねてしまったのかもしれない。

決闘に指定された日――法律により、四〇日以上あと――は、一三八六年一一月二七日だった。その日までまだ二カ月あるうえ、その頃には、マルグリットもすでに子どもを産んでいるだろう。しかし、とうとう、夫妻は報復の日を迎えることになったのだ。

ジャック・ル・グリの弁護士は日誌にこう書いている。「決闘裁判の命令がくだされたあと、従騎士は具合が悪くなった」と。その理由は想像にかたくない。ル・グリはすでに、数カ月まえにピエール伯の裁きにより、すべての告発の嫌疑を晴らしてきたではないか。それに聖職者の特権を主張するのを拒否し、決闘を回避する機会をみずから捨てたではないか。それなのに、突然、ル・グリはまた嫌疑をかけられ、身の潔白を証明しなおさなければならなくなったのだ。それも、今回は命を賭した決闘で。

ジャン・ド・カルージュに関していえば、高等法院が自分の上訴を支持する裁定に踏み切ったことに、とにかく満足していた。勝訴する可能性は低かったし、何カ月も待たされたうえ、家計は火の車だったが、カルージュの願いはとうとうかなえられたのである。

しかし、そこには落とし穴があった。死刑に関する訴訟においては、偽誓をすれば死刑に処せられる。ふたりの男は自分たちの告発が正しいことを立証するために、慈悲にすがることなく、命賭けで闘うことになる。敵に殺されるまえに、カルージュが闘いで屈服したら、彼は地面を引きずられたあと、モンフォーコンで絞首刑となる。嘘つきであることが証明された者として。

事件の主要な証人であるマルグリットには、もっとおそろしい運命が待っていた。フランスの法として一四世紀にもまだ残っていた古来の慣習により、決闘裁判の結果、女性が強姦の告発に関して偽誓を犯したことが立証されると、生きたまま火あぶりの刑に処せられるのである。

注9　リーグは距離の単位で、一リーグは二・七五〜三・〇マイルに換算されていた。

注10　申し立てられた犯罪が起こったのは、一月一八日の木曜日でしかありえない。法手続きに力を貸すため、ニコルがカポメスニルを離れた日付ははっきりしているからだ。犯罪が起こった日をカルージュは特定できていないというル・グリの主張は、法廷では取るに足りないこととして重視されなかったようだ。しかし、こうした専門的な問題で、訴訟に負けることもある。一三〇六年の法規命令では、決闘を申し込む貴族は、犯罪があったとされる日にちと時刻を特定しなければならないと定められており、ル・グリは、カルージュの訴えには法的根拠がないと要求したかったのかもしれない。

注11　アダム・ルヴェルの妻（そして、のちにジャック・ル・グリの保証人になった男の姉

妹）であるジャンヌ・ド・フォントネーは、夫とパリに同行し、訴訟について〃尋問〃された。

そのあとは、ル・グリの多くの関係者とともに、アランソン館に投宿した。

第二部

7　神　判

決闘はパリのサン・マルタン・デ・シャン修道院でおこなわれることになった。ここには闘いのためのとくべつな試合場があり、数千人の観衆を収容できるだけのじゅうぶんな敷地もあった。サン・マルタン・デ・シャン修道院は、一一世紀にベネディクト会修道士の命によって築かれ、ノートルダム大聖堂から一マイルほど北上したサン・マルタン通り沿いのセーヌ川右岸に立っている。パリでもっとも裕福な宗教団体が建築したこの修道院は、フランスで高名な聖人にちなんで名づけられた。聖マルタンはもともとは古代ローマの兵士で、ある冬の日、自分の外套を剣で切りさき、凍えている物乞いにその半分を与え、のちにガリアで伝道師となり、トゥールの第一司教になった。彼はまた武具師、騎手、兵士も含めた軍人の守護聖人でもあった。フランス軍の守護聖人に捧げられたサン・マルタン・デ・シャン修道院の試合場は、決闘裁判、つまり〝神判〟を実施するにふさわしい場所だったのである。

サン・マルタン・デ・シャン修道院は、一〇六〇年、国王アンリ一世によって建築された。パリの防壁の外側に広がる干拓された湿地帯に立つ修道院の周囲には、敵の侵攻や窃盗から守るための堅固な壁がめぐらされた。この壁は約一二エーカーの土地を囲んでおり、一二七三年にフィリップ三世によって改築され、四隅には四〇フィートもの高さの塔がそびえ、要塞化された。パリ防壁の下、サン・マルタン通りに沿って並ぶ商店や民家は、有名な修道院のまわりに群がるようにつづき、このあとほどなく、サン・マルタン・デ・シャンの周囲にも近所の家（bourg）ができてきた。

一三五六年、ポワティエの戦いでイングランド軍がフランス軍を圧し、ジャン国王を捕虜にとると、おびえたパリの商人たちは町の北部にもっと大きな壁の建設を依頼した。そしてできた新しい壁はセーヌ川右岸の周囲五マイル近くにわたって伸び、東はサン・ポール館、西はルーヴル城塞、北はサン・マルタン・デ・シャン修道院までを囲んでいる。新たに壁で囲まれた土地には急速に街路が増え、建物が密集するようになり、サン・マルタンの村はパリに組み込まれた。一三八〇年代には、サン・マルタン・デ・シャン修道院はその名が本来示すように〝野原〟のなかにはもはや立っておらず、不規則に広がる都市の

サン・マルタン・デ・シャン修道院　小修道院の奥の試合場で、カルージュとル・グリはこの有名な決闘を闘った（この地図では左側が北の方角にあたる）。Detail from Plan de Paris, Truschet/Hoyau (ca. 1550). Basel, University Library, Map Collection AA 124.

一部へと飲み込まれていった。

一三八六年、サン・マルタン・デ・シャン修道院は、主な建物——礼拝堂、大食堂、回廊、病院——のそばにある南壁の要塞化された古い門からまだなかにはいることができた。平修士が聖書を声にだして読み、魂に滋養を与えているあいだ、修道士たちが静かに食事をとる大食堂は、こんにちでもそのみごとな姿を残している。ゴシック様式の天井の高い大食堂には中心に細い柱の列があり、両脇にある先細の高窓から漏れる光をいっぱいに浴びている。そばには修道士たちが眠りにつく共同寝室（dortoir）があり、早朝の祈りのために礼拝堂に下りていくときに便利な階段がついている。そして便所はパリでも最高のものであり、修道院が所有する送水路を利用して水を流すことができた。この送水路のおかげで、パリ北部の丘から修道院の構内（enceinte）に直接、新鮮な水が流れ込むようになっていた。

礼拝堂などの宗教の施設のほかにも、サン・マルタン・デ・シャン修道院には裁判所と刑務所もあった。修道院は周囲の村の刑事裁判所も兼ねており、街路は〝サン・マルタン司法〟の下にあり、法廷記録には殺人、窃盗、強姦、暴行などの犯罪があふれ、罰として鞭打ち、さらし台、手足の切断、絞首刑、生き埋め、火あぶりの刑など、さまざまな方法が適用されていた。たとえば一三五五年には、テサン・ウゾが布を盗んだ罪で耳を切り落とされた。一三五二年には、ジャンヌ・ラ・プレボステが窃盗罪で生き埋めにされた。同程度の罪を犯しても、女性は男性より厳しく罰せられることがよくあった。動物もまた裁判にかけられ、有罪の宣告を受けた。サン・マルタン通りで幼児を殺して食べた雌ブタは路上を引きずられ、絞首刑になった。子どもの顔をめちゃくちゃにしたブタは、死刑を言い渡され、火あぶりにされた。ひとりの男性を殺したあと、主人の助けを借りて逃げた馬は被告不在のまま殺人で有罪となり、わらを馬に見立てたものが絞首刑となった。

しかし、サン・マルタン・デ・シャン修道院の裁判所でもっとも壮観なもの、それは試合場だった。試合場は修道院の建物の東側に広がる平らな地面に設けられていた。サン・マルタン・デ・シャン修道院はパリで試合場をもつふたつの修道院のひとつで、数世紀にわたって、ここで多くの決闘裁判がおこなわれてきた（もうひとつの試合場は、パリ防壁の南側にあるサン・ジェルマン・デ・プレ修道院にあった）。だが決闘裁判はまれになり、サン・マルタン・デ・シャンの試合場は当時、おもに馬上槍試合（tilts）で利用されていた。馬上槍試合とは、馬に乗った闘士が重傷や死を避けるために先端が丸められた槍などの武器を手に闘う競技である。

決闘裁判に利用された標準的な試合場は矩形の平地で、横四〇フィート縦八〇フィートか、横一〇〇フィート縦二〇〇フィートの長方形だった。しかし、サン・マルタン・デ・

シャンの試合場は、馬上槍試合のために修正され、「幅はたったの二四歩、奥行きは九六歩」ぶんの広さとなった――横六〇フィート縦二四〇フィートといったところだ。縦が長いのは、槍試合に出場した闘士たちが馬に拍車をあて、スピードを上げられるようにするためであり、槍で鋭い一撃を相手に与えられるようにするためだった。横幅は縦の四分の一弱の長さしかないため、試合をできるだけ近くで見ようとする見物人は、縦の線の外側に集まった。

試合場（lists）とその設備はサン・マルタン・デ・シャン修道院に恒久に備わっており、つねに馬上槍試合をおこなう準備がととのえられていた。だが一三八六年には決闘裁判は非常にまれなものになっていたので、カルージュとル・グリの決闘を実施するために修繕をほどこさなければならなかった。ある記録によれば「ジャン・ド・カルージュとジャック・ル・グリの決闘のための試合場は、パリのサン・マルタン・デ・シャン修道院の試合場に創設（qui sont faittes）された」とあり、これを機に、試合場に柵や観客席などの設備が新たにくわえられたことが示されている。

法律によって、決闘裁判は囲いのある決闘場（champ clos）でおこなわれることが義務づけられていたため、試合場全体が高い木の柵で囲われた。柵は人間の背丈より高く、頑丈な木材でつくられた格子のあいだから見物人が決闘の進行を見られるようになっていたが、ほかにも目的をはたしていた。決闘のあいだにふたりの闘士が試合場から逃げださないようにすること、飛んできた武器で見物人がけがをしないようにすること、いちど決闘がはじまったらだれも邪魔にはいれないようにすることである。その高い木の柵をぐるりと囲むようにして第二の低い柵がつくられており、そのふたつの柵のあいだには熊手できれいにならされた地面があり、試合場全体の周囲に緩衝地帯をつくりだしていた。

規則により、背の高い内側の柵は「高さは七フィートで、それ以上は高くあってはならぬ。使用する厚さ半フィートの木材をしっかりと接合し、かんぬきをかけ、前述の試合場の外から何人も侵入できぬようにし、内側からはなにも脱出できぬようにすべし。柵を高く、強靭につくっておき、強打され、突かれ、馬に勢いよくぶつかられ、どんな衝撃を受けようとも、柵が破られることのないようにすべし」と、定められていた。

試合場の横の線の中央には高さ八フィートのどっしりとした門が立ち、巨大な鍵で開け閉めされ、外側には引き戸が重ねられ、鍵の役目をはたしていた。試合場の縦の線の片側には、観覧席の隣に幅四フィートの第三の門があり、そこから役人たちが試合場に出入りすることができた。この門もまた、外側から引き戸と太い鉄のかんぬきで閉じることができた。[注12]

試合場の四隅には、ふたつの柵のあいだに木の塔が立ち、そこから役人たちが決闘を監視できるようになっていた。ここに塔を設けたのは、決闘がおこなわれている場所のできるかぎりそばで役人が進行具合を見聞きできるようにするためだ。そしてまた、闘士たちは決闘の最中に、こうした塔から飲食物をもらうこともできた。

試合場を囲む外側の柵は内側の柵ほど高くはなかったが、やはり同様にふたつの出入り口があり、重い引き戸が鍵の役目をはたしており、決闘がはじまると出入り口には衛兵が立ち、内側の柵に群衆がはいらないよう見張り、決闘の邪魔をする物音が立ったり、騒動が起こったりすれば、すぐに鎮められるよう構えていた。

決闘の日が近づくにつれ、サン・マルタン・デ・シャンの試合場では、決闘を見物しにくるであろう数千人の観客のための準備がととのえられた。見物人の大半は平民であり、パリや郊外から訪れ、試合場の周囲の地面に座ったり立ったりするのだろう。しかし、なかには高位の貴族も、フランス王室の一員も、おなじフランスでも遠方からの来賓も、海外の王室からの来賓もおり、だれもが居心地よく決闘を観戦したいと望んでいた。

そこで試合場のいっぽうには「大規模な観覧席が組み立てられ、そこから君主や諸侯たちがふたりの闘士の勝負を見ることができた」。試合場を囲む柵と同様、こうした観覧席もまた重い木材で組み立てられ、手すりや階段がつけられ、特権をもつ観客には居心地のいい席が用意された。中央席はほかの席よりも数フィートまえにせりだしており、国王やその伯叔ら高位の貴族のための来賓席だった。もうひとつ右側には、王室のほかの面々の席が用意されていた。左側の第三の席は、異国の貴族が「身分に応じて」座るようになっていた。こうした三種類の観覧席は、男子の貴族のためだけに用意されており、そこにはパリ司教のような高位聖職者も含まれていた。

その両側には貴婦人のための席がくわえられていた。当時、決闘見物が流行していたのだが、ここに座る貴婦人は疲れたり、目のまえの暴力に耐えられなくなったりしたばあい、「随意に」引きあげることができた。そして最後に、社会階級が下がり、「町民、商人、そしてその下の平民」のための席があったが、後者の大半は試合場の周囲の地面に場所を見つけなければならなかった。そして試合場の周囲にめぐらされた、人間の背丈よりも高い、太い木材でつくられた柵の隙間から決闘を見ていた。

ほかにも、この決闘のためにサン・マルタン・デ・シャンにもちこまれるか、現場で建設されるかした、とくべつな設備があった。試合場の両端に、宣誓を待つあいだ両闘士が座るためのどっしりとした玉座のような椅子が、一段高くなった場所に置かれたのである。それぞれの椅子のそばに、決闘の一、二日まえに天幕を立てるための空間があった。試合場の両端には小規模の軍隊が野営できるような陣地があり、決闘のまえにそれぞれの闘士が自分の軍馬に乗るときに利用する乗馬用ベンチ（escabeau）が置かれた。上訴人ジャン

・ド・カルージュは、王室の観覧席の右側の陣営を割りあてられ、被告人ジャック・ル・グリは、左側を割りあてられた。

試合場の備品が修理され、改築されたあとは、試合場そのものが最後の手入れを受けた。最初に囲い地の土が熊手でていねいにならされ、木の根や石といった異物や、でこぼこの原因になりそうなものがとりのぞかれた。そのあと、地面がすみずみまで異物の混じっていない砂でおおわれた。公正な決闘ができるよう、地面をなめらかにし、たいらにするためだ。そしてまた決闘の最中に血が飛び散っても、砂がすぐに吸収し、闘士たちが馬からふり落とされたり、立って闘うために馬から降りたりしたばあいにも、足をすべらせたり、転んだりしにくくする役目をはたしていた。

柵で囲まれたサン・マルタン・デ・シャンの試合場の起源は、闘いのために設けられたもっと古い闘技場へとさかのぼる。というのも、決闘裁判は古代からおこなわれていたからだ。後期青銅器時代（紀元前一二〇〇年頃）が舞台のホメロス作『イリアス』は、トロイア戦争のきっかけとなった美女ヘレネーをめぐるふたりの闘士の闘いを描写している。そこでは、細心の注意を払って用意された決闘場で、宣誓、祈禱、動物のいけにえを捧げる儀式をおこない、最初に決闘場を清めるようすが描かれている。西暦紀元はじめには、剣闘士の血みどろの闘いが流行したため、古代ローマ人はとくべつに闘技場を建設した。古代ローマのこうした闘いには決闘裁判の意味合いはなかったが、中世ヨーロッパのあちこちにまだ残っていた古代の闘技場がときおり決闘裁判に利用されていた。九世紀にノルマンディに決闘をもちこんだヴァイキングはよく島々で闘いをしたが、そのばあいは石を環状に並べ、その内側を戦いの場とした。古代スカンジナヴィア人のあいだでは、相手の男に決闘を申し込みさえすれば、勝ったばあい、相手の所有地を——あるいは妻でさえ——要求できるという慣わしがあった。

一四世紀後半には、国王でさえ、囲いのある決闘場での闘いを申し込み、領土をめぐる争いに決着をつけることができた。百年戦争の最中に、フランスとイングランドの国王は再三再四、たがいに決闘を申し込みあっていた。一三八三年、イングランド国王リチャード二世は、当時まだ一六歳だったにもかかわらず、それぞれ三人の伯叔をともなっての決闘を、一四歳のシャルル六世に申し込んだ。だが実現した決闘はなく、それは真剣に命がけの闘いを挑んだというよりは、交渉戦略だった。

かつてノートルダム大聖堂まえの大広場に、男と犬の決闘のために試合場が設けられたことがあるそうだ。一三七二年、国王の寵臣であるひとりの貴族がパリ近郊の自分の所有地で殺害されているのが発見された。犯人は謎のままだったが、忠犬だったという巨大なグレーハウンドがある男を見るとかならず吠えるようになり、ひとつの疑惑がささやかれはじめた。リシャール・マケールというその男は、被害者とフランス国王との親密な仲に嫉妬していることが知られていたのである。そのため、忠犬の行動について耳にした国王は、それを犬の告発と受けとめ、犬とその男が一騎討ちする決闘裁判を命じたのだった。

当日、ノートルダム大聖堂まえに設置された柵で囲まれた広場には、大観衆が詰めかけた。マケールは棍棒で武装しており、いっぽう犬のほうには、逃げ込むことができるように、蓋と底が抜かれた大きな樽が用意されていた。ある記録によれば「放たれると同時に、一瞬の遅れもなく、犬は敵に向かって跳ぶように疾走していった。上訴人が先に攻撃をしかけようとしているのを知っているかのようだった。だが重い棍棒のせいで、犬は敵のそばに近寄れず、棍棒が届かない程度の距離をとりながら、マケールのまわりをぐるぐる歩きまわった。そして時機を待ったあげく、ふいに男の喉元へと飛びかかり、そのまま満身の力で敵を地面に押さえこみ、とうとうマケールは慈悲を求めた」そうである。犬のあごからようやく解放されたマケールは、自白し、モンフォーコンの丘で絞首刑に処された。

この逸話はフランスの多くの史劇で扱われているし、詩にも詠まれているが、ほんとうに起こったかどうかは疑わしい。しかし、たとえ事実に基づいていなくても、この逸話は、〝対等な者〟のあいだでおこなわれる流血の決闘は真の判決をくだすと広く信じられてい

人間と犬の決闘　言い伝えによれば、パリで、殺人の容疑者が有罪であることを一頭のグレーハウンドが〝立証〟し、殺害された主人の復讐をはたした。Collection Hennin, no. 88. Bibliothèque Nationale de France.

たことを伝えている。人間と犬の決闘を観戦したといわれている国王は、その結果を「奇跡の神判のしるし」と見なしたのだ。

パリ高等法院の裁決がでる九月半ばには、シャルル国王と伯叔たちは、イングランド侵攻のための大艦隊を集結させるべく、すでにパリを離れ、フランドル沿岸地方に向かっていた。その夏の初め、シャルル国王はカルージュの決闘申し込みに立会っており、パリを発つまでは熱心にその後の展開を追っていた。そして、パリ高等法院が決闘を一一月下旬におこなうよう命じたという知らせを、国王はスロイス港に向かう途中のアラスで耳にした。まだ二カ月先だったし、それまでにはイングランドから凱旋帰国しているだろうと、国王は考えた。

しかし、悪天候により侵攻は遅れていた。激しい暴風雨が多くの船を沈め、巨木を根こそぎ倒し、人々や動物が雷で命を落とした。そしてまたフランスでは不吉な出来事がつづいていた。マルヌ川沿いのプレザンスでは教会に雷が落ち、内陣に閃光が走り、木の家具が全焼したうえ、ミサの洗礼盤まで炎上した。唯一、奇跡的に無事だったのは、聖体のかけらだったという。また、ラン近郊では「聞いたこともない奇妙な現象」が起こった。カラスの大群が光る石炭を運び、あちこち飛びまわったあげく、穀物が積まれた納屋の屋根に置いた。すると穀物から炎があがり、納屋は全焼した。ついに国王と伯叔たちは、翌年まで侵攻を中止させた。

一一月半ば、パリに戻る準備をしながら、シャルル国王は一一月二七日におこなわれる予定の決闘を楽しみにしていた。一七歳という若さの国王は暴力がともなう娯楽を好み、とくに馬上槍試合の見物に時間を割いており、みずから騎乗し、武芸競技大会に出場するほどだった。その前年、カンブレでおこなわれた武芸競技大会で、この若き国王はフランドルの騎士ニコラス・デスピノアと熱心に馬上槍試合に興じた。[注13] 数年後、馬上槍試合好きが嵩じたシャルル国王は、四〇人のイングランドの騎士が三人のフランスの挑戦者と戦うという試合が三日間にわたっておこなわれたとき、変装し、ひとりだけ貴族をともない、もっと近くで見ようと群衆にまぎれ、観戦したといわれている。

カルージュとル・グリの決闘を楽しみにしていた国王は、悪天候などの理由で到着が遅れれば見逃すことになると警戒していた。そこで、この件について伯叔たちに相談した。ベリー、ブルゴーニュ、ブルボンの公爵たちもまた決闘を見たいと思っており、予定を遅らせてはいかがでしょうかと、国王に助言した。そこで当日まであと一週間を切った頃、シャルル国王は自分が戻るまで決闘を延期するよう命じた封書をもたせ、パリに急使を送った。そしてクリスマスのあとの土曜日、つまり一二月二九日がふさわしいのではないかと提案した。

パリ高等法院は、あわてて一一月二四日——決闘がおこなわれる予定日のたった三日まえ——に会議をひらき、国王の願いを尊重し、新たな日にちを設定し、決闘を一カ月以上延期することにした。しかし、サン・マルタン・デ・シャンの試合場はほぼ準備ができており、ふたりの闘士は決闘に向けて最後の調整にはいっていた。

ジャン・ド・カルージュとジャック・ル・グリは、パリ高等法院に召喚されると、すぐに延期を知らされた。国王の封書があけられ、声にだして読まれたのである。一一月末からクリスマスのあとに決闘が延期されたおかげで、カルージュとル・グリは——同様にカルージュ夫人も——あと三〇日は呼吸をし、生きつづけることができるようになった。だが、それはどちらにとっても、幸福でもなければ居心地がよくもなかった。とくにマルグリットは、火あぶりの刑に処せられる裁決が延長されるなか、生きなければならないのだから。

一一月二六日、国王と伯叔たちはスロイスを出発した。翌日、もともとは決闘が予定されていた日に、一行はアラスに到着した。一二月五日、一八歳の誕生日の二日後、国王はパリに戻った。

パリで若き国王を出迎えようと待っていたのは、彼よりもまだ年の若い女王、バイエルン王国の王女イザボーだった。シャルル国王は、その前年にイザボーと結婚したばかりだった。王家の結婚の例に漏れず、この縁組は親族によって決められており、夫婦となるふたりの幸福より王朝の同盟が重視されていた。国王の野心的な伯叔たちは、イザボーの父、バイエルン王国シュテファン公に軍事同盟を求めていた。そしてシュテファン公は、同様にフランス王家との同盟を歓迎した。しかし、だれもが驚き、そしてよろこんだことに、権力政治という石のような土壌からロマンスという薔薇が芽をだし、花を咲かせた。シャルル国王とイザボーが情熱的に愛し合うようになったのだ。[注14]

両王家のあいだで結婚に関する交渉がつづくあいだ、イザボーはフランス人の慣習すべてに従った。そして、フランス国王の花嫁として求婚された貴婦人の義務として、イザボーはフランス王家の貴婦人たちのまえで一糸まとわぬ姿（toute nue）になり、全身を検査されなくてはならなかった。この王家の検査は、イザボーがまだシャルル国王に会うまえの段階でおこなわれた。その頃、シャルル国王は彼女が自分の将来の花嫁になる可能性があることも知らなかったというのに、イザボーは「健康で、出産に適した体形をしているかどうか」を確認されたのである。イザボーは、三人のフランスの公爵夫人によっておこなわれるこの検査をいさぎよく受けいれ、「出産に適した健康な身体と適切な体形をしているかどうか」を確認された。どうやら、すんなりと合格したようである。

それからほどなく、まばゆいばかりの衣装と宝石を身につけたイザボーは、シャルル国王の御前に進みでた。フランス王家の人々は固唾を呑んで国王の反応を見守った。シャルル国王はドイツ語を話せず、イザボーもフランス語をほとんど話せなかった。イザボーが膝を曲げて会釈をすると、「国王は彼女のほうに歩みより、手をとり、彼女を立たせると、長いあいだじっと見つめた。見ているうちに、国王の胸のうちに、彼女の胸の愛情と歓喜が伝わってきた。このうえなく美しい彼女のなかに、自分を見てほしい、自分と結婚してほしいという大きな欲求があふれんばかりに満ちているのがわかった」。シャルル国王にイザボーが及ぼした影響に、王室はよろこび、同席していたフランスの宮内大臣も、ほかの貴族に「このご婦人は、われわれと一緒にとどまることになるだろう。国王は、彼女から片時も目をそらせない」と、述べている。

シャルル国王がすぐに結婚したいと言い張ったため、一三八五年七月一七日、ふたりが初めて顔を合わせた日の四日後に、結婚式がおこなわれた。イザボーは「名状できないほど壮麗な馬車に乗って到着し、国王が彼女に贈った、国王の身代金ほどの価値のある宝冠を頭にのせていた」。大勢の貴族の招待客が臨席するなか、盛式ミサと結婚の誓約がアミアン司教によって厳粛にとりおこなわれ、そのあとに盛大な披露宴がおこなわれ、黄金の大皿にごちそうが山盛りになったテーブルに、国王と花嫁が着席し、伯爵や男爵たちが同席した。そして、ついに夜になると、王室の貴婦人たちが花嫁を寝室に向かわせた。国王も「ベッドにいる彼女を見たいという欲望に駆られ、寝室に向かった」。王家の婚礼の幕が閉じたあとのことを、ある年代記作家は「よくおわかりだろうが、ふたりは大きなよろこびとともに夜をすごした」と、記した。

一三八六年一月には、イザボーは妊娠していた。じき王家に跡継ぎが生まれるという知らせに、王室は沸きたった。一三八六年九月二五日、イザボーは男児を産んだ。パリの鐘がいっせいに鳴り響き、王子の誕生を告げ、その知らせは急使によって国王に伝えられた。一〇月一七日、ルーアン大司教が聖餐式をおこない、男児はシャルルと洗礼名を授けられた。

しかし、この小さな王太子は病気がちで、ベビーベッド（lit d'enfant）で衰弱していき、彼の若き母親は国王不在のなか王太子の健康に気をもみ、王家の医師は絶望して手をもんだ。国王が一二月初旬にパリに戻ってきた頃には、乳児の容態はいっそう悪化していた。だれもが王太子の命を心配し、未来の国王がどんどん衰弱していくのを、医師たちは無力に見るばかりだった。

一三八六年、一二月二八日——ジャン・ド・カルージュとジャック・ル・グリの長く待たされた決闘日の前日――王太子は死亡した。王室、町、国じゅうが、小さな王子の死を嘆き悲しんだ。その夜、高価な衣装を着せられた遺体は、偉大なる君主たちの葬列がたいまつを灯すなか、サン・ドニの王墓へと運ばれていった。王太子の死はどこか悪い前兆のように思えた。というのも、それはヘロデ王が幼児を虐殺した〝罪なき嬰児殉教の日〟にあたったからだ。

しかし、王の跡継ぎの早すぎる死によって、シャルル国王と王家が計画していた祝祭が中止されることはなかった。元旦はクリスマスに等しいくらいの祝日であり、国王は王室の人間を巻き込み、祝宴をはじめた。宴会、踊り、そして娯楽の数々。「元旦は、フランス王家では前例のない華やかさ(éclat)で祝われた……そしてまちがいなく、祝宴の目玉は、ジャック・ル・グリとジャン・ド・カルージュによる決闘裁判だった」。

めずらしい偶然の一致だったが、決闘裁判の結果によっては火あぶりになる運命だったカルージュ夫人も、王女とおなじ時期に出産した。カルージュ夫妻の男児はロベールという洗礼名を授けられ、パリ高等法院の審理がはじまった七月九日以降、そして、もともと決闘が予定されていた一一月二七日以前に誕生したと思われる。パリ高等法院は、妊娠している女性を処刑するような危険を冒すはずがないからだ。おそらく男児が生まれたのは、ジャン・ド・カルージュがスコットランドから帰国した九ヵ月後の九月初旬から、強姦が

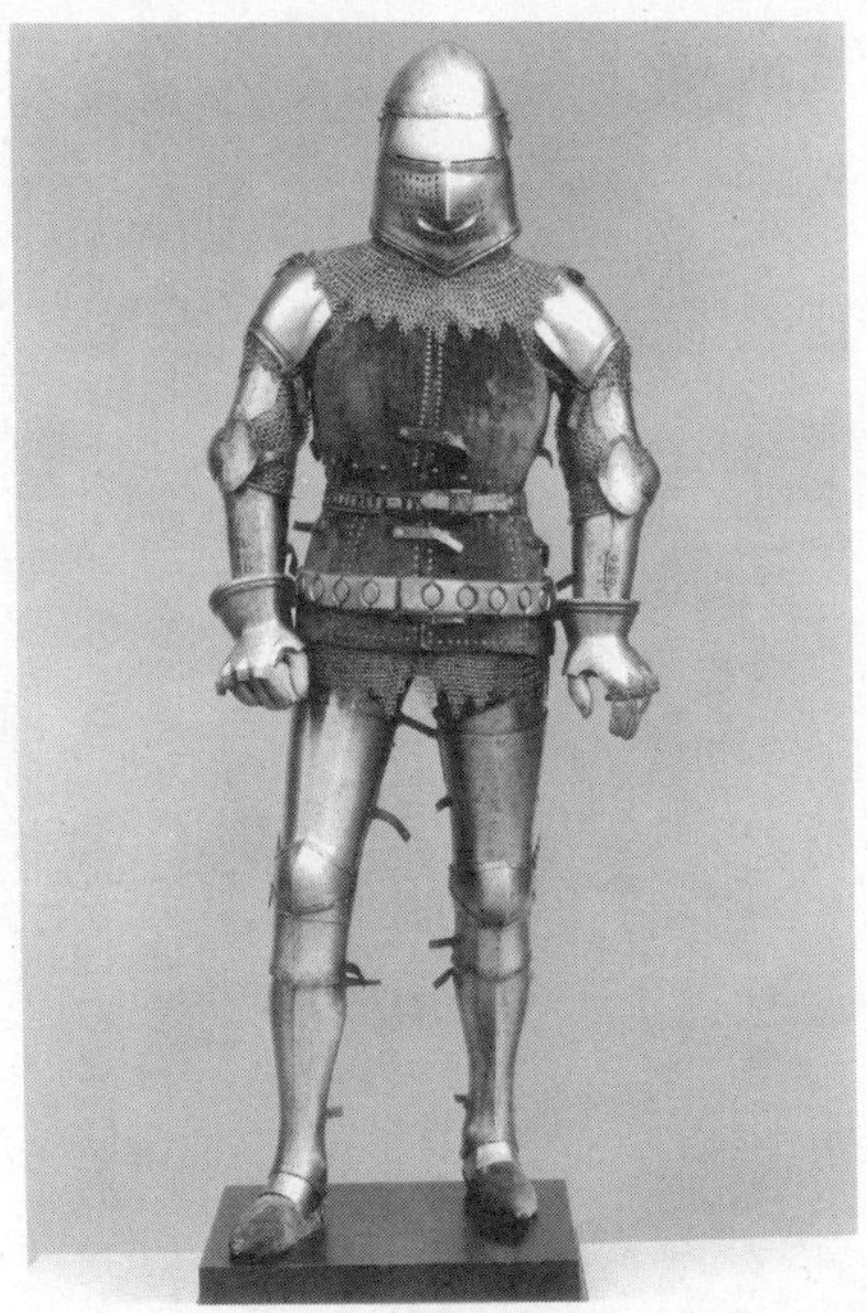

甲冑　カルージュとル・グリの甲冑は、この甲冑（1400年頃）に似ていた。鉄板が鎖かたびらで結合され、かぶとにはくちばしのように中央が尖った面頬がついている。The Metropolitan Museum of Art, Bashford Dean Memorial Collection, Gift of Helen Fahnestock Hubbard, in memory of her father Harris C. Fahnestock, 1929.（29.154.3.）

あったとされる日の九ヵ月後の一〇月半ばのあいだだろう。九月二五日の王太子の誕生日も、やはりその期間にあたり、ふたりの乳児はきわめて年齢が近いといえるだろう。

しかし、フランス国王夫妻の長男が決闘前夜に亡くなるいっぽうで、カルージュ夫妻のあいだにおそらく最初に生まれた男児にも、ただならぬ運命が待っていた。翌日おこなわれる決闘の結果が父親にとって悪いものとなれば、男児は両親をともに亡くし、突如として孤児になる危険にさらされていたのである。

注12　第三の門のかわりに、四隅の一ヵ所に、とりはずしのできるはしごが設けられるばあいもあった。これを使えば、決闘が開始されると同時に、役人たちは試合場から外にでることができたし、そのあと、はしごを引っ張りあげればよかった。

注13　馬上槍試合に興じるのは、王家の人間に危険が及ぶにもかかわらず、国王たちにとって慣習となっていた。一五五九年、フランス国王アンリ二世は、馬上槍試合中に槍の破片が目に刺さって負傷し、これが原因となり、苦しみぬいたすえ一〇日後に死亡した。

注14　シャルルはヨーロッパじゅうの宮廷に画家を派遣し、もっとも可憐な王女の絵を描かせ、

妃選びの参考にした。イザボーと出会うまえ、彼はべつの王女の肖像画を見て好きになったが、実際に画家が絵を送ってきたころには、彼女はほかの求婚者と婚約していた。

8　宣誓と最後のことば

一二月二九日土曜の早朝、カルージュとル・グリはパリの反対側に位置する宿で、それぞれ目を覚ました。まず入浴し、ミサにあずかり、そのあと前夜からつづけていた断食を破った。決闘に臨む闘士が前日は食を絶ち、祭壇で徹夜の祈りを捧げるのは昔からの習慣だった。決闘前夜、伝えられるところによると、ジャン・ド・カルージュとジャック・ル・グリはそれぞれ、パリじゅうの教会で勝利を与えたまえと神に祈りを捧げさせたという。

身を清め、祈りを捧げ、食事をすませると、それぞれの男は従者の手を借り、慎重に決闘の身支度をはじめた。素肌のうえに軽い麻のチュニック（chemise）を着、そのつぎに、あばら骨や股間など傷つきやすい部分に詰め物をいれたもっと重い麻の長い上着を着た。それから長い身支度のあいだに身体にかかる負荷を考慮し、足からはじめて上半身へと、甲冑の板金がひとつずつ留め具でとめられていく。

最初に布か革靴で足をおおい、そのうえに鎖かたびらか板金をつなぎあわせた鉄靴

（sabatons）をはく。そのあとに鎖かたびらのすね当て（chausses）で、むこうずね、膝、腿の正面側を守る。腰から股、大腿部上部にかけては鎖かたびらの垂れでおおう。袖なしの鎖かたびらの上着（haubergeon）を着て、革ベルトで腰を締める。このうえに、うろこのような板金でおおわれ、詰め物がはいった上着を着るか、堅牢な鉄の胸甲を着る。肩や上腕部を板金でおおい、肘と前腕をべつの板金が保護する。鎖かたびらの手甲と、武器をよく握れるよう布か革の裏地がついた、巧みに接合された板金を手につける。鉄のあご当てで首を丸く囲み、最後に詰め物入りの革の帽子で頭をおおい、そのうえにヘルメットの一種であり、ちょうつがいのついた面頬をもちあげると顔とあごがでる仕組みの密閉式かぶと（bacinet）をつけ、首から肩にかけて保護する鎖錣（くさりじころ）（camail）をつける。先端が尖った面頬には細い切れ込みがはいっており、目で見て、口や鼻で呼吸できるようになっているが、面頬をおろしてしまえば闘士の顔は見えなくなり、だれだかわからなくなる。そのため闘士は甲冑のうえに、それぞれの家の紋章が刺繍された袖なしの陣中着（cotte d'armure）を着る。こうして決闘のため完璧に甲冑を揃えると、武器やほかの用具をべつにしても、重量は六〇ポンドにもなった。[注15]

闘士が武装しているあいだに、軍馬もまた決闘のために身支度をととのえた。中世の軍馬は、狩猟、乗馬、農耕などほかの目的のために繁殖させたものとは異なる血統だった。

軍馬はつねに種馬であり――騎士はけっして決闘の際に雌馬には乗らない――一四世紀の頃には、〝大いなる馬〟(equus magnus)であることが多く、丈は五フィート四インチ、体重は一四〇〇ポンドほどあった。人間、甲冑、鞍など合わせて三〇〇ポンドもの重さを運ぶだけの力とスタミナがあり、突撃、急回転、跳躍などの戦術に必要な訓練をとくべつに受けていた。なかには、鉄をきせた蹄で相手を攻撃し、殺すように訓練を受けている軍馬もいた。

上質の軍馬は高価で、役馬や、適度に訓練を受けた乗用馬の数百倍もの値がつく軍馬もあった。馬を繁殖させてきた長い歴史をもち、種馬の飼育場(haras)が点在するノルマンディは、ヨーロッパじゅうに名を轟かせる種馬を生んできた。カルージュは審理のあいだ、ル・グリが「裕福で、ありあまるほどの駿馬を所有している」と主張してきた。カルージュはといえば、経済的には窮地に陥っていたにもかかわらず、自分の生活、妻の生活、そしてそれに依存するすべてについて、切り詰めようなどとは思ってもいなかった。カルージュとル・グリが、気に入りの馬をパリに連れてきたのか、決闘用のとくべつの馬を購入したのかはわからないが、その軍馬は決闘の日のためにとっておかれた。

試合や決闘に使われる標準的な馬具には、以下のものがあった。鉄の馬勒、革の手綱がついたくつわのはみ、蹄を締めつける四つの鉄靴、闘士が安定して座れるよう高い前橋と鞍尾（あんび）がついた鞍、馬に鞍をしっかりと固定する腹帯、武器を支えるためのさまざまな輪や鎖、馬の胴を守るキルトの布、目と耳と鼻孔のために穴があいた板金を連結させた、頭にぴったりあう面おおい（chanfrain）。そして、その下には詰め物をいれた。板金や鎖かたびらの垂れが馬の首やわき腹を保護し、闘士は歯輪のついた拍車をつけ、馬を御した。闘いのさなかに手綱を落としてしまうことがよくあったからだ。

ジャン・ド・カルージュとジャック・ル・グリは甲冑をつけ、軍馬の用意がととのうと、つぎに注意深く武器の確認をはじめた。試合場には、それぞれが一本の槍、二本の剣、一本の斧、一本の短剣をもちこめることになっていた。

槍——古代あるいは中世初期の投げ槍より長く、重い武器——は、第一回十字軍遠征（一〇九六〜九九年）の闘いで、いわば革命を起こした。こうした武器を組み合わせて利用した騎士たちはフランス騎兵として出撃し、イスラム教徒のあいだに恐慌を引きおこしたのである。こうした武器とその技術はヨーロッパじゅうに急速に広まり、戦場で、武芸競技大会で、決闘裁判で利用されるようになった。槍は長さ一二から一八フィート、重さが三〇ポンド以上あった。槍の先端につけられた鉄の刃は葉のかたちか菱形をしており、剃刀（かみそり）のように鋭利だった。丸いつば（vamplate）は柄を保護する。騎士たちは突撃を開始する直前まで、鐙（あぶみ）に重い槍を置き、立ててもっていた。それから騎士は右腕の下に槍を下げるか、それを下段に構え、盾の槍止めに固定し、胸と鞍の高くなった前部で支える。盾の前面にくる矢柄には革のすべり止めがあり、衝撃で槍止めから槍が落ちにくいようになっている。槍を下げ、固定すると、騎士は鐙と戦闘用の高い鞍を使って馬にまたがる。すると馬と騎兵の全体重が、重い木の矢柄と鋭い鉄の先端にかかってくるため、軍馬を駆る闘士はさながら〝人間飛び道具〟とあいなる。

剣は貴族の化身ともいえる武器で、剣による闘いは馬上であれ歩行であれ、ふつうは槍で戦ったあとにおこなわれた。あるフランスの王室のタペストリー（いまでは失われている）には、ジャン・ド・カルージュとジャック・ル・グリが「大型の短剣のようなかたちの丈の短い剣を、腿にそって下げている」ところが描写されている。カルージュとル・グリの決闘のほんの数日まえにブルターニュでおこなわれた決闘の目録には、二本の剣に関する説明が詳細に述べられている。一本には「二フィート半の長さ」の刃があり、両手で握ることのできる長さ一三インチの柄がある。もう片方の剣は、刃がわずかに短く、片手で握ることのできる長さ七インチの柄がある。[注16] 長いほうの両手用の剣は、その刃（coups de taille）でおそろしい一撃をくらわすことができる。短いほうの剣は片手用の剣（estoc）で、刃は厚いものの剣先が尖っており、剣先でぐさりと突き刺す攻撃（coups de pointe）が可能だった。複数の武器の利用が認められていたので、ジャン・ド・カルージュとジャック・ル・グリはおそらく、すくなくとも二本の剣はもっていただろう。長い両手剣はたいてい、革の鞘にいれ、鞍からぶらさげた。闘士はほとんど右利きだったため、すばやく簡単に引きぬけるよう、短いほうの剣はたいてい左側の腰から吊るされた。

斧――これもまたカルージュとル・グリの失われたタペストリーに描かれていた――は、一四世紀半ばから末にかけて人気のある武器だった。斧を使えば鎖かたびらや板金を切り裂くことができるうえ、かぶと越しに頭をたたき割ることさえできた。騎士のなかには、ほかのどんな武器よりも斧を好む者もいた。この時代の典型的な斧（hache）には、片側にぎらぎら光る刃があり、バランスをとるように、もう片側には先のとがった重い鉄槌〝からすのくちばし〟（bec de corbin）があった。そして鋭い槍の刃が柄の先端につけられていた。重騎兵は、この三つの刃がひとつになった用途の広い武器を〝三位一体〟とあがめた。徒歩戦に備え、斧の柄は長さが五フィート以上あり、左右に大きく振りまわし、敵の隊をなぎたおすことができた。しかし、鞍に乗ったまま使うには、斧は三、四フィート短かったため、すぐに手が伸ばせるよう鞍頭につけた金属の輪に吊るされていた。

短剣は接近戦に利用され、闘いの最後の段階で、傷を負った、あるいは死にかけている敵にとどめを刺すために使われた。短剣はまた放り投げれば、飛び道具のように宙を切ることができた。古代の剣や何世紀もまえからある槍と比べると、短剣は新しい武器であり、一三世紀末には貴族に利用されるようになった。一三〇〇年代末の典型的な短剣には長さが六〜一二インチの頑丈な刃があり、甲冑の板金の隙間や耳や目のための裂け目から突き刺せるよう、剣先が尖っていた。ブルターニュの決闘の目録に記載されている短剣は「鉄製、もしくは鋼鉄製、あるいはその両方でつくられたもの」であり、「柄から長さ九インチほど」の刃をもっていた。

槍、剣、斧、短剣のほかにも、闘士は家の紋章が刺繡された盾をもった。盾はオークやトネリコといった頑丈な木でできており、煮沸したあと乾かして甲冑のように固くした革でおおわれ、そのうえで角細工や金属の帯で強化された。板金よろいが徐々に鎖かたびらにとってかわり、闘士のおもな防御具となると、盾は小型化し、騎兵の首と胴をおおうだけになり、敵の槍のおもな標的となった。鞍から剣を引きぬいたり、立って闘うために馬から降りたりしたあと、闘士は革ひもで首に盾を吊るし、両手の自由がきくようにした。さもなければ敵の武器の一振りや一突きをかわすため、盾を左腕に差した。

カルージュとル・グリはそれぞれ試合場に武器をもちこんだが、ほかにもワインをなみなみとついだ革袋、布きれでくるんだパン、試合場を利用するために支払う銀貨のはいった財布なども持参した。それぞれが同様に馬のために飼料ももってきていた。日没までに決着がつかなければ、決闘は二日目も続行しなければならないからだ。

早朝、決闘にむけ、ふたりの闘士が宿で身支度をととのえているあいだ、見物人たちはすでにサン・マルタン・デ・シャン修道院の試合場に殺到していた。決闘裁判がおこなわれるという知らせはフランス全土に広まり、「王国のもっとも遠方の地域まで伝わり、フランス各地から決闘を見ようとパリに人が押しよせ、大騒ぎとなっていた」。無論、ふたりの闘士と夫人、その家族がよく知られているノルマンディにも、知らせは伝えられていた。

決闘がおこなわれる日はクリスマス休暇にあたっただけでなく、殉教者聖トマス・ベケットの祝日でもあった。パリでは多くの店が聖日には店を閉め、人々はお祭り気分を味わう。見物人は夜が明けるとすぐに試合場へと急ぎ、太陽が昇った頃――一二月末の七時半から八時半のあいだ――にはサン・マルタン通りをぎゅう詰めにしながら、修道院の門をはいっていった。午前半ばには、数千人の大群が修道院の庭に詰めかけた。槍や棍棒で武装した衛兵が柵の周囲に立ち、群衆が柵や門に近づかないようにしていた。

一三八六年から八七年の冬は寒さが厳しく、フランス北部では雪が多かった。日光は試合場にあまりぬくもりをもたらさず、修道院の庭を囲む石壁は、パリの町に吹きすさぶ凍るような風をよける役にはほとんど立たなかった。そこで試合場に早い時間に到着した見物人たちは、午前中、よい席を確保すべく、骨まで凍るような寒さに長時間耐え、待たねばならなかった。貴族、高位聖職者、町の役人や商人は、観覧席を確保していたため、あわてくる必要はなかった。だが、大半の者――小売商人、職人、肉体労働者、徒弟、大学生、魚売りの女、物乞い、すり――は試合場の外にわれ先に押し寄せ、すこしでもいい場所をとろうと肘をこづきあった。パリの鐘が一時間おきに時刻を告げるにつれ、試合場周囲の地面に空いているところはすくなくなり、なかには修道院の壁の上に座ったり、数少ない木の上に登ったりする者もいた。

その日、観覧した最高位の来賓は、シャルル国王と伯叔――ブルゴーニュ、ベリー、ブルボンの公爵――たちだった。王家の人々は一番乗りの見物人が到着してから数時間後に到着したが、それでも闘士たちが試合場に姿を見せなければならないと法で定められている昼までには、たっぷり時間があった。トランペットが国王の到着を告げると、若き国王が派手な廷臣たちを連れ、馬に乗って門から入場してきた。試合場に詰めかけた大観衆は、王家の行進を見ようと首を伸ばした。ついに、決闘の正式な儀式がはじまろうとしていた。

中世の公的な行事のほとんどがそうだったが、結婚式でも葬式でも、戴冠式でも処刑でも、そこにはかならず行進があった。国王のあとに儀式をつかさどる式部官がつづくことを、トランペット奏者が告げた。そのあとに、甲冑や武器などの万事を監督する上級紋章官（roi d'armes）が数人の紋章官を連れて入場した。紋章官は「大きな声の持ち主」であり、大衆に式辞を述べる役割も担っていた。そのあとには、ぎらぎらと銀色に輝く長い刃と、試合場における国王の権威を象徴する宝石で飾られた柄をもつ正義の剣を鞘から抜き、掲げた従騎士が、王室の仕着せに身を包み、入場してきた。そして王室の色の布でおおわれた馬に乗り、若き国王が正式な立会人（escoutes）を務める四人の騎士を引き連れて登場し、最後に国王の伯叔ら高位の貴族が国王に付き添い、王室の観覧席に座った。槍で武装した衛兵も徒歩で王家の行進にくわわり、一行のしんがりを務めた。

国王はもっとも地位の高い見物人であるだけでなく、法律により、裁判長でもあった。パリ高等法院は国王の名のもとに決闘裁判をおこなっており、シャルル国王は神の聖別により、これからはじまる裁判で裁決をくだそうとしている最高の君主かつ判事として行動していた。シャルル国王はフランドルから帰還してから自分の目で見たいばかりに、決闘を丸一カ月延長させており、自分が試合場に到着するまでは決闘をけっして開始してはならないと命じていた。その国王が石炭であたためられ、クッションが置かれ、金色のユリの紋章が刺繍された王室の青色の布でおおわれた玉座に腰を下ろすと、とうとう決闘裁判の儀式が正式にはじまった。

上訴人ジャン・ド・カルージュが保証人や親族など色鮮やかな一団の先頭で馬に乗り、最初に試合場に到着し、そのあとに、決闘に必要な物を運ぶ従騎士や従者がつづいた。規則にしたがい、カルージュは乗用馬に乗り、「面頬を上げ、剣と短剣をベルトに差し、決闘にむけて万全を期して」やってきた。小姓が鞍と防具をつけたカルージュの軍馬を引き、ほかの従者はカルージュの槍と盾を運んだ。

武器のほかに、カルージュは三フィートの長さの棒を持っていた。棒は青色に塗られ、上端に銀色の十字架がついており、馬に乗った闘士はこれで十字を切った。盾には闘士が甲冑の上に着ているカルージュ家の紋章つき陣中着と同様に、紋章が鮮やかに描かれていた。深紅の地に銀色のユリの花がちりばめられた紋章である。カルージュの一行のなかにはサン・ポール伯ワルランや、マルグリットのいとこにあたり保証人のひとりでもあるロベール・ド・ティボヴィルの姿もあった。

そのあとに姿を見せたのが、カルージュ夫人だった。長い黒のローブに身を包み、黒い布でおおわれた馬車に乗っている。馬車は貴婦人のための習慣であったのかもしれないし、出産を終えたばかりのマルグリットへのとくべつな容認だったのかもしれない。マルグリットに付き添っていたのは父親のロベール・ド・ティボヴィルや、その年の前半にアダム・ルヴェルに決闘を申し込んだものの、パリ高等法院から許可を得られなかったいとこのトマン・デュ・ボアなどだった。

悪名高いカルージュ夫人の姿をひとめ見ようと、群衆のあいだに緊張が走った。マルグリットの若さと美貌、漆黒の衣装、そしてこの有名な裁判の上訴人でもある彼女の役割が、観衆の注意を集めていた。人々はつかのま、国王や壮麗な伯叔たちのことも争い好きの騎士のことも忘れ、この決闘の原因となった女性を見ようと、だれもが必死に首を伸ばした。法的には有罪の判決をくだされてはいなかったものの、これからマルグリットはいわば死刑判決を受けた身で決闘を目撃することになる。というのも、夫が殺害されたら、彼女はすぐに死刑に処せられるからだ。黒は昔から喪と死を象徴する色であり、死刑執行人とその罪人や、火あぶりの刑に処される魔女や異端者がよく身にまとう色でもあった。マルグリットのローブは、本人の運命がその日の結果しだいで決まることを示していたのである。

マルグリットの親族や友人ら、多くの知人は観衆にまぎれ、彼女の苦境に同情していた。夫の友人のなかには、パリで夫妻を歓待し、カルージュが試合場に姿を見せることを保証する保証人にすすんでなってくれた高名で権力をもつ貴族もいた。ル・グリの弁護士ジャン・ル・コックによれば、カルージュの申し立てを信じ、夫人に同情を寄せる者も多かったという。

しかし、そのいっぽうで王室で影響力をもつ廷臣や、おそらく国王自身など、ジャック・ル・グリを支持する者も多かったと、ル・コックは記している。なにしろル・グリは国王の親戚であるピエール伯の寵臣である。ル・グリの家族と友人はル・グリの名前を汚し、ル・グリにこの悪名高い罪を着せ、その命をも危険にさらしたマルグリットを激しく憎悪していた。この日が終わる頃にはカルージュが殺害され、夫人が火あぶりになるところを見たいものだと心から思っていたのである。

個人的にこの争いにかかわりをもっていない観客は、とくに片方をひいきしてはおらず、裁判の詳細をよく知らない者も多かった。もっとのんきな見物人など、めったにない決闘を見られればいい、壮麗かつ暴力をともなう見世物を見物し、クリスマスの休暇を楽しめればいいと思っていた程度だった。もちろんマルグリットに同情する者もいたが、大半は中傷と噂を広め、凍るような気温のなか、いまにもはじまろうとしている決闘に向けて気をたかぶらせ、そのあとに起こるかもしれない夫人の火あぶりという見物（みもの）への期待で熱くなり、身体をあたためていた。

彼女は魔女なのだろうか？　妖術師だろうか？　男たらしか？　マルグリットが試合場に到着すると、冬の風がその頬をなぐり、黒のローブをはためかせた。彼女はあらゆる方向から自分を見つめる数千の顔のなかに、同情、敵意、好奇心の入り混じったものを感じたにちがいない。数カ月前にパリ高等法院に出廷してはいたものの、これほどの試練にたいする心の準備はできていなかったはずだ。

行進の最後を飾ったのは、ジャック・ル・グリの一行だった。家族や友人などのほかにも、保証人としてピエール伯の廷臣である貴族の姿があった。この悪名高い犯罪で告訴された男として、ジャック・ル・グリもまた観衆から注視を集めていた。ル・グリのうしろから盾などの武器を運ぶ従者の一団がつづき、彼の軍馬を小姓が連れてきた。この争いの皮肉な象徴としてル・グリの紋章つき陣中着には、カルージュの陣中着とおなじ色が使われていたが、色の配分が逆だった――銀色の地に血のように赤い線が走っていたのである。

柵で囲まれた試合場の端で、カルージュら一行は国王の右側で騎乗しており、ル・グリらの一行は左側で騎乗していた。それぞれが自分の天幕、椅子、乗馬用ベンチがある側の門のところで立ちどまった。すると式部官が馬に乗り、右手の門のほうへと玉座のまえに進みでた。そのあとに、紋章官ひとりと、正式な立会人を務める四人の騎士のうちふたりが騎乗してつづいた。もうひとりの紋章官と残りのふたりの立会人は、左手の門へと向かった。

右手の門のところにくると式部官が手綱を引き、騎乗した上訴人のほうを向き、名前と武装してここにきた理由と、申し立ての内容を尋ねた。

大観衆に聞こえるよう、声を張りあげ、カルージュは返答した。「わが高貴なる君主どの、式部官どの、騎士であるわたしジャン・ド・カルージュは、従騎士ジャック・ル・グリと闘うため、わが国王の仰せのままに、紳士として武装し、騎乗し、ここに参りました。ジャック・ル・グリは、わたしの妻マルグリット・ド・カルージュにたいする不潔な犯罪にかかわっております。そしてわたしは、わが神、聖母マリア、騎士聖ジョルジュに、どうかきょう、わたしの申し立ての証人になってくださいますよう、お願いいたします。[注17]そしてわたしは義務をはたすべく、この場において直接お願いいたします。そして、このような事件に有益で、必要で、適切なものごとをお与えください。そして、わたしはここに明言いたします。騎乗であろうと徒歩であろうと、そのときに最善と思われる方法で闘い、自分の甲冑を身につけ、自分で武装をほどき、攻撃であろうが防衛であろうが最善と思われる武器をもち、闘いのまえでも最中でも神の御心のままに、全力を尽くして闘うことを」

上訴人が話しおえると、被告人が正式に試合場に召喚された。式部官の合図を受け、紋章官が声を張りあげた。「ムッシュー・ジャック・ル・グリ、ムッシュー・ジャン・ド・カルージュにたいする義務をはたしにきなさい」

　式部官は騎乗したまま試合場を横切り、ジャック・ル・グリと対面した。そして、こちらにも名前と武装してここにきた理由と、申し立ての内容について尋ねた。

ル・グリは大声で答えた。「わが高貴なる君主どの、式部官どの、従騎士であるわたしジャック・ル・グリは、騎士ジャン・ド・カルージュと闘うため、わが国王の仰せのままに紳士として武装し、騎乗し、ここに参りました。ジャン・ド・カルージュは、この悪名高い告発に関する争いにおいて、わたしの名誉と名前に不正かつ虚偽の非難をしておりまず。そしてわたしは、わが神、聖母マリア、騎士聖ジョルジュに、どうかきょう、わたしの申し立ての証人になってくださいますよう、お願いいたします。そしてわたしは義務をはたすべく、この場において直接お願いいたします。試合場と風と太陽のほんの一部をわたしにお与えください。そして、このような事件に有益で、必要で、適切なものごとをお与えください。そして、わたしはここに誓います。わが神、聖母マリア、騎士聖ジョルジュのお力を拝借し、わたしが義務をはたすことを」

　ふたりの男は話しおえると、事件の要約とそれぞれの言い分が記された羊皮紙の巻物を高く掲げた。巻物はまえもってそれぞれの弁護士によって用意されていた。カルージュとル・グリはまだ騎乗したまま、試合場の両端から顔を見合わせており、羊皮紙の巻物を武器さながらに振りかざした。法廷での口頭の一騎討ちが、いま、試合場での実際の決闘に

巻物　決闘に先立ち、闘士たちは、自分の言い分を記した巻物を披露する。MS. fr. 2258, fol. 14v. Bibliothèque Nationale de France.

道を譲ろうとしており、式部官が決闘裁判開始の宣言を国王に請願した。国王の命令により式部官は、闘士たちに馬から降り、それぞれの陣営にはいるよう指示した。闘士はそれぞれ陣営の天幕のまえにある、一段高くなった大きな椅子に腰を下ろし、試合場の縦の長さを挟んで反対側にいる敵の顔を見た。指定された日に、それぞれの闘士が試合場にあらわれたことを確認すると、保証人は解放された。決闘のための二頭の軍馬以外は、すべての馬が試合場から外に連れだされた。

カルージュとル・グリが着席すると、役人たちが決闘の準備をはじめた。マルグリットはそのあいだずっと試合場のわきで馬車に乗ったまま、正式な宣誓がおこなわれ、決闘が開始されるのを待っていた。しかし、そう長くはそこにいられなかった。シャルル国王が、馬車から降りるよう彼女に命じたのである。

マルグリットは死刑に処せられるかもしれぬ身であり、全身黒づくめで、試合場のどこからでもはっきりとその姿が見えた。彼女は「そこで神の慈悲を請い、決闘が好ましい結末で終わるのを待っていた」。

ふたりの闘士と夫人がそれぞれ着席すると、紋章官とふたりの従者がそれぞれの闘士の武器を検査し、違法な用具が試合場にもちこまれていないかどうかを調べた。そしてまた、ふたりの槍、剣、斧、短剣がおなじ長さかどうかを確認した。

武器が調べられるあいだ、紋章官のひとりが進みでて、観衆に向かって規則や規制を読みあげた。

「聞け、聞け、聞け、諸侯、騎士、従騎士、ほかの者たちよ、われらが君主フランス国王の命により、試合場の正式な衛兵か、国王のご許可をとくべつに得た者でないかぎり、ここでの武装と剣や短剣など武器の携帯を厳しく禁じる。これを犯した者は、命と財産の没収という罰に処する」

「そしてまた国王の命により、どんな地位にある者であれ、闘士本人以外は、決闘がはじまったあと騎乗してはならない。これを犯した者は、たとえ貴族であろうと、馬を没収する。そして、これを犯した召使は、耳を切り落とす」

「そしてまた国王の命により、どんな地位にある者であれ、とくべつにその権限をもつ者以外は試合場にはいったり、境界線を越えたりしてはならない。これを犯した者は、だれであろうと命と財産を失うことになる」

「そしてまた国王の命により、ベンチや地面から立ちあがったり、ほかの人間の視界をさえぎるまねをしたりしてはならない。これを犯した者は、だれであろうと、罰として片手を切り落とす」

「そしてまた国王の命により、どんな地位にある者であれ、決闘の最中に話したり、身振り手振りをしたり、咳をしたり、つばを吐いたり、叫んだりしてはならない。これを犯した者は、罰として命と財産を没収する」

あきらかに決闘裁判は、観衆の声援や野次で邪魔をされる騒々しい娯楽ではなかった。それがたとえ故意ではなくても、決闘の邪魔をした者は厳しく罰せられた。年代記作家たちは、決闘の見物客はほとんど息もできないくらいに押しだまっていなければならなかったことを書きあらわしている。

このあたりから、決闘裁判の式典全般には、おそろしいほどの左右対称がはじまる。公正な闘いを確実にするために、複雑なルールが適用され、厳格な儀式がとりおこなわれたあとは、すべてが神意にゆだねられ、「ただ決闘の結果が待たれた」。武器がおなじ長さである必要があるように、ふたりの男は対等の立場に立たねばならない。ジャン・ド・カルージュは騎士、ジャック・ル・グリは従騎士であるため、ル・グリのほうが競技場に足を進め、騎士として叙任されるべく、式部官のまえにひざまずくことになった。

騎士の叙任――爵位の授与――は、必ずしも徹夜の祈りや武器の披露などを含む、それほど手のこんだ儀式ではなかった。そしてまた、試合場での武勇に贈られるものでもなかった。それどころか、決闘前夜に騎士に叙任される者さえいた。騎士に叙任することで、決闘に向け、あらためて奮起させるというわけだ。騎士叙任式で欠かせないのは、式部官が剣の刃の平らな部分で従騎士の肩を三回軽く叩く儀式である。そして「神、聖ミカエル、聖ジョルジュの御名において、汝を騎士に任ずる。勇敢で、礼儀正しく、忠実であれ！」と述べる。

実際に騎士になるには、こうした儀式とはまったくべつの努力が必要とされた。剣の練習を怠ってはならず、馬上槍試合や武芸競技大会で騎乗の技術を磨き、実際の闘いでは不平等な状況にも耐えねばならない。長年、ジャン・ド・カルージュは数々の戦争で戦ってきた。若い頃から多くの遠征に参加し——生き伸び——てきたし、最近ではスコットランドへの遠征を終えたばかりだった。いっぽうのジャック・ル・グリは国王直属の従騎士であり、エクスム城塞の長官ではあったものの、カルージュほど兵役に就いていなかった。

しかし、ジャック・ル・グリのほうが身体が大きく、力強かったため、決闘では有利と見られていた。そのうえ、カルージュよりはるかに裕福だったため、より上質の馬、甲冑、武器を用意することができた。ル・グリは決闘裁判の実施が決定したあと、九月には病に伏していたが、決闘当日には健康そのものであり、「屈強そうに見えた」が、いっぽう「カルージュは長期にわたる発熱により、衰弱していた」。ある記録によれば、カルージュは「まさにその日、新たな発熱に見舞われていた」。

こうした事実——身体の大きさと力強さ、健康、富、軍事訓練の経験——が決闘の決め手となりうるとしても、実際にふたりが試合場でどう戦うかを予測するのは不可能だった。また実戦では足がすべる、甲冑の革ひもが切れる、敵の甲冑や旋回する刃に日光がまぶしく反射するなど、無数の偶然の出来事が重なりあうため、その結果、状勢がどうひっくり返るか、まったく予想がつかなかった。

ジャック・ル・グリが騎士に叙任され、自分の席に戻ると、紋章官がふたたび試合場に進みでた。そしてこんどは、決闘の規則を読みあげた。

「ひとつ、いずれの闘士も決闘の場にフランス王国の法に禁じられた武器をもちこんではならない。こうした行為がおこなわれたばあい、その武器は没収され、代替となる武器の使用は認められない」

「ひとつ、いずれの闘士も、呪文をかける、魔術をかけるなど邪悪なものを使用した武器をもちこんだり、決闘まえ、決闘の最中、決闘後に、相手が力や技術を発揮するのを妨害しようと邪悪な方法を使ったりしてはならない。こうした行為がおこなわれたばあい、その者の権利と名誉は剝奪され、その悪人は状況に応じて、神の敵として、あるいは反逆者として、あるいは殺人犯として、罰せられる」

「ひとつ、いずれの闘士も、決闘の場にじゅうぶんな量のパンやワインなどの飲食物をもちこみ、必要とあれば、その日一日、体力を維持しなければならない。同様に、闘士本人と馬に必要なものはなんであれ、もちこまねばならない」

「ひとつ、いずれの闘士も、その状況に応じて、馬上で、あるいは徒歩で、闘わねばならない。そしてまた、善なるキリスト教徒にたいして神と聖なる教会が禁じた呪文や魔術などがかけられていない武器で攻撃し、防御しなければならない」

「ひとつ、いずれの闘士も、日没までに敵を打ち負かすか、敵に決闘を放棄させるかできなかったばあい、それを神の御心と受けとめ、翌日、決闘をつづけるためにふたたびこの場に姿を見せることを誓い、明言しなければならない」

決闘は一日じゅうつづく可能性があったし、日没――「空に星が見える頃」――までに決着がつかない可能性もあった。そのばあい、決闘は翌日にもちこされた。決闘の結果に影響を与える魔術に関していえば、中世においては、好ましい結果がでるようにと闘士が呪文や魔術をかけたとくべつな武器に頼ることがあるというのが一般認識だった。そのため決闘裁判を闘おうとする男たちは、神が審判をくだすのを妨害する、いかなる魔術の使用も厳しく禁じられ、これを破れば死刑に処せられた。

すべての規則に耳を傾けると、闘士はそれぞれ、三つの正式な宣誓をおこなった。ここでは決闘の宗教的な要素が前面にだされ、司祭たちが祭壇——長さ五フィート、幅三フィート、高さ二フィートで、豪華な金色の布をかけた台——を運んでくると、試合場の中央に置いた。そこに司祭たちは銀の十字架と、キリストの受難を描いたページをひらいた祈禱書を置いた。

司祭たち、祭壇、そして陳列された聖なるものには、神判として決闘を神聖なものにする意味があった。十字架と祈禱書はまた、人間の罪のために無実のキリストが苦しめられた審理、判決、処刑を暗示していた。こうしてキリスト受難の象徴で清められた試合場において、罪ある者がどちらであるかを神があばき、その者は自分自身の罪業により血を流すことになるわけだ。

第一の宣誓は、それぞれの闘士がべつべつにおこない、式部官が司式にあたり、司祭が証人として立ち会った。まず上訴人ジャン・ド・カルージュが椅子から立ちあがり、祭壇に歩いていくと、面頰をあげてひざまずき、右の素手で祭壇にふれ、「われらが主なる神の受難の記憶と福音書にかけて、わたしの申し立てが聖なるものであり、善なるものであり、正しいものであることを誓います。そして、この命を賭した闘いにおいて、法を遵守し、わが身を守ることを誓います」と誓った。そして神、聖母マリア、聖ジョルジュに証人になってくれるよう祈った。

ジャン・ド・カルージュが自分の席に戻ると、こんどはジャック・ル・グリが祭壇に近づき、ひざまずき、同様に自分の無実を誓った。

第二の宣誓は、双方の闘士が祭壇を挟んで向かいあい、ひざまずき、それぞれが素手をふたたび十字架もしくはその付近に置く。そして自分の申し立てが正しいこと、魂に賭けて自分が真実を述べていること、偽りの宣誓をおこなったばあい、天上の至福をあきらめ、地獄の苦しみを味わうことを誓った。そしてまたそれぞれが、馬にも自分にも魔術を用いていないことを誓い、「そして自分の申し立て、身体、馬、武器が正義のみに基づいていることを誓った」。その後、それぞれが十字架に接吻をした。

第三の、そして最後の宣誓は、もっとも重い義務をともなった。ふたりの男たちはひざまずき、祭壇を挟んで顔を見合わせ、面頬を上げ、右手で十字架に触れたまま、こんどは左の素手（la main sinistre）でたがいの手を握る。そして式部官が、てのひらをそこに置く。こうして三人の手が重なり、ふたりの闘士はたがいに宣誓しあうことになり、ふたたびカルージュからはじめた。

「ああ、汝、こうして手を握っているジャック・ル・グリよ、わたしは福音書にかけて、

宣誓　闘士たちはひざまずき顔と顔を見合わせ、祈禱書と十字架に触れ、司祭たちが立ち会うなか、厳粛な宣誓をおこなう。MS. fr. 2258, fol. 18v. Bibliothèque Nationale de France.

神から授かった信頼と洗礼により、わたしによる、また他人に依頼した行為と言葉が真実であることを誓い、邪悪なる汝に召喚を求めた真なる理由があることを誓う」

敵に左手を握られたまま、ジャック・ル・グリが答えた。「ああ、汝、こうして手を握っているジャン・ド・カルージュよ、わたしは福音書にかけて、神から授かった信頼と洗礼により、わたしに召喚を求めた汝に邪悪なる理由があることを誓う。そしてみずからを守る忠義かつ善なる理由があることを誓う」

宣誓のあと、ふたりの闘士はふたたび十字架に接吻した。

第三の、そして最後の宣誓には、結婚式から封臣の誓いまで、多くの中世の儀式において同様のかたちが見られた。しかし、相互に誓うこうした宣誓では、双方はふつう右手を握るのにたいして、決闘においては左手を握りあう。それは、ふたりのむすびつきが敵対的なものであることを意味していた。

宣誓を終えると、闘士たちは命だけではなく、財産、名誉、そして不死の魂をも危険にさらすことになった。司祭のひとりが祭壇に置かれた聖なるものを指し、ふたりの男に、そしてそこに居合わせた全員に、ひとつの事実を思いおこさせた。つまり決闘の結果、「ふたりがおこなった大いなる宣誓の結果、神判がくだされ、魂も肉体も邪悪なる者の永遠の罪業が決定される」であろうことを。

司祭の警告のあと、ふたりの闘士は同時に立ちあがり、試合場の両端にある自分の席へと戻っていった。

こうしてふたりの男たちが名を名乗り、言い分を述べ、巻紙を見せ、確認してもらうよう武器を手渡し、決闘に関する規則をすべて聞き、三つの大いなる宣誓をすませると、とうとう最後の儀式が待つだけとなった。

命を賭した決闘はフランスではめずらしくなっているうえ、とくに貴婦人の命運を賭けた決闘はほとんどおこなわれていなかった。この裁判で主要な証人でもあるマルグリットは、ふたりの闘士が宣誓をすませたあと、自分自身も宣誓をしなければならなかった。

ジャン・ド・カルージュが妻に近づいていくと、彼女のまえに立ち、面頬を上げ、つぎのことばを述べた。

「妻よ、汝の証言により、わたしはジャック・ル・グリとの決闘に命を賭けようとしている。汝は、わたしの主張が正しく、真実であることを存じているな」

大観衆がだまって耳を傾け、マルグリットに視線を注ぐなか、彼女はこう答えた。「ご主人さま、そのとおりでございます。ご主張が正しいことを証明するために、自信をもって闘われますよう」

最後のことば　マルグリットが馬車のなかから、決闘が開始される直前、ジャンに別れを告げている。Jean de Wavrin, Chronique d'Angleterre. MS. Royal 14E. IV, fol. 267v. By permission of the British Library.

これにたいして、カルージュは簡潔に応えた。「神の御手にゆだねるといたそう」

これが、ジャン・ド・カルージュとマルグリットのあいだでかわされた決闘まえの最後の会話だった。ふたりとも、これが人生最期の会話になるかもしれないことがわかっていた。

それから、カルージュが「妻に接吻をし、彼女の手を強く握り、十字を切った」。こうして最後の抱擁をすませると、カルージュは試合場右側にある自分の席に戻った。

ある年代記作家は、試合場へとはいっていく夫の姿を不安そうに見守るマルグリットのようすを描写している。

「夫人は試合場の端に座ったまま、神と聖母マリアに熱心に祈っていた。どうか自分の権利にしたがって、きょう、勝利をもたらしてくださいますようにと、心をこめて祈ったことだろう。彼女は大きな不安に襲われていただけでなく、自分の命さえあやうい状態にあった。なにしろ、夫が最悪の結果を迎えたばあい、自分には上訴する権利もなく、火あぶりの刑に処されるのだから。わたしには——彼女と話したこともないので——自分と夫がこのような危険な目にあう事態を招いてしまったことを、彼女が何度も後悔したかどうかはわからない。だが、もうこうなっては、あとは結果を待つしかなかった」。

マルグリットは実際、大きな危険に直面していた。シャルル六世の治世では異端者をでっちあげ、王室が正式に処刑に及んだというぞっとするような死刑の例があった。以下の例を見れば、夫が決闘で負けようものなら、マルグリットの身にどれほどおそろしい運命が待っているか、想像がつくというものだ。「かれらは男を急がせた。炎の準備はできていた。広場には絞首台が用意され、はりつけ柱が立てられ、足元には重い鉄の鎖がつけられた。もうひとつの鎖は、はりつけ柱の上部にあり、鉄の首かせをぶらさげている。この首かせは、ちょうつがいでひらくようになっている。これを男の首にまわし、ちょうつがいで閉じると、強く引っ張りあげるので、男は長くはもたないだろう。そして、もういっぽうの鎖を身体にまわし、はりつけ柱に強く縛りつけた。男がはりつけ柱にくくられ、身動きできないようになると、周囲に大量の薪が置かれ、火がつけられた。火はあっというまに燃えあがった。その場で男は吊るされ、燃やされ、フランス国王はそうしたければ、自室の窓からそのようすを見物することができた」。

マルグリットが火あぶりの刑に処されれば、やはり、フランス国王は彼女が死ぬようすを見物することができただろう。国王から、もっとも位の低い農奴まで、中世の人々は拷問や死刑といった残酷きわまる光景の見物に殺到し、子どもでさえよく火あぶりの刑、絞首刑、溺死の刑、生き埋めの刑など、数々の残酷な刑をよく目の当たりにしていたという。記録によれば、火あぶりの刑に処された者は炎に包まれ息絶えるまでに、三〇分ほど苦しんだそうだ。

マルグリットは自分の運命が決まろうとしている試合場を見守りながら大きな不安に襲われていたと、前述の年代記作家は描写しているが、これには少々誇張が含まれているかもしれない。そのうえ、自分の命のみならず、夫の命まで危険にさらしてまで告発したことを後悔しているのではないかと、想像している。しかし、彼女と話したことはないのだから、彼女が実際のところなにを考えていたのかは、自分には知るよしもないと認めている。そして、彼女がこの苦悩の瞬間になにを感じ、なにを考えていたのかという疑問については、それ以上の深追いを避けたのだった。

注15　一三〇〇年代、鎖かたびら（鉄の輪で編まれている）一式には、徐々に、弩の矢や先端の尖った鉄槌など、甲冑を突き刺すことのできる新たな武器を寄せつけぬようデザインされた、鋲で留められた鉄板がくわえられていった。すべてが鉄板でできた最初の一式は、一三八〇年頃に見られるようになった。しかし、多くの重騎兵は鎖かたびらを身につけ、板金と組み合わせた脚絆を利用していた。そして鎖かたびらは、両腕、両脚、関節の背面を保護していた。

注16　一三八六年一二月一九日にナントで起こった殺人事件をめぐって、ふたりの貴族が闘った。この決闘は、フランス国王にもパリ高等法院にも認められていなかったが、独立しているといってもいいブルターニュの公爵によって認められていた。

注17　聖ジョルジュは、竜を退治したといわれる高名な聖人で、騎士の守護聖人だった。

9 死闘

すべての儀式がとりおこなわれ、すべての口上が述べられると、とうとう決戦のときを迎えた。ジャン・ド・カルージュとジャック・ル・グリは、それぞれの陣地の天幕へと姿を消した。そこでは従者たちが甲冑や武器の最後の確認を注意深くおこなっていた。司祭たちが祭壇、十字架、祈禱書を急いで運びだし、試合場から聖なるものがすべてとりのぞかれたことを確認した。祭壇が置かれていた場所の砂をふたりの従者がなめらかに掃きあげ、試合場はふたたび、しみひとつない白い矩形の広がりとなっていく。そのようすを、国王、廷臣、そして大観衆が胸を高鳴らせて見守り、決闘の開始をいまかいまかと待っていた。

ふたりの闘士が準備がととのったことを身振りで知らせ、関係者が全員、門から外にでると、紋章官がふたたび試合場の中央に歩みでた。彼は国王と対面して立ち、場内が静まるのを待った。シーッという声が観衆のあいだに広がり、聞こえてくる音といえば、天幕の頂上で赤と銀色の三角旗がはためく音と、乗馬用ベンチのそばで待機している軍馬が鼻を鳴らす音だけとなった。

突然、試合場の隅から隅まで聞こえるような大声で、紋章官が叫んだ。

「Faites vos devoirs!」（本分を尽くせ！）

この号令を、三回、叫びおえるまえに、法にのっとり、ふたりの闘士が武器を横腹に差し、前頬を下ろして留め金でとめ、天幕から姿をあらわした。そのあとに、不安そうな従者の一団がつづいた。カルージュとル・グリは、試合場の両側にある門の外で待機している自分の馬のほうに大股で歩いていった。男たちは馬の横に置かれた乗馬用ベンチに鉄でおおった足をしっかりと置き、つぎの指令を待った。

紋章官が試合場からでていくと、こんどは式部官がでてきた。貴族の立会人が四人、それぞれの位置に立ち、ふたり一組の騎士たちが試合場の両端にあるひらいた門のまえに立ち、ふたりのあいだに平衡の槍を掲げ、道をふさいだ。式部官は試合場の中央に立ち、白い手袋をひとつ、掲げた。すべての目が式部官に向けられた。準備をととのえたふたりの闘士が軍馬の横に立ち、耳をそばだて、食いいるように試合場のようすを見ている。式部官がゆっくりと頭上に高々と手袋を掲げた。そして、ふいに手袋を前方へと投げ、慣例となっている号令を叫んだ。

「Laissez-les aller!」(はなて!)

手袋が地面に触れるまえに、あるいは、式部官が三度目の号令を叫びおえるまえに、闘士たちは鞍頭に手をかけ、従者たちの手を借り、鞍へと自分の身体をもちあげた。馬に並んで立っていた従者が闘士に槍と盾を押しつけた。闘士たちはすでにベルトに剣や短剣を差しており、より長い第二の剣と斧を鞍の輪から吊るしていた。最後に残された扱いにくい槍が、鞍につけた槍置きに据えられた。それぞれの闘士が乗馬し、武器をすべて携帯すると、従者たちが飛びのいた。この乗馬の作業が、決闘まえに認められた人間の手で手伝うことのできる最後の接触だった。これからは、それぞれの闘士が自力でやりとげねばならない。

ジャン・ド・カルージュとジャック・ル・グリはすぐに拍車をあて、馬を前進させた。試合場を封鎖していた四人の立会人が槍を落とし、わきに飛びのくと、試合場の両端にある門から闘士たちが突撃してきた。衛兵がすぐに音をたてて重い扉を閉め、錠をおろし、武器を構えてその横に立った。式部官が王室の観覧席の正面にある小さな中央門からあわてでていき、注意深く錠をおろした。

カルージュとル・グリは、こうしてふたりきりで試合場に閉じ込められた。二重の木の柵と衛兵たちが掲げる鉄の障壁で、逃げ道はすべて閉ざされている。門のすぐ内側で、かれらは馬をとめ、下げた面頬から試合場をながめ、敵のようすをさぐった。馬はいらいらと足を踏み鳴らしている。「かれらは腕がよかったため、みごとに馬を御していた。そしてフランスの諸侯たちは、そのようすを大喜びで見ていた。なんといっても、諸侯たちはふたりの男の闘いを見物しに、はるばるやってきたのだから」。

大観衆が鬱積した興奮を沸騰させ、命を狙う敵同士はたがいのようすを食いいるように見た。甲冑の内側は、すでに汗でびっしょり濡れている。炎と水がたがいに消滅を求めるように、ふたりの男たちはそれぞれ、敵の死を願っていた。

囲いのある決闘場で、まず囚われの身となった男たちは、これから厳しい試練に直面する。片方の男が虐殺され、片方の男は正義という名のもとに身の潔白を証明することになるのだ。カルージュとル・グリはいっさいの慈悲をまじえず、闘う。それも、つぎの三つのうち、いずれかが起こるまで。ひとつ、どちらかの男が相手を殺し、告発の真実をあきらかにし、敵に罪があることを立証する。ひとつ、偽誓したことを相手に認めさせ、その結果、有罪を宣告された男の絞首刑が即座におこなわれる。ひとつ、片方の男が相手を試合場から追いだし、敵が有罪であることを立証し、敵に有罪判決をくだす。

かれらは容赦なく闘うだけでなく、規則もなしに戦う。死闘では、友好的な武芸競技大会とは異なり、背中から突き刺そうが、かぶとの目のあたりにある隙間から突き刺そうがかまわない。砂をかけて敵の目を見えなくしようが、敵をつまずかせようが、蹴とばそうが、敵に飛びつき、馬から突き落とそうが、かまわない。一一二七年、フランドルでおこなわれた決闘では、闘いに疲弊したふたりの闘士がついに武器を投げだし、馬から降りると地面で取っ組み合いをはじめ、たがいに鉄の籠手で殴りあった。そして最後にとうとう、ひとりが相手の甲冑の下に手を伸ばし、睾丸を引きちぎり、その場で相手を殺害したといわれている。騎士道精神は馬上槍試合ではまだ発揮されていたし、決闘裁判のまえにおこなわれる儀式にも見られたが、実際に決闘がはじまってしまえば、騎士道精神は消滅するのだった。

ジャン・ド・カルージュが上訴人として最初に突撃し、決闘の火蓋が切られた。カルージュは槍置きで槍を支えたまま、右脇できつく押さえ、下段に構え、慎重に敵に狙いを定めた。そして馬に拍車をあて、試合場へと進みはじめた。ジャック・ル・グリは敵が動きはじめたことを確認すると、すぐに自分も槍を低く構え、馬に拍車をあて、敵めがけてまっしぐらに走りだした。

相手めがけて試合場を走りだした瞬間、ふたりのあいだの距離は七〇ヤード以上離れていた。しかし、強靭な軍馬は、ほんの数秒で全速力での駆け足から停止することができる。

時速一〇～一五マイル程度の穏やかな速足でも、たがいに近づいていくわけだから、五秒もあれば二頭の馬は接近する。

試合場の脇にある台からようすを見ていたマルグリットにとって、その数秒間は永遠にも思えたことだろう。彼女は、夫が槍を低く構え馬を走らせるようすを、白い砂煙をあげて疾走する馬の肢が地面を蹴るたび、わき腹の筋肉が収縮するようすを見ていた。その直後にジャック・ル・グリが試合場の反対側で突撃をはじめると、蹄が立てる重々しい音があたりに響きわたった。試合場のすべての視線が、ふたりの突撃する闘士と、かれらの水平に構えられた槍に注がれた。

これは馬上槍試合ではないため、試合場の中央には馬の衝突を防ぐための柵は設けられていなかったが、ふたりは「ひもで引っ張られているかのように、一直線に進んでいった」。ふたりの闘士はたがいに速度を上げて近づき、鋭い鉄の槍の先端がまるで必殺の飛び道具のように宙を切った。馬、人間、甲冑、槍が一体となった重みが、槍の先端に一トンもの運動量となってかかっていた。疾走する槍の一撃は、盾や甲冑、そして人間の肉を貫通し、骨まで届くだろうし、板金の継ぎ目を切り裂き、肩を脱臼させるだろう。あるいは敵を鞍から突き落とし、重い武具をつけたまま地面に叩きつけることだろう。そうなれば、敵は骨折や脱臼、ねんざを負う。

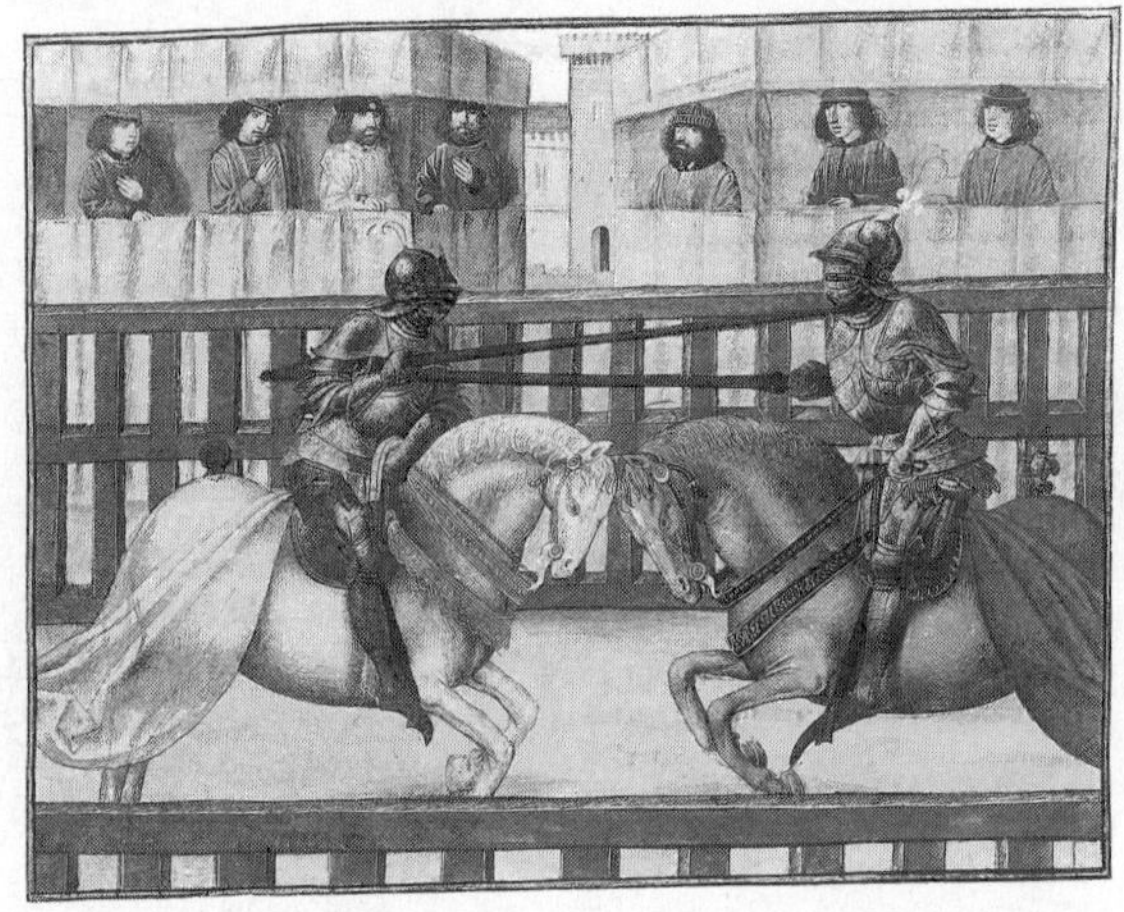

馬上槍試合　ふたりの馬上の闘士が、槍を低く構えている。周囲は重い木材の柵で囲まれている。Jeane de Wavrin, Chronique d'Angleterre. MS. Royal. 14 E. IV, fol. 81. By permission of The British Library.

疾走する闘士とともに槍の先で槍旗がはためき、飾り馬衣が舞いあがる砂埃の上でさざ波をたてた。雄馬がたがいをめざして疾走するなか、磨きあげられた鉄のかぶとと甲冑の板金に陽射しが反射し、試合場の周囲に光線を投げかけた。試合場の中央には、式部官の白い手袋が落ちたまま砂上にあった。

そのすぐそばの地点で、突撃してきたふたりの闘士はおそろしい衝突をとげ、「盾が真正面から激しくぶつかりあい、その反動で、ふたりの闘士は地面に突き落とされそうになった」。激しい衝撃に見物人がひるむなか、それぞれの男は「馬の尻のほうにのけぞった」。しかし、そこは両名とも乗馬の名手、「ふたりは馬を足で挟みつけ、なんとか乗りつづけた」。おなじ長さの剣で同時に突きあったため、どちらの男にもおなじだけの衝撃が及んだ。どちらも傷を負ってはいなかったし、地面に投げだされもせず、槍や盾を落としてもいなかった。突かれた衝撃から体勢を立てなおすと、「どちらも、自分の陣地のほうに戻り、しばらく休憩し、息をととのえた」。

二回目の突撃に備え、ふたりは槍先を前回よりやや高く掲げ、敵の頭に狙いを定めた。ジャン・ド・カルージュは槍を低く構え、「盾を強く握り、馬に拍車をあてた。カルージュが突撃をはじめたのを確認すると、敵はしりごみすることなく、一直線にカルージュめがけて走りはじめた」。憤怒の形相でたがいに突撃すると、ふたりはふたたびおそろしい衝突をとげ、「たがいに鉄のかぶとを槍で突きあうと、みごとに命中し、かぶとからは火花が飛びちった」。しかし、槍の刃がかぶとのてっぺんを刺したため、「槍はかぶとの上をすべり、ふたりは傷つけあうことなく、たがいに通りすぎた」。

闘士たちは「火照(ほて)って」いたため、三回目の突撃に備え、ふたたび息をととのえた。そして「盾をしっかり握りなおすと、前頬の隙間から相手のようすをうかがった」。それからまた拍車をあて、「槍を低く構え、足を踏ん張った」。こんどは、ふたりとも相手の盾に狙いを定めた。足音を轟かせながら試合場を走りぬけ、ふたりは「すさまじい激しさで衝突し、たがいに鉄の槍先で盾を突いた。そのおそろしい物音が、試合場の周囲の石壁にこだました。

一撃の力が槍を粉砕し、槍の破片が「放りだされるよりもずっと高く、宙へと飛んでいった」。どちらの槍も軸のところで折れ、鉄の先端は折れた柄とともに、それぞれの盾に突き刺さったままとなった。この一撃の衝撃で「馬はよろめいた」。そして、闘士たちはその衝撃でうしろに押し倒され、あやうく馬から落ちそうになった。しかし、槍が折れたため衝撃がやわらぎ、双方の闘士とも、なんとか鞍の上にとどまっていられた。「槍が折れていなかったら、闘士のひとり、あるいはふたりとも、地面に落馬していただろう」。

カルージュは呼吸をととのえると、ゆっくりした駆け足で試合場の端へと進み、向きを変え、役に立たなくなった槍を投げすて、突き刺さった槍の先端を盾からねじりとった。それから、鞍の輪から斧をはずした。ル・グリも試合場の反対側でおなじことをした。

斧の準備がととのうと、ふたりの男はふたたび馬を走らせたが、今回はゆっくりとした速度で進み、有利な位置をとろうとした。試合場の中央に近づくと、ふたりは円を描きながら相手との距離を縮め、とうとう、馬の鼻が相手の馬の尾につくほど近づいた。ここまで接近すれば、男たちは斧をつかみ、相手を攻撃することができる。

馬が円を描き、四方に砂塵を蹴りあげるなか、ふたりの男たちは「胴と胴、胸と胸」をくっつけあわんばかりにして、斧を振りあげ、ぎらぎらと頭上で刃を輝かせた。こうして騎士道における死の舞踏をくりひろげながら、ふたりは数回、斧で相手をとらえようとした。そして馬に乗ったまま、たがいの身体を前後に引っ張りあいながら、それぞれが「斧の湾曲した刃で相手を引っかけ、敵のバランスを崩し、鞍から落とそうとした」。

何度か、ふたりは馬を走らせ、ぱっと離れては、相手を真っ二つに切り裂こうというように、ふたたび斧を掲げて近づいた。まえに後ろにと、獰猛に斧を振りおろすふたりの下で、馬は揺れた。ふたりともあまりに近づいていたので、闘士たちはたがいを鐙（あぶみ）のついた足で蹴りあい、鉄靴が甲高い音をあげた。ふたりはなんとか馬を操っていた。

片手で闘っていたときには片手で盾を掲げ、相手の攻撃から身を守ることができた。しかし、片手では満身の力をこめて斧を振るうことができない。そこで盾はぶらさげたままにし、両手で斧をもち、振りまわしては、斧で攻撃と防御の両方を同時におこなった。鉄の刃が甲高い音を、木の柄が鈍い音をたててぶつかった。

斧による闘いはどちらかが優位に立つこともなく激しくつづき、しだいに、ふたりの男は疲弊しはじめた。「何度か、ふたりは距離を置いて休憩をとり、呼吸をととのえ、そのあとにむなしくまた闘いを再開したのだった」。

とうとうジャック・ル・グリが馬に拍車をあて、走り去った。いかにも、ここで休憩をとるというように。しかし、すぐに馬を回転させると、カルージュめがけて一直線に走ってきた。ル・グリの攻撃を防ごうと、カルージュが盾を掲げた。ル・グリは急に向きを変えると、両手で斧を振りあげ、渾身の力をこめて振りおろした。刃がカルージュの掲げた盾に傾斜してぶつかり、はねかえると、そのまま馬の首に突き刺さった。たてがみに沿って鼻づら（chanfrain）からぶらさがっている、馬用の板金の重なった部分を貫通したのである。

刃が馬の脊髄を薄くけずると、馬は大きくいななき、カルージュの下で震えた。肢が曲がり、砂に沈んだ。鼻孔と首から血が吹きだした。馬が地面にくずおれると、カルージュは倒れた馬から飛びおりた。冷静さを失わず、手にはしっかりと斧を握っている。

とどまることなく、ル・グリはふたたび向きを変えると、馬を失ったカルージュを威嚇するように斧を高々と掲げ、突撃してきた。カルージュを圧倒し、ル・グリは血まみれの刃の前後の向きを逆さにし、くちばし状に尖った先端をカルージュに向けた。その鋭い金属の切っ先は、かぶとを貫き、頭を打ち砕くこともできる。とくに地面に立っている敵に向かって、馬上から高く振りおろすときには。

カルージュは、ル・グリが馬上で斧を掲げて近づいてくるのを見、背後で自分の馬が死の激痛に苦しんでいるのを聞くと、のたうちまわる蹄から飛びのき、自分も斧を構え、ル・グリを正面から見すえて立った。ル・グリがまたもや両手で斧を振りあげると、カルージュは突然脇に飛びのき、なんとか攻撃をかわした。ル・グリは勢いあまってバランスを崩し、動く敵を追おうと馬上で身体をねじった。

ル・グリの馬が横を通りすぎると、カルージュは突進し、斧の槍状の先端を、敵の馬の下腹部、ちょうど腹帯の下あたりに突き刺した。斧の頭――槍状の先端、刃、くちばし状の鉄槌――が、馬の内臓をとらえ、疾走する馬はカルージュの手から斧の柄をもぎとり、そのまま前進していったが、やがて断末魔のいななきをあげた。ル・グリの軍馬の四肢から力が抜けた。そして肢をばたつかせているカルージュの軍馬のほうへと、這うように進んでいった。驚いたル・グリは反動で鞍からまえに投げだされそうになったが、まだ馬にまたがったまま、斧を握っていた。そして二頭の死にゆく馬の上で、不安定に座っていた。

斧を失ったカルージュは剣を抜いた。ベルトに差してあった短いほうの片手用の剣(estoc)だ。長いほうの両手用の剣は、死にかけている馬の下敷きになっている鞘のなかだった。

ル・グリは鞍から飛びおり、肢をばたつかせる馬から逃げようとしてあわて、つい斧を捨ててしまった。走りながら、ル・グリも自分の剣を抜いた。そして、重なるようにして倒れ、息も絶え絶えになった馬たちを挟み、カルージュのほうを向いた。

ふたりとも息を切らしており、呼吸をととのえ、足に力をとりもどすため、しばらく動きをとめた。このあいだずっと、観衆のあいだからは物音ひとつ聞こえず、夢中になったあまり、そして恐怖のあまり身動きできなくなったかのように、全員が固唾を呑んでなりゆきを見ていた。マルグリットは木の手すりを握り、身をのりだしていた。身体はこわばり、顔からは血の気がひいていた。

最初に動きを見せたのは、カルージュのほうだった。抜いた剣で敵に挑もうと、大股で馬の周囲をまわっていったのである。ル・グリは迷っていた。斧を拾いにいくか、それとも、積み重なった馬に刺さったままになっている二本の長い剣の一本をとりにいくか。ど

徒歩での剣の闘い　ふたりの闘士が剣で闘っている。囲いの外から、役人や見物人がながめている。MS. fr. 2258, fol. 22r. Bibliothèque Nationale de France.

ちらかをする時間の有無を計算していたのだろう。短いほうの剣の横には、どちらの男もベルトに短剣を差していた。

カルージュが近づいてくると、ル・グリは王室の観覧席のほうに数歩、後退した。そして、平らでなめらかな砂上にしっかりと足を据えると、剣を掲げて迫ってくるカルージュに身構えた。

馬上での槍や斧での一騎討ちで疲弊しきっていたうえ、いまは馬も失い、みずからの足で立っているふたりには、重量六〇ポンドもの甲冑の重みがずしりとのしかかっていた。おまけに、片手には剣と盾をもっており、ふたりは攻撃せんと敵を突こうとしたり、攻撃をよけて飛びのいたり、身体をねじって敵の一撃を受け流したりするたびに、身体のバランスをとりなおさなければならなかった。冬の寒さにもかかわらず、ふたりは甲冑の下で大量に汗をかいていたが、乾きをいやすためにワインに手を伸ばしたり、面頬をつけた顔の汗をふくために手から籠手をはずしたりする暇はなかった。

王室の観覧席のまえに立ち、ふたりは剣を掲げ、たがいに有利に立とうと虎視眈々と機会を狙いながら、慎重に円を描いた。突然、ふたりは近づき、「たがいに前進し、憤激しつつ、勇猛果敢に攻撃をはじめた」。初めこそゆっくりだったが、徐々に速く、ふたりは剣を振り、相手を突き、攻撃から身をかわしはじめた。ふたりとも「おそれを知らずに」

闘っていた。

鋭い鉄の刃が宙でぶつかり、甲冑の板金に当たって音をたてて木製の盾に振りおろされ、修道院の壁に残酷な歌がこだました。青白い冬の太陽はほとんど影を投げかけず、ただ鉄の刃と磨かれた甲冑に反射してぎらりと光るばかりで、厚い木の柵の外側にいる者にとっては、急速に展開する決闘を追うのがいっそうむずかしくなっていた。

あちらにこちらにと目まぐるしくふたりが動くなか、闘士たちの重い鉄靴が地面を蹴るたびに舞いあがる砂埃のせいで、やがて観衆には決闘のようすがほとんど見えなくなった。だれもが畏怖の念に心を奪われていた。なかには、この決闘の勝敗で賭けをしている者もおり、いったいどのような結末を迎えるのだろうと、だれもが息を殺していた。

ジャン・ド・カルージュはずっしりと甲冑の重みを感じつつ立って闘っているうえ、その日、急に襲われた発熱にも苦しんでいた。おそらく発熱のせいで、カルージュの反射行動にやや遅れが見られたのだろう。あるいは、敵の剣に日光が反射し、一瞬、目が見えなくなったのかもしれない。いや、ひょっとすると、一瞬、マルグリットのほうに目をやってしまったため、ル・グリがその運命の瞬間を逃さず、カルージュをなんなくとらえたのかもしれない。

原因はなんであれ、ふたりはあえぎながら円を描き、たがいを追い、剣で相手を「突き、振りおろし、切りつけ」つづけた。と、ふいにル・グリが間隙を見つけ、前進すると、カルージュの足めがけて剣を振りおろし、その腿に突き刺した。剣先がカルージュの肉にぐさりと刺さり、ジャン・ド・カルージュは鋭い痛みを感じた。傷口から血が吹きだし、どくどくと脚に流れはじめた。

「流れだした血を見ると、見物人のあいだに震えが広がり」、観衆は、低いうめき声をあげた。一般に、脚の傷、とくに腿の傷は非常に危険だった。脚の傷は急速な出血を引き起こし、闘士を動けなくするうえ、攻撃はおろか、わが身の防衛さえままならぬ状態にするからだ。

ジャン・ド・カルージュは、いま、決闘に負ける瀬戸際にあり、「彼を愛するすべての者が、恐怖におののいた」。マルグリットは夫が負傷し、試合場で血を流しているのを見ると、木の手すりにもたれかかった。あと、ほんの数秒で勝負がつくだろう。「決闘を目撃している者全員が、大きな恐怖に襲われ、身じろぎもできなくなった。口という口が動きをとめた。観衆はほとんど息もつけなかった」。

このとき、ル・グリは致命的なまちがいを犯した。このまま自分の優位を保つのではなく、カルージュの傷ついた腿から剣を引きぬき、後退したのである。「腿に刃を刺したままにしておけば、傷はカルージュにとって致命的なものになっていただろう。しかし、ル

・グリは即座に、剣を引きぬいてしまったのである」。
ル・グリは、もう完全にカルージュをしとめたと思ったのだろうか？　あと数分も放っておけば出血のすえ死ぬだろうと高をくったのだろうか？　それとも、傷を負ってはいるものの、手ごわい敵とは剣が届かない程度の安全な距離を置き、慎重にそばにとどまったうえで、カルージュがけがと出血で衰弱するのを待ち、とどめを刺そうと思ったのだろうか？

いずれにせよ、ル・グリが後退した瞬間を、ジャン・ド・カルージュは見逃さなかった。傷口は痛んだものの、「騎士は、打ち負かされるどころか、よりいっそう決闘への執念を見せ、ありったけの力と勇気を振りしぼり、敵のほうに大股で進んでいった」。

虚をつかれた敵にむかって、カルージュは試合場に響き渡るよう、声を張りあげた。

「きょうのこの日、われらの争いに決着がつく！」

つぎに起こった出来事に、観客全員が度肝を抜かれた。「ジャン・ド・カルージュは左手でジャック・ル・グリのかぶとの先をとらえ、そのまま自分のほうに敵を引っ張ると、ふいに数歩後退し、敵を地面に引き倒した。ル・グリは地面にあおむけになると、みずからの甲冑の重さで、もう二度と立ちあがることはできなかった」。

この不意討ちでカルージュは形勢を逆転させ、突然、優位に立った。ふいに倒されたあげく、甲冑のせいで立ちあがれなくなったル・グリは、地面からでは剣を突くことも、振りまわすこともかなわなかった。カルージュはいま、ル・グリにのしかかるように立ち、剣を振りかざしている。砂上で無力に横たわるル・グリがどんな抵抗をしてこようと、楽々と受け流すことができる体勢で。

強靭な男なら——たしかにル・グリは非常に強靭だといわれていた——重厚な甲冑を着ていても、立っていれば、すばやく動くことができたろう。しかし、転んだり倒れたりしたあと、重い甲冑を着た男が立ちあがるのは、またべつの話だった。とくに敵が自分の上にのしかかるように立ち、剣を振りおろすか、狙いを定めて鉄靴で蹴りつけてやろうと身構えているのだから立ちあがるのは至難のわざだ。倒れた騎士はロブスターのように殻ごと殺される運命にあった。

しかし、カルージュが荒い息を吐きながら倒れた敵の上に立ちはだかり、剣を構え、とどめを刺す機会を狙ってはいたものの、まだジャック・ル・グリに最期の瞬間は訪れなかった。ル・グリは地面にあおむけになり、防衛するすべもなかったとはいえ、傷を負い、血を流しているカルージュは、ル・グリの甲冑のどこに剣を刺せばいいのかわからず、狼狽していたのである。「彼は時間をかけて、敵の甲冑に裂け目や隙間がないものかと、目を皿のようにしてさがした。しかし、どう見ても、ル・グリはつま先から頭まで、鉄でおおわれていた」[注18]。

敵を地面に倒し、事実上、敵から武器を奪ったも同然だったとはいえ、カルージュは疲弊し、重傷を負っていた。ぐずぐずしている時間はない。彼の生命力と力強さは、どくどくと腿の傷口から血とともに流れだしていた。そして、ル・グリが堅牢な甲冑で身を守っているうちに、形勢はゆっくりともとに戻りはじめた。ル・グリがこのままもちこたえれば、カルージュは大量の血液を失い、決闘をつづけられなくなるかもしれない。いや、このまま、出血多量で死ぬおそれもあった。

ようやく獲得したにもかかわらず、指のあいだからすりぬけようとしている優位を、カルージュはなんとかして維持しようとした。そこで器用に剣を突くと、ル・グリの手から剣をはずし、倒れた敵に飛びかかった。

こんどは、地面での死闘がはじまった。カルージュはル・グリにまたがると、胸の両脇を膝で押さえつけ、剣先で敵のかぶとを突き刺しはじめた。ル・グリは敵を振りおとそうと足を蹴りあげ、四方八方に砂を撒きちらした。カルージュの剣先は、ル・グリの堅牢な前頬に斜めに当たっては、地面を刺しつづけた。

とうとうカルージュが突くのをやめ、前頬が上がらないようにしている留め金を不器用にさがしはじめた。ル・グリはカルージュの目的を察すると、いっそう強く抵抗をはじめた。左右に激しく頭を振り、留め金をさがそうとする手を妨害しようと、必死で首をねじりつづけ、そうしながらもずっと自分の剣を手探りでさがしつづけた。ル・グリはまだベルトに短剣を差してはいたものの、カルージュに馬乗りにされていたため、鞘から抜くことができなかったのである。

ふたりの男が取っ組みあっているようすに、大観衆は魔法をかけられたように見いっていた。恐怖で身動きできなかったのだ。やがて、カルージュがル・グリになにごとか叫びはじめた。その声は前頬でくぐもっていたが、そばにいた見物人には聞きとることができた。

「自白しろ！　自白するんだ！」

ル・グリはいっそう激しく頭を左右に振った。おまえが前頬の留め金をはずそうとするのに抵抗するのと同様、自分の罪を認めるのは断固として拒否する、と言うように。

カルージュは鉄の籠手をつけたまま、血まなこになって不器用に留め金を手でさぐりながら、また剣を使いはじめた。こんどは剣を上下逆さにすると、つばをもち、その鉄の重い柄を、さがしあてた留め金に叩きつけた。金属と金属がぶつかる音は、試合場の隅々まで響きわたったことだろう。そしてまた、かぶとのなかの騒音は、ひどいものだったにちがいない。ル・グリは必死で左右に頭を振りつづけたが、カルージュは狙いを定めやすくしようと、片手で敵のかぶとを押さえつけた。

カルージュは出血をつづけており、力強さもまた失われつつあった。カルージュの動きは徐々に緩慢になり、一撃をくわえるたびに、もっと注意深く狙いを定めようと動きをとめるようになった。ついに、何度も剣の柄で鋭い攻撃をくわえたあと、カルージュは鉄の留め金をゆるめることに成功した。前頬が音をたててひらき、額からあごの下まで、ル・グリの顔があらわになった。

ル・グリは差しこんできた光と、目のまえに迫る敵の前頬に、まばたきをした。

カルージュは短剣を引きぬき、ふたたび叫んだ。「自白しろ！」

ル・グリは容赦のない敵にまたがられたまま、試合場全体に聞こえるよう、声をかぎりに叫びかえした。

「魂がどれほど危険にさらされようと、神の名に誓って、わたしは無罪潔白だ！」

「では、これでもくらえ！」カルージュが叫んだ。

カルージュは敵のかぶとを押さえつけ、もう片方の手で短剣の先をル・グリのあごの下に定めた。そして渾身の力を振りしぼり、むきだしになった白い肉めがけ、切っ先をずぶりと突き刺した。短剣はそのまま、柄の部分まで喉に埋まった。

ル・グリの身体に痙攣が走り、傷口から血が噴出した。両の眼が閉じたりひらいたりし、窒息寸前の息で喉がぶきみな音をたてた。そしてカルージュの下で、ふたたび身体に震えが走り、四肢から力が抜け、ル・グリはだらりと横たわり、動かなくなった。

一、二分が経過しただろうか。カルージュはまだ敵にまたがっていた。そして敵が完全に息絶えたことを確認すると、血がしみこんだ砂の上で動かぬ死体に短剣を突き刺したまま、ゆっくりと立ちあがった。

疲労と出血で衰弱しきったカルージュは面頬をゆるめ、振り返ると、妻のほうを見た。マルグリットはいま、手すりにしがみつき、涙をぬぐっている。観衆が静かに見守るなか、夫妻は長いあいだ見つめあった。そして視線をかわしているあいだに、ふたりとも力をとりもどしたようだった。

王室の観覧席のほうを向くと、カルージュは国王に一礼した。そして、その両側に軽く会釈をし、目のまえの流血の惨事に圧倒され、呆然としている大観衆に謝意をあらわした。カルージュは頭をうしろにそらせると、喉の渇きと疲れでしゃがれた声を振りしぼるようにして叫んだ。

「Ai-je fait mon devoir?（わたしは義務をはたしたか？）」

一万の声——厳罰を与えるぞと脅され、決闘開始からずっと押しだまっていた——が、一斉に答えた。

「ウイ！　ウイ！」

カルージュが勝利をおさめたことを認める観衆の咆哮は、試合場の空高くに響きわたり、重い沈黙がつづいていた修道院の壁の外へと反響していった。サン・マルタンの町を越え、その向こうのパリの路上でも、人々はその歓声を聞きつけ、いったい何事だろうと、しばらく動きをとめた。おそらく、あの有名な闘いに決着がついたのだろうと思いはしたものの、パリの住民にはどちらが勝ったのかまではわからなかった。

観衆の大歓声が古い修道院の石壁に反響するなか、衛兵たちが右手の門を勢いよくひらくと、ジャン・ド・カルージュが片脚を引きずりながら試合場からでてきた。門のところで、カルージュはひとりの従者の出迎えを受けた。従者はすばやくカルージュの腿の板金の留め金をはずし、傷口を清潔な布で巻いた。それがすむと、カルージュは王室の観覧席のほうに歩いていった。妻を抱擁し、ふたりの勝利を祝うまえに、国王に敬意の念を払わなければならない。なにしろ、国王はまだこの決闘裁判の裁判長を務めていたのだから。

観衆がふたたび静かになり、勝者はゆっくりと試合場の周囲を歩いていき、ようやく国王の観覧席のまえに立った。シャルル国王、彼の伯叔たち、そして廷臣たちが、砂塵と血にまみれた甲冑を着て立っている、ぼろぼろになりながらも勝者である騎士を驚異の念で見つめた。自分よりも強く、健康なル・グリにたいして、苦戦のはてにきわどい勝利をおさめたカルージュは、まるで「奇跡のよう」に見えたと、ある目撃者は語っている。

ジャン・ド・カルージュは君主のまえにひざまずいたが、「国王は彼を立ちあがらせ、彼に一〇〇〇フランを見せると、生涯、二〇〇フランの年金を与えるとともに、評議会の一員に迎える」と述べた。シャルル国王はまた自分のお抱え医師に、宿までカルージュに付き添い、傷の手当てをするよう命じた。

カルージュはやっとの思いで立ちながら、気前のいい贈り物に感謝し、ふたたび頭を下げた。そして観覧席からあとずさりをし、向きを変え、足を引きずりながら、それでも以前よりは足早に試合場をまわり、妻のもとへと向かった。

もう衛兵から解放されていたため、マルグリットは足場の下で待っていた。カルージュは「妻のところに歩いていき、彼女を抱擁した」。夫妻はじっと抱きあったまま、動かなかった。夫は汚れた甲冑に身を包み、妻は長い黒のガウンを着ており、観衆が見つめるなか、ふたりはかたく抱きあっていた。決闘の直前、これで最後になるかもしれぬと、夫妻は接吻と抱擁をかわしていた。しかし、決闘のあとの再会は、まったく異なるものに感じられたことだろう。神がふたりの祈りをかなえてくださったのだ。長い試練は終わり、ふたりは晴れて自由の身となったのである。

ジャンとマルグリットが再会をはたすと、試合場の隅に押し寄せた歓喜した親族や友人もくわわり、勝利を獲得した夫妻ら一行はパリへ向かい、「自宅へと急ぐまえに、感謝の祈りを捧げるため、ノートルダム大聖堂に足を運んだ」。その日の早朝、決戦の場へとふたりが入場したときは、格式張った行列にくわわらなければならず、夫妻は離れ離れにさせられたが、こんどは親族、友人、従者を背後にしたがえての凱旋といえた。

しきたりによれば、決闘の勝者は敵を殺害した武器を披露しながら、「馬の背に乗り、甲冑を着て」試合場を去らなければならない。そこでジャン・ド・カルージュはサン・マルタン・デ・シャン修道院から凱旋をはたす際には、試合場に乗っていった乗用馬に乗り、ジャック・ル・グリの喉に突き刺した、まだ血糊のついた短剣と剣をだれの目にも見えるよう高々と掲げた。

修道院を出発し、サン・マルタン通りにはいっていくと、夫妻は一マイルほど南下し、セーヌ川とシテ島に向かった。丸石が敷かれた道を進むあいだ、サン・マルタン・デ・シャン修道院の試合場からぞろぞろとついてきた庶民たちは、夫妻ら一行に賞賛と好奇の視線を浴びせた。決闘の見物に行かなかった者も、通りすぎる行列を見ようと自宅からでてきた。決闘は終わったが、見世物はまだ終わっていなかった。

ノートルダム大聖堂は、その夏、決闘の申し込みと審理がおこなわれたパリ高等法院とはちょうどシテ島の反対側にあった。大聖堂は、その一世紀ほどまえの一二八五年に完成しており、ジャン・ド・カルージュとマルグリットが神判への感謝を捧げに訪れたとき、そのふたつの巨大な塔は広場にそびえ、托鉢修道士たちが伝道に励み、商人が呼び売りをし、物乞いが施しを請い、売春婦が客に声をかけ、反逆者が四つ裂きにされ、異教徒が火あぶりの刑に処される広場を見おろしていた。

この広場ではまた、シャルル五世の統治時代、男と犬のあいだで有名な決闘がおこなわれた。そして殉教者聖トマス・ベケットの祝日の夕方、騎士とその夫人は長くおそろしい試練を生きぬき、暗くなった広場を横切り、教会の背の高い青銅の扉に向かい、祈るためになかにはいっていった。主祭壇をまえにし、巨大な内陣のろうそくに照らされた薄暗闇と甘い芳香のなか、ふたりはその日、試合場で勝利を授けてくださった神に感謝の祈りを捧げた。

ノートルダム大聖堂で、カルージュはその日の勝利で得た戦利品のいくつかを神に供したといわれている。決闘裁判の勝者は、殺害した敵の甲冑を受けとるのが慣わしとなっており、ある記録によれば、ジャン・ド・カルージュはまだ血糊のついた死亡した敵の甲冑を祭壇に置いたそうだ。教会にこれを寄付することで、カルージュは神への謝意と恩義を示したのだった。

では、殺害されたル・グリのほうはどうなったのだろう？　ジャンとマルグリットが試合場を離れ、ノートルダム大聖堂に感謝の祈りを捧げに向かったとき、それとはまったく異なる運命がジャック・ル・グリの死体を待ちうけていた。勝利に酔うカルージュ夫妻が親族や友人を引き連れて凱旋するあいだ、ル・グリの親族や友人は、ル・グリの死体が恥辱にまみれていくのに耐えねばならなかった。

決闘で殺されたあと、ル・グリの死体は「確立された決闘の慣習により、絞首台へと引きずられ、有罪を宣言される」。ル・グリの死体は、甲冑を引きはがされ、足から引きずられて試合場をあとにし、「パリの死刑執行人のもとへと運ばれる」。死刑執行人は血まみれの死体を、馬が牽引するそりか、すのこそりに放り投げ、サン・ドニ門へのいつもの道を引きずり、パリの防壁を越え、モンフォーコンの丘へと向かう。

もし、決闘の結果がちがうものであれば、おそろしい黒帽子をかぶったパリの死刑執行人（bourreau）は、マルグリットの身体を生きたまま預かり、大量の薪を積みあげた火刑柱に縛りつけ、司祭が彼女の告解を聞いたあと、彼女を炎にくべることになっただろう。だが、いま、このがっしりした身体つきの死刑執行人は、有罪であることが立証され、軽蔑と恥辱そのものとなったル・グリの死体を引きずりだすべく、試合場へと進みでていっ

モンフォーコン　決闘裁判で殺害された者の死体は、パリの防壁の外へと引きずられ、火あぶりにされている異端者の背後に見える巨大な石の絞首台に吊るされた。MS. fr. 6465, fol. 236. Bibliothèque Nationale de France.

た。

一三八〇年代、モンフォーコンの丘はまだパリから一マイル半ほど北にあり、そこは死者の町といわれていた。殺人や窃盗などで有罪を言い渡された重罪犯人たちが行き着く先であるこの悪名高いモンフォーコンの丘には、頂上に高さ四〇フィートもの巨大な石の絞首柱が立ちならび、そのあいだに重い木材でつくられた横木がかけられ、六〇から八〇もの死体を吊るすことができる絞首台があった。ここでは、すでに首に縄をかけられた、まだ生きている罪人が、はしごを上るよう強制され、吊るし首にされる。そうされない者は、四つ裂きにされるか、打ち首にされる。パリ市内で処刑されるばあいは、鎖で吊るし首となる。だが、こうした決闘裁判の死体のばあい、有罪を立証されているため、やはりここでさらされ、「風が吹くたびに空中で揺れ、かけられた鎖が哀悼の調べを奏でる骸骨の群れ」にくわわることになる。この忌まわしい丘は、ネズミ、カラス、カササギなど清掃動物の根城(ねじろ)となっており、鳥たちは生きている人間を遠ざける死の悪臭にひかれて飛んできては、腐敗する死体のなかに豊富な食べ物を見つける。死体が腐敗する悪臭は、モンフォーコンの丘から風が吹いていれば、半マイル先のパリ市内でも嗅ぐことができたらしい。

処刑された重罪犯人たちの死体は絞首台から吊るされ、清掃動物たちによってきれいについばまれ、骨だけになると、こんどはその骨が風と太陽で漂白される。錠をかけられた鉄の門がついている高い石壁は、親族や友人たちが死体を回収できないように――そして医師たちが解剖用に死体を盗めないように――していた。しかし、絞首台に空きを求める要求がひっきりなしにつづくと、死体をすぐにとりのぞき、その下にある納骨堂に放り投げる必要がでてきた。死んだ罪人たちは、キリスト教式の埋葬など期待できないし、平和な休息など望むべくもない。ただ、共同墓という身の毛のよだつ匿名性のなかに身を沈めるしかない。

ジャン・フロアサールは、この決闘について記述を残した年代記作家のひとりであり、モンフォーコンの丘でのル・グリの屈辱的な終焉には、いっさい同情を示していない。ル・グリが忌まわしい犯罪の見返りとして期待できるのは、ただ絞首台とその下の納骨堂のみだった。フロアサールは、ル・グリについて「生まれの卑しい者が世俗で頭角をあらわすと、多くの者たちと同様、幸運の女神にほほえまれる。しかし、ついに頂点に立ち、これで安泰だと高をくくった瞬間、幸運の女神はその者をふたたび泥のなかに突き落とし、生まれたときよりもみじめな状態で生涯を終えさせるものだ」と、記している。

フロアサールの価値観によれば、運命の女神がル・グリを突き落とした泥沼は、復讐に燃えるカルージュが決闘でル・グリを引きずり倒し、殺害した地面と、道徳的に同意義だった。そしてまたル・グリ自身が無防備な夫人を押し倒し、乱暴をはたらき、侮辱した床とも同意義だった。ル・グリが最終的にこうして墜落していったのは、正義を詩的に、また現実的に表現したにすぎないというわけだ。フロアサールはまた、ル・グリがほかの貴婦人にたいしておそろしい罪を犯したため、運命の女神が罰をくだしたのだという話もほのめかしている。たしかに運命の女神はやみくもに世界を支配しており、その冷酷な運命の歯車が、善人だろうが悪人だろうが相手かまわずその一生をひっくり返しているのかもしれない。だから高慢になった生まれの卑しい者が、ふたたび卑しき身に突き落とされる例がでてくる。万物の大いなる仕組みのなかには、荒っぽい裁きというものが存在するのだ。

注18　裕福なル・グリには、最新の軍事ファッションに身を包む余裕があった。板金の甲冑で全身をおおっていたわけだが、重い甲冑は、着用している者から自由をうばうおそれがあった。

10　女子修道院と遠征

決闘の場でジャック・ル・グリを打ち負かし、殺害したジャン・ド・カルージュは、フランス王室から年金を授与されることになった。そのうえ国王の侍従にも任命されたが、勝利の結実はこれだけではなかった。決闘から二カ月後、パリ高等法院は、カルージュに金貨六〇〇〇リーヴルを与えるという裁決をくだした。一三八七年二月九日の判決(arrêt)によれば、この金額は起訴に付随する〝支出と損傷〟への補償であった。この六〇〇〇リーヴルには、死んだル・グリの財産から没収したものがあてられ、決闘によってカルージュにもたらされる戦利品は増えつづけるばかりだった。こうして敵を殺害し、自分の申し立てが正しかったことを立証し、火刑から妻を救い、王室から贈物を受け、多額の損害賠償金を獲得したカルージュは、世間からも喝采を浴びていたにもかかわらず、まだ満足していなかった。

ル・グリの死により、その領地の大半はアランソン伯ピエールの手に戻され、そのなかにはあの因縁のオヌー・ル・フォコンの封土も含まれていた。そしていま決闘裁判でル・グリを殺害したあと、ジャン・ド・カルージュはふたたび、この喉から手がでるほど欲しい土地を獲得しようと行動を起こした。この土地を自分のものにするまで、復讐は完結しないというように。

カルージュはオヌー・ル・フォコンを購入するために、ル・グリの財産から没収した六〇〇〇リーヴルの一部さえ使おうとした。この封土をめぐる新たな争いは、この後、二年近くつづいた。だが結局、カルージュはふたたび争いに敗れた。その理由は以前に、ほかのふたつの土地の購入を拒否されたのとまったくおなじものだった——すなわち、法的権利はピエール伯にある、というのだ。一三八九年一月一四日、パリ高等法院は、オヌー・ル・フォコンの土地の正当な権利はピエール伯にあると定め、これにより憧れの土地は永遠にカルージュの手が届かないものになった。そして後年、この封土は結局、ピエール伯の非嫡出子の手に渡った。

ジャン・ド・カルージュは、オヌー・ル・フォコンの土地をとりもどすことができなくなり、ル・グリへの復讐が不十分のまま終わったように感じていただろうか？　いっぽう、マルグリットにとって、この土地はなにを意味していたのだろう？　彼女はずっと、ジャック・ル・グリにだれよりも被害を受けてきた。あの犯罪とその結果により、夫などよりはるかにつらい苦しみを味わわされてきた。おそろしい暴行に耐えたあと、審理という試練があり、そして決闘の責め苦があった。彼女には、本来自分のものであったはずの世襲財産の一部をとりもどすことなど、どうでもよかったのではないだろうか？　そもそも、その封土の名前には一連の出来事と消えることのないむすびつきがあり、必死で忘れようとしていることを、一生、彼女に思いださせたのではないだろうか？

決闘のあとの数カ月間、マルグリットは自分を深く傷つけた体験から、なんとか気をそらしたいと思っていたことだろう。そして夫が領主として土地や金に執着しつづけるなか、彼女は決闘のまえに生まれた子どもの世話に没頭したはずだ。息子のロベールは、マルグリットの父親ロベール・ド・ティボヴィルにちなんで命名されており、マルグリットにとって最初の子どもであるか、すくなくとも世間に知られている最初の子どもだった。その後はロベールのあとを追うようにして、ふたりの弟が生まれることになる。

成長するにつれ、自分がノルマンディでもっとも有名な――あるいは悪名高い――家族の一員であることを、ロベールは自覚するようになった。彼の祖父は、二度、フランス国王を裏切り、大逆罪により首をはねられそうになった。父親はパリで、母親を強姦したといわれる男と有名な決闘をおこなった。そして当時、強姦により妊娠するのは不可能だと信じられていたにもかかわらず、何年も子どもを授からなかった夫妻に生まれたロベールは、じつはジャック・ル・グリの非嫡出子であると噂されていた。それにもかかわらず、ロベールはジャンとマルグリットの最初の息子として、第一の跡継ぎとして、一家の土地と富の大半を相続する立場にあった。

オヌー・ル・フォコンの土地をふたたび失いはしたものの、決闘の勝利により、ピエール伯の宮廷でこれまでずっと報われてこなかったカルージュは知名度をあげ、報酬にあずかったうえ、パリ王室で野心を認められ、新たな、そしてもっと高い地位を得ることができた。一三九〇年一一月二三日、シャルル国王はカルージュを国王直属の騎士（chevalier d'honneur）に叙任し、金貨四〇〇フランを与えた。これは、ジャック・ル・グリがかつて王室の従騎士として謳歌した地位よりも高かった。カルージュは憎きライバルを決闘で殺害することで邪魔者を消し、そのあとは王室でル・グリの後釜に座ったかのようだった。

国王の側近として特権階級の仲間入りをはたすと、カルージュは重要な任務を命じられた。一三九一年、貴族に同行し、オスマン帝国の侵略について情報を収集すべく、東ヨーロッパに向かったのである。オスマン帝国の皇帝は、近年、大軍を引きつれてハンガリーに侵攻しており、キリスト教国ではイスラム教徒にたいする新たな恐怖が広がっていた。そのため、トルコからギリシアにかけての軍事情報が「フランス陸軍元帥ブーシコーと、ジャン・ド・カルージュによってもたらされた」。カルージュの名前がブーシコー陸軍元帥の名と並べて記されていることからも、この騎士がフランス王室で特権を享受していたことがうかがえる。

五年後、オスマン帝国の脅威を調査すべくふたたび東ヨーロッパへ向かうことになるのだが、それ以前にカルージュは王室の大きな危機に対処し、力を貸した。一三九二年、その前年にフランス王室から姿を消した不名誉なる貴族ピエール・ド・クランが、自分を追放した人間と恨んでいたフランス大元帥オリヴィエ・ド・クリッソンを暗殺しようとしたのである。ある晩、パリの暗くなった通りを、重騎兵隊を引き連れたクランが、クリッソンに襲いかかった。クランは馬上からおそろしい剣の一撃をクリッソンの頭にくらわし、そのまま置き去りにした。だが、クリッソンはなんとか生き延び、攻撃してきた者の名をあかした。クランはブルターニュ公の保護のもと、まんまと逃げおおせ、ブルターニュ公はクランの居所を明かすのを拒否した。そこで反逆的なブルターニュ公を服従させ、クランを裁判にかけるべく、シャルル国王が軍を起こしたのだった。

こうした経緯から、国王直属の騎士に昇進したジャン・ド・カルージュは、一三九二年夏、国王の従者たちとともにブルターニュに向かった。このときはカルージュ自身、自分の側近として一〇人の従騎士を引きつれていた。シャルル国王は、このとき二三歳になっており、伯叔たちの束縛を脱し、自分こそがフランス王国唯一の統治者であると宣言したばかりだった。しかし、若き国王の命によるこの遠征は、意外な結末を迎えることになった。

八月八日、フランス軍は、ル・マン近郊の深い森を抜けていた。非常に暑い日で、空気は乾燥していた。突然、スモック姿の無帽の男が道に走りでてくると、国王が乗っていた馬の手綱をつかみ、叫んだ。「国王、これ以上進んではなりませぬ！　お戻りください。裏切り者がでたのです！」頭のおかしな男のたわ言と、従者たちが男を殴りつけた。男は手綱を放し、王室の行進はそのままつづいた。

昼すぎ、一行は森を抜け、激しく照りつける太陽の下、砂地が広がる平野を歩きはじめた。高位の諸侯たちは、べつべつの馬に乗り、それぞれが一団を引きつれていた。国王は片側に砂塵をよけるために軍隊を置き、左側の一〇〇ヤードほど離れたところには、叔父であるベリー公とブルゴーニュ公の一団がいた。ある年代記作家は、この光景を「足下の砂は熱く、馬は汗をかいていた」と、描写している。国王は季節にそぐわない服を着ており、「黒いベルベットの袖なしの短い上着のせいで、非常に暑く、頭には平らな深紅の帽子をかぶっていた」。国王のうしろに、磨きあげられた鉄かぶとをかぶった小姓がつづき、そのうしろに、幅の広い鋼鉄の刃がついた槍をもったべつの小姓がつづいた。

しばらくすると、二番目の小姓がうっかり槍を落とした。その槍は、彼の目のまえを馬で進む小姓のかぶとにぶつかった。「鋼鉄がぶつかる大きな音がした。その小姓は国王の馬のすぐうしろを進んでいたため、国王の馬が驚き、突然、走りはじめた。国王は恐慌状態におちいった。さきほど、例のおかしな男から叫ばれたせりふが、頭のなかに残っていたのである。いや、ちがう、あれは賢人だったのかもしれない。自分を殺すべく、背後から敵の大軍が迫ってきているのかもしれない。こうした妄想に駆られ、国王の弱っていた心は錯乱した。国王は馬に拍車をあて、剣を抜き、小姓のほうへと方向を転換した。もはや、相手がだれなのかもわからない。自分は敵に囲まれた戦場にいる。そう思いこんだ国王は、行く手をさえぎろうとする者に、むやみやたらに剣を振りまわした。『攻撃せよ！裏切り者を攻撃せよ！』

驚愕した小姓は、馬を手綱であやつり、国王が振りまわす剣をよけた。しかし、この混乱の結果、錯乱した国王は、側近の何人かを刺し殺した。そのうえ、弟のヴァロア家のルイをさがしだすと、襲いかかった。ルイは馬に拍車をあて、おびえて馬を駆った。いったいなにごとかと、ブルゴーニュ公とベリー公が騒ぎに目をやると、国王が剣を振りかざし、弟を追いかけていた。ブルゴーニュ公は声を張りあげた。「おい！　大変だ！　国王がおかしくなられた！　追いかけろ！　後生だから、つかまえてくれ！」

公爵の警告の叫びに、多くの騎士や従騎士がシャルル国王を追跡せんと、勢いよく飛びだしていった。国王の側近だったジャン・ド・カルージュも、追跡にくわわった。すぐに、馬を駆る男たちの長いジグザグの線ができた。先頭を走るのは、おびえた国王の弟。そのすぐうしろには国王がつづき、照りつける日差しの下、砂塵を舞いあげ、砂地を走っていった。

ルイが馬を駆り、ついに国王を引きはなすと、重騎兵隊が国王をとりかこんだ。かれらは円を描き、国王が想像上の敵にむかって剣を振りまわすにまかせた。やがて国王は疲れをみせはじめたが、かれらは剣を避け、国王にけがを負わせないよう細心の注意を払った。そして疲れはてた国王は、ようやく鞍の上でくずおれた。

ひとりの騎士がうしろから静かに近づき、国王を羽交い締めにした。ほかの者が剣を奪い、馬から国王をもちあげ、そっと地面に下ろした。「その目は奇妙にくるくるとまわっており」、国王はなにも話さなかったし、弟や叔父たちの顔もわからなかった。国王は担いかごでル・マンに運ばれ、この軍事遠征は即座に中止された。

これが、のちの長い治世でずっと国王を苦しめることになる精神錯乱が、初めて公にあらわれたときだった。一四二二年に国王が逝去するまで、その後三〇年間、国王は苦しみつづけ、ごく正常に見える意識清明な時期と、衰弱し、心神喪失の発作を起こす時期とをくりかえした。国王は明るい光や騒音に異常なまでに敏感になり、ときには、自分はもろいからガラスのように割れてしまうだろうと泣きつくことさえあった。伯叔たちの支配を振りはらい、フランス王国の統治者であるとみずから宣言したばかりのシャルルは、いまや王国どころか、自分自身を支配することもできなくなっていた。そこで、権力はふたたび伯叔たちと、あやうく国王の剣で命を落としそうになった弟のヴァロア家のルイに戻された。

一年後、シャルル国王は、またもや九死に一生を得た。ある晩、シャルル国王は五人の貴族たちと身体を鎖でつなぎ、亜麻や松やにを塗った麻の衣装で野蛮人に扮装し、混雑した舞踏室へと飛びこんでいったのである。シャルルの友人である貴族たちは、このお粗末な仮装で、ふさぎこんでいる国王の気持ちが明るくなればと期待していた。仮装した一団によろこんだ客たちは、ろうそくを掲げ、野蛮人たちの正体をあてようとした。しかし、そばに近づきすぎたため、衣装に炎が移り、布はたいまつのように燃えあがった。貴族たちは――そばにあった水がめに飛びこんだ一名をのぞいて――焼け死んだ。だがシャルル国王は、貴婦人たちに仮装を見せようと、貴族たちからすこし離れたところにいたため、助かった。そして、機転をきかせたベリー公爵夫人がスカートの裾をまくりあげた。浮かれていた貴族たちが苦悶のすえ焼け死に、床に倒れていくさまを国王に見せないようにしたのである。だが、結局、〝燃える舞踏会〟として知られるようになったこの地獄のような夜は、シャルル国王の神経をずたずたにした。そして、この後、国王の精神状態は悪化の一途をたどった。

この頃、フランスとイングランドのあいだでは平和調停の努力がつづけられていたが、それを担っていたのは一風変わった大使だった――ノルマンディの従騎士、世捨て人ロベールである。この男には、パレスティナから帰国の際に海上で嵐に襲われたとき、行く手がよく見えたという伝説があった。彼は両王室を訪ね、この長くつづいた戦争を終わらせ、教会の分裂を治めることを神は望んでおいでだと、両国王に述べた。フランスとイングランドはまた、迫りくるオスマン帝国の脅威により、両国間の距離を縮めていた。そこで一三九六年、リチャード二世とシャルル国王の娘イザベルとの結婚という王家の婚姻により、両国は二八年間の休戦協定をむすんだ。だが、この不釣合いな組み合わせのふたり――リチャード二世は二九歳で、イザベルはまだ六歳だった――は、結婚こそしたものの、床入りはしなかったものと思われる。というのも、三年後には、リチャード二世は退位させられることになるからだ。だが、ふたりが婚約をすませた一三九六年三月、キリスト教国をオスマン帝国から守るべく、両国はふたたび同盟をむすんだのだった。

ジャン・ド・カルージュはまた冒険にでたいと遠征に乗り気だったらしく、異教徒を討伐すべくまたもや遠征にくわわった。そこには、ヨーロッパじゅうから貴族や騎士が集まっていた。先頭に立っていたのはフィリップ公の息子であるヌヴェール伯ジャンが指揮をとるブルゴーニュ軍だった。フランスの司令官のなかには、かつてカルージュがトルコとギリシアに遠征をしたときの司令官、ブーシコー元帥がいた。そしてまたジャック・ル・グリの保証人を務めた、ウー伯爵であるアルトワ家のフィリップもいた。そして、ジャン・ド・ヴィエンヌ提督の姿もあった。カルージュは二〇年近くまえに、イングランド軍を相手にノルマンディでヴィエンヌ提督とともに戦っており、一三八五年、こんどはヴィエンヌの指揮のもと、運に見放されたスコットランドへの遠征にでかけた。これは、この高名な提督とカルージュが赴く三度目の遠征だった。

司令官のなかには、エルサレムへとつづく進軍について兵士に説明する者もいたが、さまざまな隊が集まったゆるい連合軍は、明確に統一された計画を打ちだしてはいなかった。一三九六年四月下旬、フランスとブルゴーニュの隊はディジョンに集結し、四カ月分の賃金を前払いで受けとった。ここから、かれらはスイス、バイエルン、オーストリア、ハンガリーを抜け、ブダペストでハンガリーのジギスムント国王を含むほかの隊と合流した。ブダペストからは、ドナウ川を補給船の艦隊が追うなか、バルカン諸国へと南下する隊も

ニコポリス　1396年、ドナウ川沿いの砦で、多くのノルマン人の騎士も含めたヨーロッパの兵士が、オスマン・トルコとその同盟軍と戦った。Froissart, Chroniques. MS. fr. 2646, fol. 220. Bibliothèque Nationale de France.

あれば、ベオグラードやオルソヴァを通り、一路、北に向かう隊もあった。

九月初旬、かれらはヴィディンに再集結した。ヴィディンの町は攻囲されて陥落し、守備隊は全員、虐殺された。そこからドナウ川に沿って東に進み、補給品が足りなくなると、町を襲っては略奪をはたらいた。九月一二日、現在のブルガリアにあるニコポリスに到着。要塞化された町はドナウ川を見おろす高い崖の上にあり、オスマン帝国軍が堅牢な守りを固めていた。最初の攻撃では要塞の下に地下道を掘ったり、攻城ばしごをかけたりしたが、攻城戦用の兵器が不足し、どれも失敗に終わった。

オスマン帝国軍を率いるバヤジト一世は、ここ一年ずっと、三〇〇マイル先のコンスタンティノープルを攻囲していたが、キリスト教徒がニコポリスを攻撃するとの知らせに、攻囲戦を放棄し、急ぎ北進するよう命じた。バヤジト一世の軍は九月二〇日頃、カザンラックでセルビアの連合軍と合流し、軍勢を強化したうえでニコポリスへと進軍した。九月二四日に到着すると、近郊で野営し、夜、伝令を送りこみ、じき援軍がくるゆえ、しばし耐え忍べと、ニコポリスの町人に伝えた。

バヤジト一世は攻撃ではなく野戦を選び、町から数マイル南にある、森がつづく狭い峡谷の背後にある山の尾根で防衛態勢を固めることにし、先端の尖った木の杭を多数、地面に打ちこむよう命じた。気づいたときには、キリスト教国の軍はニコポリスとバヤジト一世の軍に挟まれ、身動きできない状態になっていた。近郊の町を急襲した際に数千人の捕虜をとらえていたため、ニコポリスから救援隊がくるのではないかとおそれ、キリスト教国の軍は捕虜を残らず虐殺し、死体を埋葬する暇もなく、そのまま放っておいた。

九月二五日月曜の朝、キリスト教国の軍は馬に乗り、オスマン帝国軍を出迎えた。だがフランス・ブルゴーニュ連合軍は、ジギスムント国王の軍の背後を行進することを拒否した。ハンガリーの者を見くだしており、自分たちのほうが先頭を歩くといってきかなかったのである。ジギスムント国王は妥協し、同盟軍の兵士たちに、あまり前方まで進行しないように警告した。そんなまねをすれば、敵が急襲をしかけてきたとき、じゅうぶんな防衛態勢が組めなくなるからだ。

キリスト教国の軍の列がまだできあがらないうちに、強情なウー伯爵が旗幟を掲げ、叫んだ。「神と聖ジョルジュの名のもとに進め！」ジャン・ド・ヴィエンヌらフランスの司令官たちはぞっとし、すべての隊が準備をととのえるまでお待ちくださいと懇願したが、ウー伯爵に一喝された。臆病者め、と。そこで、まだ態勢がととのっていないにもかかわらず、攻撃が開始された。

フランス軍の重騎兵隊は突撃したものの、すぐに、森のある峡谷へと丘を下がっていることに気づいた。そこに頭上の尾根から、オスマン帝国の射手が馬上から雨あられと矢を放ってきた。谷底の乾いた川岸にたどりつくと、キリスト教国の軍は、こんどは反対側の斜面を登っていかなければならなかった。敵の矢で馬を失い、徒歩で登る者もいた。傾斜がきつかったため、ほかの者も結局は馬から降りなくてはならなかった。

甲冑の板金が敵の矢をはねかえし、頂上まで登りきった者も多かった。しかし、敵軍は射手を後退させると、こんどは歩兵連隊が守りを固め、林立する鋭い杭をあらわにした。キリスト教国の軍は、杭をねじり、壊れた杭のあいだを縫い、敵陣に乗りこもうとした。そして騎士たちは、軽武装の敵の歩兵たちを、なんとかして殺すか駆逐しようとした。逃げる歩兵たちのあとを追おうとしたとき、突然、オスマン帝国軍の騎兵隊がなだれこんできた。乱闘（mêlée）がはじまり、フランス軍の騎士たちは徒歩で闘い、短剣で敵の馬を攻撃した。両陣営とも多くの兵が倒れたが、オスマン帝国軍の騎兵隊がとうとう退却をはじめた。これで勝負はついたと思ったキリスト教国の軍は、休息をとった。敵の攻撃のなか、また照りつける太陽の下、林立する杭を破壊し、山を登り、歩兵隊や騎兵隊とつぎつぎに戦ったあとだったので、疲弊しきっていたのである。

しかし驚いたことに、それまで身を隠していたバヤジト一世率いる騎兵隊が、林のなかからふいに突撃してきた。キリスト教国側の兵士が数名、すぐに殺された。いましがた登ってきたばかりの斜面へと退却し、あわてて町へと逃げだした兵もいれば、命からがら、ドナウ川を渡った者もいた。だが残りの兵士はそこに立ち、周囲に同志の死体が積みあがっていくなか、戦いをつづけた。ジャン・ド・ヴィエンヌは、そこで戦死した多くの兵のひとりとなったが、その手にはしっかりと聖女マリアの旗幟が握られていた。ジギスムント国王の軍は、フランス・ブルゴーニュ連合軍の急襲を受けて、散り散りになった。

圧倒的な劣勢に、徒歩で戦っていたキリスト教国側の兵士は、ついに降伏した。そのなかには、あわててフランス軍を突撃させたウー伯爵やブーシコー元帥も含まれていた。オスマン帝国軍は三〇〇〇人ほどの捕虜を獲得した。なかには裕福で高位の捕虜もおり、ブーシコー元帥や、フィリップ公爵の息子であるヌヴェール伯ジャンにたいして、身代金が請求された。しかし、その前日に虐殺をはたらいた報いを受け、多くのキリスト教徒の兵士が殺された。バヤジト一世が報復をはたしたのである。この戦いの翌日、数百人のキリスト教徒兵士を打ち首にしたバヤジト一世は、うんざりするまで虐殺をつづけたあげく、ようやく終わりにしろと命じた。

ニコポリスにおけるジャン・ド・カルージュの命運については、わかっていない。十中八九、敵軍との戦いに敗れ、昔からの司令官であるジャン・ド・ヴィエンヌのそばで命を落としたと思われる。そして、共同墓所に埋葬されたのだろう。勇猛で残忍なカルージュが、そして戦友に忠義を尽くすカルージュが、戦場から逃げだしたとは考えにくい。歴史に残る大敗となったニコポリスでの敗戦は、三世紀に渡ってつづいた東へと進軍するヨーロッパ軍の遠征に終止符を打った。ジャン・ド・カルージュはかくして、いわば最後の十字軍となったこの戦いで命を落としたのである。

カルージュの遠征軍への参加が、守ってくれる人間をマルグリットから奪ったとすれば、ニコポリスにおける彼の死は、自分のために闘ってくれる人間をマルグリットから永遠に剝奪した。彼女の息子ロベール・ド・カルージュは、父親が亡くなったとき、まだ一〇歳であり、成人するまで、まだあと一〇年あった。だが一四一五年、ヘンリー五世がノルマンディに上陸すると、ロベールもまたフランス王国の軍人となった。おそらくマルグリットは、自分のかわりにアダム・ルヴェルに決闘を申し込んでくれた、いとこのトマン・デュ・ボアを頼ることができたかもしれない。あるいは、サン・マルタン・デ・シャンの試合場で、夫のために宣誓をおこなったうえで保証人となってくれた、いとこのロベール・ド・ティボヴィルを頼ることができたかもしれない。しかし、一三九六年の春、カルージュを最後の遠征に送りだしたマルグリットは、夫が帰還に失敗すると、すっかり見捨てられたように感じ、孤独感に打ちひしがれたことだろう。

一〇年まえにおこなわれたジャン・ド・カルージュとジャック・ル・グリの決闘は、法的な争いに正式に終止符を打ってはいたものの、噂や中傷は絶えることなく、さまざまな憶測やかんぐりが飛びかっていた。ふたりの年代記作家は、決闘の数年後、第三の男——ある版では、異なる犯罪で処刑されることになった重罪人、ほかの版では、死の床にある病人——が、強姦を自白したと記している。どちらの年代記も、この自白なるものについて、それ以上の深い説明をしていないし、この話が真実だったという実証もないが、当時の多くの年代記作家や歴史家は、くりかえし、このあいまいな言い伝えを事実として扱ってきた。

なかには、〝真犯人〟が自白したからこそ、中傷を受けたり、贖罪したりするのを避けるために、ジャン・ド・カルージュは出征したのだという説もある。そしてまた、遅きに失した自白のせいで、ちがう男を告訴し、不正にル・グリを死に追いやった自責の念に駆られ、マルグリットは入信し、女子修道院で余生をすごしたのだという説もある。マルグリットは修道女となり、永遠の貞節を誓ったという説もあれば、隠修士となって修道者独房にこもり、瞑想をつづけたという説もある。しかし、こうしたありそうもない話が真実であるという証拠はなにもない。[注19] 裕福な貴族の未亡人は、ときに〝下宿人〟として女子修道院にはいることがあったし、なかにはそのまま修道女になる女性もいた。しかし、マルグリットはまちがいなく、広大な自分の土地を所有しつづけていた。というのも、何年もあとに、すべてを息子のロベールに遺贈したからだ。つまり、マルグリットが罪の意識に苦しみながら隠遁生活を送り、そのまま死亡したという説は信じがたい。

皮肉なことに、マルグリットに関する記述は、彼女を強姦したと告発され、そのために有名な決闘で殺された男に関する記述と比べると、ほとんど残っていない。一三九六年三月一五日付けの契約書によれば、ジャンが遠征にでかけた頃、アルジャンタン近郊セーのサン・マルタン修道院の修道士たちに、殺害された従騎士の息子ギヨームから金貨二〇〇フランが支払われている。ル・グリの永遠なる魂を悼み、ミサ曲を歌ってほしいと依頼されたのである。告発された罪を自白することなく試合場で命を落とした従騎士は、ほんとうに有罪であったとするならば、偽誓によりみずからを地獄に落としている。しかし、遺族を含む多くの人間が、彼は無実であったと信じていた。遺族がミサ曲を依頼したのは、ル・グリが不当に命を落としたことへの、そして不当な恥辱を味わわされたことへの抵抗であったにちがいない。サン・マルタン修道院と遺族との契約書には、一〇年まえに悪名高い犯罪で殺された従騎士が「誉れ高き男」と明記されている。五世紀を経たあとでも従騎士の末裔は、決闘裁判の結果は誤審であったと反論していた。

あのさびしい城で、夫人の身にいったいなにが起こったのか、われわれに、その正確なところはわからない。ル・グリの弁護士が依頼人の有罪を疑っていたとはいえ、年代記作家のなかには、マルグリットのことばを疑っている者もいた。以来、多くの歴史家が、この有名な犯罪、審理、決闘について、さまざまな疑問を投げかけてきた。しかし、いまも昔も、驚愕するような話ではあるものの、フランスの高等法院でみずからを危険にさらしながら宣誓し、くりかえし、揺るぐことなく一貫して主張をつづけた夫人と夫人の話を信じる者は多い。

ジャン・ド・カルージュとジャック・ル・グリの有名な闘いに関していえば、これはパリ高等法院が認可した最後の決闘裁判だった。この決闘の結果が物議をかもしたおかげで、決闘裁判という制度そのものがいっそう早く消滅し、当時も何人かの人々が、そして後世には多くの人々が、これが中世におけるもっとも野蛮な判例であると見なしている。後年、パリ高等法院に決闘裁判を申し立てた者が何人かいたが、どれも決闘裁判を認めるという裁決は得られなかった。

しかしながら、つぎの世紀、フランスの地域によっては、あいかわらず決闘裁判はつづけられた。たとえばブルターニュ、そしてブルゴーニュのフランドルなど、パリ高等法院の裁判権が及ばない地域では、決闘裁判がつづけられた。一四三〇年には、アラスでふたりの貴族が闘った。一四五五年には、ヴァランシエンヌでふたりの市民が大観衆をまえに棍棒で闘った。一四八二年、ナンシーで決闘がいちどおこなわれた。決闘裁判はまたヨーロッパ各地で継承され、とくにイギリスでは貴族も平民もこの特権を行使した。一五八三年、エリザベス女王の認可のもと、アイルランドで死にいたる決闘がおこなわれた。そして一八一九年まで、イングランドでは決闘裁判は違法ではなかった。しかし、ある殺人事件により決闘が申し立てられたのを機に、イングランド議会はこの制度を完全に廃止した。

この頃には大半のヨーロッパ諸国においても、新たな独立国アメリカ合衆国においても、決闘はいたって個人的で違法なものへと変わっていった。そのため、秘密裏のうちに、たいていピストルを使い、公的な告訴というよりは紳士の名誉をかけて闘われるようになった。私的な決闘で相手を殺した勝者は、殺人罪に問われる危険があり、決闘は法制度の一部ではなく、過去の遺物となっていった。

流血の宿恨へと悪化するまえに争いを鎮めるべく考案された、古代の儀式であった決闘は、中世では複雑な宗教儀式をともなう法手続きへと洗練されていき、貴族や大観衆をまえに都市や町で騎士道精神を示す見世物へと変化していった。しかし、近代になると――剣がピストルへと、一対一の決闘が団体戦へと変わり――決闘は文字どおり文明の境界線である森の空き地や人気のない野原でのみおこなわれる、人目を避けた違法行為へと衰えていったのである。

秘密裏におこなわれる違法な闘いとなった決闘は、中世の黄金時代のその厳粛かつ壮麗な面影をほとんどとどめていない。憤激した貴族がたがいに決闘を申しこみ、籠手を地面に投げ捨て、甲冑に身を包み、司祭のまえでおごそかに宣誓し、槍と剣と短剣を帯び、数千人の見物客のまえへと試合場に向かって馬に拍車をあてて進み、宣誓と名誉を、運命と命を危険にさらし、不死の魂という救済さえかえりみなかった時代。世界はそのような壮観を二度と見ることはなかった。

注19　マルグリットに関する、もうひとつの誤った言い伝えには、強姦の被害者となったマルグリットが自殺をとげた、という説がある。

エピローグ

罪が犯されたと申し立てられた地ポメスニルは、こんにちでは静かで平和なノルマンディ郊外の村落だ。ここに、カルージュ家はかつて封土をもっていた。ヴィ川はいまでも肥沃な谷に生命の源を運んでおり、ほとんど一年じゅう鱒を釣ることができる。風が穏やかに野原や果樹園を渡り、中世の水車場の跡をとおり、かつて古い城が立っていた低い断崖に沿って吹きぬけていく。この土地がカルージュ家のものではなくなると、城も他人の手に渡り、ついには朽ちはて、フランス革命の頃とりこわされた。いまはもう城の瓦礫も残っていない。川沿いの断崖に点在する、のちに建築された民家や農場の建物の建築に再利用された石造りの部分が、わずかに残っているだけだ。

一マイルほど北上し、谷に広がる村を渡り、丘へ上がると、サン・クレスパンという村があり、その教会の尖塔はいまでも地平線から突出している。カポメスニルを訪れたとき、ジャンとマルグリットが何度も目にしたであろう光景だ。東には低い丘が連なり、一〇マイルほど奥にリジューの町がある。一三八五年から翌年の冬のあいだ、まさに人生が不穏な展開をはじめたとき、カルージュ夫妻がフォンテーヌ・ル・ソレルからカポメスニルを目指す途中、とおりがかった町である。

南からカポメスニルへとつづくもうひとつの道は、サン・ピエール・シュル・ディヴへとつづく。そこはニコル・ド・カルージュが、あの運命の朝、マルグリットを置いてでかけた場所である。こんにち、カポメスニルに行くには、サン・ピエール・シュル・ディヴから車でD16号線を北上し、細い田舎道にはいり、ヴィ川に沿って東に向かえばいい。すると、十数の家々が点在するありふれた村落が見えてくる。それが、カルージュの城があった場所のこんにちの風景だ。

三月初旬のある朝、遅い冬の雨で野原は水浸しで、古い水車跡のそばにあるダムの背後の川は水位が高かった。水道局の職員がひらいた水門が、谷沿いに北へと下がっていく道を水浸しにし、一時的な濠ができたおかげで、カポメスニルの村はサン・クレスパンから孤立していた。百年戦争のあいだ、農夫が穀物や家畜を守るため、水路を氾濫させたときのように。しかし、あふれでた水はすでに退き、肥沃な土地には陽光が降りそそぎ、春の訪れを告げていた。川岸のリンゴの木にはカラスが騒々しくとまっている。かれらは、こんにち唯一の争いの当事者だ。

現代の地名カパルメスニル（Caparmesnil）が記された標識のそばに、ゴム長靴をはいた男性がシャベル片手に泥だらけの中庭で働いていた。あの古城がかつて立っていた場所からそれほど遠くないところだ。わたしはあわててブレーキを踏み、路肩に車をとめ、シトロエンのレンタカーから降りると、外にでた。わたしはそれまでに、新たな手がかりをいくつか授けてくれた地元の歴史家を含め、ノルマンディの地元の人たちと何日か話をしていたが、シャベルを手にした男性からも、じかに話を聞きたかった。かつて近くに立っていた城のことをなにか知っているか、その有名な中世の住人についてなにか話を聞いたことがあるか。ひょっとすると自分の敷地内で、当時の遺物をなにか掘りだしたことだってあるかもしれない。

働いている男性の背後へと、有刺鉄線のある柵に近づき、わたしはできるかぎりのフランス語を駆使して話しかけ、自己紹介をした。そして、カルージュ家が所有していた古城についてなにかご存じではないでしょうか、と尋ねた。泥のなかでシャベルを扱う手をとめ、男性はわたしをうさんくさそうに見た。この静かなる封土への予告のない訪問に、見るからに驚いている。そして自分の土地に関心を示し、さぐりをいれてくるわたしに疑惑の目を向けている。

わたしのフランス語のアクセントに問題があったのか、自己紹介の仕方が悪かったのか、わたしがどこから見てもアメリカ人だったからなのか、あるいは単に昔ながらのノルマン人らしく相手を信用しない――なにしろ一〇〇〇年に及ぶ戦争、略奪、裏切り、収税吏の歴史がある――からなのか、とにかく、突然あらわれたかと思うと、図々しくあれこれ質問してくる人間を、その男性は信用しなかった。そして、そっけなく、村長（mairie）に訊け、地元の市庁舎に行け、といった。男性は泥だらけのシャベルを宙に掲げ、わたしの肩ごしに、わたしがとおってきたばかりの二マイルほど先のメニル・モジェのほうを指しめした。いかにも獰猛そうな巨大な犬が、男性の背後のぐらぐらする柵の向こうで吠えはじめ、跳びあがっては柵のてっぺんをその大きな肢で叩いた。

わたしは有刺鉄線のこちら側にとどまっていた。どう見ても、男性はわたしを招待し、その歴史的な所有地を案内し、城の礎であった古い石をさがすのを手伝い、リンゴからつくる地元のブランデー、カルヴァドスをふるまい、このあたりに伝わる中世の伝説をいきいきと語るつもりはないようだった。すぐそこに、かつて古城がぽつりと立っており、そこで不運きわまる女性の身に惨事が起こった。だが、現在ここに住む、おそらく妻子もあろう男性は、この土地にまつわる埋もれた秘密を守り、知っていることを話そうとはしなかった。もしかすると、忙しかったのかもしれない。過去の亡霊に苦しめられていたのかもしれない。しかし、シャベルでわたしを追い払った男性を責めることなどできない。ノルマンディには長く残酷な流血の歴史があり、こんにちでも見知らぬ人間は、友人であることが立証されないかぎり、敵かもしれぬという目で見られる。犬はあいかわらず激しく吠えており、男性は泥だらけのシャベルをまだ振りかざしている。わたしは男性が時間を割いてくれたことと有益な提案をしてくれたことに礼を述べ、車に戻り、その場をあとにした。

補遺　決闘の余波

マルグリットにたいする悪名高い犯罪、パリ高等法院による審理、サン・マルタン・デ・シャン修道院の試合場でおこなわれたジャン・ド・カルージュとジャック・ル・グリの世間を沸かせた決闘は、当時は広く知られており、その後も歴史として、また伝説として長く親しまれてきた。この有名な事件は数世紀にわたって物議をかもし、当時の人々が両者の支持をめぐって真っ二つに分かれたように、のちの評論家たちも意見を分けた。年代記作家のジャン・フロアサールは、決闘の数年後（一三九〇年頃）の著述で、国王、王室、大観衆は決闘の結果に大喜びをしたと述べている。しかし、訴えられたル・グリの弁護士を務めたジャン・ル・コックは、決闘がおこなわれた当時の反応は多様だったと報告している。カルージュの汚名が晴らされたと考える者もいれば、ル・グリが不正に殺害されたと考える者もいたというのだ。そして事件の一〇年から一五年後にラテン語で記されたサン・ドニの年代記は、マルグリットが誤解して――誠心誠意、そう思いこみ――ル・グリを告発したのだが、のちに、死刑を言い渡された男が自白した、と述べている。一四三〇年代には、ジャン・ジュヴナル・デジュサンが人気を博したフランスの年代記でこの話をくりかえし、死刑が決まった病身の男がいまわの際に自白したと記した。誤って告発されたル・グリが不当な罰を受け、のちに真犯人があきらかになったという説は、現代の歴史家のあいだでも支持されている。

一三八六年一月一八日、カポメスニルでカルージュ夫人の身にほんとうのところなにが起こったのかは、だれもが納得するかたちでは、けっして解明されないだろう。ジャン・ル・コックが訴訟事件に関する覚え書きに記しているように、彼自身が依頼人の有罪を疑い、「ことの真相は、ほんとうのところ、闇のなかだ」と述べているとしても。とはいえ、マルグリットが誠心誠意そう思いこんで、ル・グリと共犯者ルヴェルを訴えたという説は非常に疑わしい。彼女は法廷で宣誓したうえで、明るい日差しのなか、はっきりとふたりの姿を見たと証言しているうえ、とくにル・グリを名指しし、後者がやってきたあと、数分してからル・グリがやってきたと明言している。こうしたことから、マルグリットが人違いをして訴訟を起こしたのであり、実際の犯人はほかの人間だったとはとても思えない。

たとえ、マルグリットがそれ以前にはいちどしかジャック・ル・グリと会ったことがないとしても。そのうえ、マルグリットは実際、この犯罪に関してふたりの男を訴えているのであり、"真犯人"は自分だとのちに自白した者は、犯罪にかかわったのは自分だけだったと述べており、それも辻褄があわない。

争いが起こった当時から流布していた、事件に関するほかの説――マルグリットが故意に嘘をつき、ル・グリを告訴した――にもまた、大きな欠陥がある。この見解によれば、おそらく自身の不貞を隠すために、マルグリットが強姦の話をでっちあげたか、あるいはライバルに復讐をはたすために夫に強制された――この説はル・グリみずからの抗弁で全面的に押しだされていた――としか考えようがない。だが、この説を台無しにするのは、告発されているのはル・グリだけでなく、アダム・ルヴェルも含まれているという点だ。マルグリットの有利にはたらくよう、だれも目撃者がいなかったのだとすれば、ルヴェルまで告発するのは必要がないだけでなく、危険をともなう。もし、彼女が故意に嘘をついていたのだとすれば、暴行され強姦されたと証言する際に、よけいな負担が増えるだけだ。話が複雑になるにつれ、正当性を疑われたとき、攻撃を受けやすくなる。法的記録にはル・グリのアリバイしか残っていないが、もし、アダム・ルヴェルにべつの証人がいて、犯罪が起こった時間にはべつの場所にいたと証言しようものなら、その証言はル・グリにたいする容疑も晴らすことになる。ちょうどル・グリのアリバイが、ルヴェルの容疑を晴らすうえでも役立ったのと同様に。ふたりのアリバイにたいして反証を挙げるのは、ひとりのアリバイにたいして同様のことをするより、はるかにむずかしい。そして、ふたりの容疑者にたいして有罪を言い渡すのは、ひとりに同様のことをするより、はるかにむずかしい——そのふたりが、たがいを裏切らないかぎり。しかしアダム・ルヴェルは、伝えられるところによれば、拷問を受けてもなにも自白しなかったという。

つまり、マルグリットが人違いをして「誠心誠意、それが真実だと思い」告発したものの、あとになってほかの男が自白したため、告発がおそろしいまちがいだったと初めて気づいたという説は、騎士道精神が息づいていた時代に創作されたつくり話としか思えない。おそらく、この説は夫人の名誉を守るとともに、あれは誤審であったという当時の人々の多くの心情が反映されたものにすぎないのだろう。もうひとつの、もっと厄介な説は、マルグリットが話をでっちあげ、ル・グリを告発したというものだ。たとえそれが、彼女自身が発案したものであれ、夫から強制されたものであれ——ピエール伯がくだした裁決によれば、彼女はたんに強姦されたところを「夢に見た」だけだった——やはり非常に疑わしい。それにもかかわらず、ジャック・ル・グリが誤って訴えられ、決闘で不正に殺害された、そして真犯人は手遅れになるまで長いあいだ判明しなかったという説は、早くから根強くあり、時間をかけてもっともらしく広がっていった。

誤った告発と、手遅れになってからの自白という説は、一八世紀、啓蒙運動の指導者によって、迷信を信じていた野蛮な中世をやり玉にあげる際にも利用された。啓蒙思想家たち（philosophes）は一般に決闘裁判を非難し、その愚かさの最たるものとして、カルージュール・グリ事件を挙げた。この事件は、ディドロとダランベールが編纂した百科全書（Encyclopédie）（一七六七年）でも簡単に触れられており、ル・グリが誤って訴えられ、真犯人はのちに明らかになったという話が述べられている。そして、ヴォルテールはこの事件を引き合いにだし、決闘裁判自体が「とりかえしのつかない犯罪」であり、不可解なことに法の認可を享受していたにすぎない、と述べている。

ル・グリが不正に有罪判決を受け、殺されたという伝説はまたルイ・デュ・ボアといった人気のある歴史家によって、新たな息吹を与えられた。ルイ・デュ・ボアはノルマンディの歴史に関するよく知られた論評（一八二四年）で、数ページをこの事件に割いている。デュ・ボアの見解はサン・ドニの年代記の受け売りで、カルージュ夫人は人違いをしてル・グリを告発し、あとになって「悪事の真の張本人」――「不運なル・グリに、すこし（quelque）似た点を疑いもなく（sans doute）もつ従騎士」――が判明したとき、初めて自分のまちがいに気づいた、というものだった。デュ・ボアはいまではよく知られている結末、つまりだいぶ装飾がついた結末を説明している。「告発という厚かましい行為の罪をどうしてもあがないたいという、必死の、そして決然たる思いのあまり、夫人は修道女になった。自分が原因となった、そしてカルージュが敗北したばあい自分が火あぶりとなって代償を払わなければならなかった残酷な不正行為にたいする慰めを得ることができず、彼女は後悔と悲しみのうちに死んだ」。

この有名な事件に関して、郷土史家や系図学者、ときには個人的に利害関係をもつ人間がどちらかをひいきするたびに、新たに論争の火種が燃えあがった。一八四八年、オウギュスト・ル・プレヴォが、サン・マルタン・デュ・ティユールの歴史を出版した。この土地は、かつてマルグリットの父親の封土だった。ル・プレヴォは著作の多いノルマンディの歴史家であり、またティユール生まれでもあり、数ページをこの事件に割いている。そして、マルグリットはほんとうにジャック・ル・グリに襲われたのであり、ル・グリは正当に懲罰を受け殺害されたのだと主張した。ル・プレヴォは事件が起こった当時からずっと、ル・グリがほんとうに有罪なのかと数々の疑惑がもたれていたことは認めている。しかし、シャルル国王の王室は政治的にル・グリのほうをひいきにしており、マルグリットにたいしてはとくに偏見をもっていたことを強調している。だからこそ、同時代の、そしてのちの歴史家たちは、一般的に夫人は信用できないという立場をとるようになったのだ、と。

ル・プレヴォは、この物語を子孫に伝えていった責任のある人々を叱責している。ル・グリはピエール伯の寵臣であり、パリでは国王やその伯叔たちに「当時の大半の歴史家が共有していた慈愛をもって」歓迎された。そして、後継者たちはこうした考えをただ受け継ぎ、「だれも表面的な調査さえおこなわず、わざわざ問題を厄介なものにしようとはしなかった。これは歴史の真実として受けとめられている、ほかの多くの説にも見られることだ」と、ル・プレヴォは主張している。そしてまた、国王シャルル六世の退廃的な王室には「田舎の女性があげた憤慨の声に動かされる者など皆無だったことだろう。とりわけ、その女性が、その昔国王を裏切ったロベール・ド・ティボヴィルの娘とくればなおさらだ」とも述べている。そしてル・プレヴォは、カルージュ夫人が誤っていたというサン・ドニの年代記作家の意見を軽率にくりかえす歴史家をとがめ、記述を終えている。そして、一次史料（抜粋を示している）をあらためて読むことをすすめている。そこには、ル・グリの弁護士であるジャン・ル・コックの覚え書きも含まれていた。そしてル・コックに関しては「事件の当事者の双方の肩をもつ主張について、たいへんな労力を費やしてリストをつくり、自分の依頼人ではないほうに傾倒した」と、説明している。

これに真っ向から反対する意見が、一八八〇年代に発表された。ジャック・ル・グリの子孫であると主張するF・ル・グリ・ワイトが、祖先の恥辱に満ちた死はまったくふさわしくないものだったと自説を展開し、憤慨して反論したのである。彼はフロアサールの説明には詳細において誤りがあると主張し、祖先を弁護した。しかし、どうやら法廷記録も、ル・グリの弁護士が保管していた訴訟記録（両方とも印刷物となって久しい）も参照していない。ル・グリの子孫なる人物は、ル・グリが犯罪現場へと時間内に往復できたかどうかを疑っている（しかし、フロアサールの記述から拝借したらしい彼の計算は不完全だ）。そして「決闘による裁判が、事件の性質から見ても暗く不確かなものに、それ以上の光をあてるはずがない」と理性的に述べるいっぽうで、ほかの男がのちに自白したことこそ、ル・グリの無実を証明する「議論の余地のない証拠である」と断言している。そして、騎士道精神をもつヴィクトリア女王時代の人間として、マルグリットを不当な扱いを受けた女性と見なしてはいるものの、凶悪犯罪でル・グリを誤って告訴したことで、マルグリット自身がル・グリに不当な扱いをしたと述べている。ル・グリの無実を示すもっともらしい思い込みがいくらか見えるものの、この例からも、この事件には意見を真っ二つに分かれさせ、決闘から五世紀が経過しても、まだ個人の感情を熱くさせるだけの衰えない力があることがわかる。

一次史料を読みなおせという ル・プレヴォ の説得にもかかわらず、二〇世紀の専門家たちはほぼ最初から、この有名な事件の周辺にあるものから広い集めたまちがいやでっちあげを信じ、あいもかわらず受け売りをつづけている。高く評価されている『ブリタニカ百科事典』の一一版（一九一〇年）では、「決闘」の項目に カルージュール・グリ 事件について数行が割かれている。詳細については数々の誤りがあり、強姦と申し立てられたものが、単なるベッド・トリックに変わってしまっている。

一三八五年、決闘がおこなわれ、その結果があまりにも不合理なものだったため、非常に迷信深い人間でさえ、神判というものの有効性に信頼を寄せせなくなった。Jacques Legris なる人物（訳注　本来は Jacques Le Gris）が、Jean Carrouge（訳注　本来は Jean de Carrouges）の妻に告訴された。遠征から帰還するはずの夫を待っていた彼女に向かって、夜陰にまぎれ、夫のふりをしたというのである。決闘はパリにある高等法院によって命じられ、シャルル六世の御前で闘われた。Legris は打ち負かされ、その場で絞首刑となった。ほどなく、ほかの罪で逮捕された犯罪人が、自分こそが暴行をはたらいた張本人であると自白した。もはや、どの制度も適用できなかったため、反証がおこなわれ、自白は高等法院によって無効となった。

この記述では、ほんとうの夫が遠征にでて留守のあいだに、マルグリットが偽の夫にだまされたことになっている。これでは『帰ってきたマルタン・ゲール』を脚色したようなものだ。そして一九七〇年代にもなると、『ブリタニカ百科事典』はこの伝説をふたたびとりあげ、夫が留守のあいだに自分を「誘惑した」という理由でカルージュ夫人がル・グリを告発し、ル・グリが決闘で死亡したあと、ほかの男がじつは自分こそ「誘惑者」であったと自白した、と説明した。カルージュ・グリ事件は修正されることなく、『ブリタニカ百科事典』一五版でついに姿を消した。

現代の評者たちのなかには、一九七三年のカーンでの事件の再評価を公式に求めたフランスの法学者を含め、ル・グリは有罪であり、マルグリットの申し立ては真実であったと断言する者がわずかながらいる。しかし、大半の評者は、カルージュは不正な訴訟をおこない、第三者が遅きに失した自白をしたという言い伝えをくりかえしている。もっとも影響力をもつ専門家、R・C・ファミグリエッティは、一九九二年の著書『中世フランスの新婚夫婦の床の物語』(*Tales of the Marriage Bed from Medieval France*)のなかで、カルージュ・グリ事件は「記録に残されたなかで、悪用されたもっとも悪意ある事件」と説明している。ファミグリエッティは、マルグリットが強姦されたことを知ったカルージュが「この強姦を自分の有利になるようつくりかえることを決意した」のであり、「自分を強姦したのはル・グリであったと告発するよう、妻に強要した」と主張している。法廷記録を引用しながらもル・グリ側の説明を受けいれ、マルグリットの告発は憎きライバルを破滅させるための夫の「筋書き」以外のなにものでもなかった、と説明しているのだ。こうして夫人は、夫との共謀であることを承知のうえで、ほんとうに人違いをしたのではなく、見当違いの相手を故意に告訴したというわけだ。ファミグリエッティはまた、のちにべつの男が自白したという言い伝えをくりかえし、「偽誓であったことをあきらかにされた」マルグリットは、恥辱のあまり女子修道院に隠遁したと述べている。しかし、「真」犯人によって土壇場で自白されたという、よくある昔話の根拠として、証拠はなにも引用されていない。

このうさんくさい伝説は、決闘がおこなわれた直後に誕生し、その後数世紀にわたり、年代記作家や歴史家によって新たな生命を与えられてきた。そして、これからもずっと、騎士と従騎士と夫人の有名な事件として生きつづけ、歴史の一ページとして語られ、議論され、くりかえし闘われていくことだろう。

謝辞

本書を書きあげるまで一〇年という歳月がかかった――フロアサールの『年代記』で、たまたまカルージュ－ル・グリの争いに関する話を初めて目にしてから、調査と執筆にあてた数千もの時間、ヨーロッパへの数度の旅、そして本書の出版という夢を現実にするうえで力を貸してくれた多くの人たちとの無数のやりとりを経たからだ。

なかでも、すばらしい妻のペグに感謝する。彼女は一緒に公文書保管所で調査にあたり、調査結果を証拠書類として残すために写真を撮影し、原稿を注意深く何度も読み、多くの重要な提案をしてくれ、ことあるごとに愛情をこめてこの仕事が成功するよう支援してくれた。妻がいなければ、とてもこの仕事をなしえることはできなかっただろう。感謝の念をこめて、本書を妻に捧げる。

そしてまた、ランダムハウス社ブロードウェイ・ウックスのエクゼクティブ・エディターであり、ヴァイス・プレジデントでもある優秀な編集者チャールズ・コンラッドにも、多大なる感謝を捧げる。チャーリーは企画当初から本書が実際に出版されるまで、明晰な戦略的忠告を授けてくれたし、編集者として多くの指摘をし、ずっと熱心に支えてくれた。彼と一緒に仕事ができて――そして彼から学ぶことができて――わたしは非常に幸運だった。

また有能なエージェントのグレン・ハートリーとリン・チューに感謝する。そしてライターズ・レプリゼンタティヴズのケイティ・スプリンケルは本書の可能性を広げてくれ、熱心に仕事にとりくみ、まだひよっこの商業作家であるわたしを巧みに文学市場へと案内してくれた。

ブロードウェイ・ブックスでは、偉大なるチームがわたしの原稿を完本へと変身させてくれた。アリソン・プレスリーは複雑な文章の流れ、写真、地図、認可を差配してくれた。ルイザ・フランキャヴィラは製作の工程をとりしきってくれた。ジャネット・ビールはていねいに原稿を整理してくれたし、ショーン・ミルズはプロダクション・エディターを務めてくれた。デボラ・カーナーは本の装丁をしてくれた。ジーン・トライナは美しいカバーをつくってくれた。ジョン・バーゴインはみごとな地図を描いてくれた。早い段階で熱心にかかわってくれたゲリー・ホワード、ジャッキー・エヴェリー・ウォレン、オリヴァー・ジョンソンにも感謝する。

本書の起源をもっとさかのぼっていけば、子どもの頃、両親がわたしをヨーロッパの城巡りに連れていってくれたこと、のちにわたしが八学年のフランス語を落とそうとしたのを賢くも拒否してくれたこと、高校のフランス語の先生、マダム・モルデンがフランス語の基礎を教えてくれたことなどが挙げられるだろう。そして、母のマリリンは二五年まえにこの世を去ったが、本書のことをきっと――わたしにはわかる――誇りに思ってくれているだろう。そして、完成した原稿を父に読んでもらうのは楽しかった。父マーヴィンは大の歴史愛好家なのだ。

わたしはまた多くの友人や同僚に恩義を受けた。UCLAのヘンリー・A・ケリー教授は、寛大にも原稿にすべて目をとおしてくださったうえで、注釈をいれてくださった。そして中世の法、宗教、ラテン語など、専門事項について、その博学の一部を授けてくださり、見落としがないよう力を貸してくださった。しかし、なにかまちがいが残っているとすれば、無論、それはわたしの責任だ。

アンドレア・グロスマンは、ロサンゼルスのライターズ・ブロックの創始者かつ運営者であり、出版業界の人間を多数、紹介してくれたうえ、熱心に原稿を読み、その道に精通した忠告をくれた。そして、わたしとペグの思いやりのある友人でもある。

キャサリン・リゴーは冷たい雨の三月、わたしたちが滞在していたノルマンディの宿(gîte)で、城や要塞のある古い農場など、中世の跡地を案内してくれた。ジャック・マヌヴリエはカルージュとル・グリの事件について著書のある地元の歴史家で、奥方のダニーとご自宅でわれわれを歓待してくれ、地域の歴史について多くの質問に応え、貴重なヒントを授けてくれたし、カリフォルニアでわたしに新しい発見ができるよう導いてくれた。

UCLA英語学科部長のトム・ウォルサムと副部長のリン・バッテンは、サバティカルで研究にでられるよう調整してくれ、講義のスケジュールがうまくいくよう組んでくれた。キャロリン・シーは早い段階から出版への専門的助言をくれた。リチャード・ロウズ教授はパリの公文書保管所を利用する際の貴重な助言をくれた。ほかのUCLAの同僚は、さまざまな専門知識を授けてくれた。クリス・バズウェル、アル・ブランミュラー、ジョナサン・グロスマン、ゴードン・キプリング、デル・コルヴ、ロバート・マニキュイズ、クレア・マカシャーン、デイヴィッド・ローズ、デボラ・シュガー、スティーヴン・イェンサー。ジャネット・ジルキソン、ドリス・ワン、ノーラ・エリアス、リック・フェイジンは、多くの情報収集戦略で力を貸してくれた。クリスティナ・フィッツジェラルドとアンドレア・フィッツジェラルド・ジョーンズは、入手しにくい図書館の資料を追跡し、有用かどうか確認してくれた。

また、コロンビア大学の故ハワード・シュレスに、心から感謝する。フロアサールを読んでみてはどうかと、最初にすすめてくれた人物だ。そして、やはりコロンビア大学のジム・シャプリオとアンディ・デルバンコは、出版事情について教えてくれた。そしてマーガレット・ローゼンタール（USC）、ハワード・ブロック（イェール）、マイケル・デイヴィス（マウント・ホールヨーク）、ジョン・ラングドン（アルバータ）、ケリー・デヴリス（ロイオーラ－バルティモア）、マーティン・ブリッジ（ユニヴァーシティ・カレッジ・ロンドン）、そしてメトロポリタン美術館の武器と甲冑部のスチュワート・W・フィールとドナルド・ラロッカに感謝する。そしてやはりメトロポリタンのステラ・ポール、ロングアイランド大学のジェイムズ・ベドナルズ――ふたりとも古くからの友人だ――は、貴重な調査の手がかりをくれ、専門家に紹介してくれた。ブリティシュ・コロンビア大学のマーク・ヴェシーと同僚は、進行中の本書について討論の場を設けてくれた。

パリとノルマンディの多くの公文書保管係が、親切に重要な書類を調べるのを許可してくれた。とくに、国立公文書保管所のフランソワ・イルデゼメとマルタン・サン・ブリマ－バロに心から感謝する。フランス国立図書館の職員。カルヴァドス（カーン）、ウール（エヴルー）、オルヌ（アランソン）の公文書保管所課。そしてパリ歴史協会（マレー）

のモニク・ラクロワ、フランソア・ギュアンドレ、そしてマリー・フランソア・ベラミ。ヴァンセンヌ城のローラン・ブアソ、フォルネイ図書館のティエリー・デヴィン。ボドレー図書館のピエール・ソザンスキ・ダランカイセ、バーゼル大学付属図書館のドミニク・ハンガー、国立史跡センターのイザベル・ル・メとイザベル・パンタナッセ、メトロポリタン美術館のレベッカ・アカン、大英図書館のクリスティーン・キャンベルが写真と認可証を提供してくれた。

ＵＣＬＡの多くの司書の方々もまた、適宜、力を貸してくれた。ヤング研究図書館のスペシャル・コレクションズのヴィクトリア・スティール。生物医学図書館のバーバラ・シャダー。ヤング研究図書館の参考用図書部のクリストファー・コールマン。ヘンリー・Ｊ・ブルーマン地図コレクションのジョニー・ハーギスとディヴィッド・デッケルバウム。スペシャル・コレクションズのオクタヴィオ・オルヴェラ。ＵＣＬＡの図書館相互貸し出し課のおかげで、希少な史料を入手することができた。

テレンス・バートル博士は、貴重な医学情報を授けてくれた。ビヴァリーヒルズ・フェンシング・クラブのボリス・クシュニールは、熟練した敵と剣をまじえるのがどういったものなのかを――マスクとフルーレで――教えてくれた。アメリカ空軍のジョージ・ニューベリー大佐は、軍用地図の見方について教えてくれた。出版、映画、法律にかかわる多くの人々が専門知識を授けてくれた。ナディア・アワド、フィリップ・ベノア、テレーズ・ドロステ、ランディ・フライド、リック・グロスマン、リサ・ハミルトン、デイヴ・ジョンソン、ジョー・ジョンソン、セアラ・ケリー、ケリン・クーン、キャスリーン・マクダーモット。

最後に、UCLAの学生たちに心から感謝する。つねにわたしに刺激を与え、中世の生活の驚異、興奮、危険について多くのことを教えてくれた。

エリック・ジェイガー、

二〇〇四年四月、ロサンゼルスにて。

訳者あとがき

「決闘」と聞くと、どんな光景を思い浮かべられるだろうか。中世の騎士が一対一で剣を抜く場面。あるいは西部劇でよく見られるような、拳銃を片手にふたりが早撃ちを競うシーン。巌流島での宮本武蔵と佐々木小次郎の決闘を思い浮かべるかたもあるだろう。

そうした決闘に共通しているのが「名誉」だ。当事者は自分の名誉を賭け、そして命を賭して闘う。だからこそ、数々の文学作品や演劇・映画が決闘を扱ってきた。そこには男のロマンがあふれているし、剣や拳銃の腕を競うスリルといったものも感じられる。そしてまた、一瞬のうちに生命が断ち切られる壮絶さも見せ場となっている。

だが、決闘が正式な「裁判」として認められていた時代があった。裁判所の正式な命を受け、厳しい規則のもと、国王たちが胸高鳴らせて見守るなか、壮麗におこなわれた決闘裁判が存在したのである。ここでは神の審判、すなわち「神判」がくだされると見なされ、敗北こそが有罪の証と考えられていた。現代から考えると、とんでもない話に思えるが、本書を読み、決闘裁判の歴史に触れると、なるほどと思わされる部分もある。決闘裁判しか頼るすべがなかった時代が、たしかにあったのだ。

もちろん、こうした決闘裁判はやがて法で禁じられるようになったが、一四世紀末のフランスでは、まだ正式な法手続きとして認められていた。そして当時のフランス社会で大きなスキャンダルとなったのが、騎士ジャン・ド・カルージュが従騎士ジャック・ル・グリに挑んだ決闘である。古くは友人であったふたりが、やがて袂を分かち、激しく憎みあうようになった。そして「妻マルグリットがル・グリに強姦された」とカルージュが訴えたため、フランス王室まで巻き込む決闘裁判へと事態は進展していく。訴えられたジャック・ル・グリは、ほんとうに有罪なのか？　それとも、ジャン・ド・カルージュが長年の恨みを晴らそうと、事件をでっちあげたのか？　謎が謎を呼び、ついにフランス国王が観戦するなか、壮絶な決闘裁判がおこなわれる……。

フランスの一四世紀末は封建時代であり、フランス革命が起こるまでまだ四〇〇年を残していた。国王を頂点として諸侯が領土を支配していたが、そうした諸侯や領主の下で活躍していたのが「騎士」だった。騎士は英語で knight（ナイト）、フランス語で chevalier

（シュヴァリエ）と呼ばれ、領主と主従関係をむすび、騎乗して戦闘する身分であった。この騎士の下には、エスクワイア（英語でsquireまたはesquire、中世のフランス語でescuier）という身分があり、日本語では「騎士の従者」、「騎士見習い」、「郷士」、「騎士志願者」、「盾持ち」などと呼ばれているが、本書では「騎士」であるカルージュと、「エスクワイア」であるル・グリの身分のちがいを明確にしたいこともあり、「従騎士」という訳語を採用した。ご了承いただきたい。

当時のフランスは、宿敵イングランドとの一世紀に及ぶ「百年戦争」のさなかにあった。たび重なる出兵、遠征。各地での急襲、略奪。敵軍からの攻撃に備えて強化される防壁や城塞。そして、猛威をふるう黒死病（ペスト）。戦争が長引き、死がすぐ隣合せにある陰鬱な封建時代だったからこそ、フランス国王を筆頭に、諸侯や庶民までが「決闘裁判」を壮麗かつ壮絶な見世物として楽しみにしていたのだろう。決闘に臨む闘士たちは、槍、斧、剣など複数の武器をたずさえ、盾をかまえ、三〇キロ近い重量の甲冑の重みに耐え、軍馬に乗り、闘わねばならなかった。負ければ命をうしなうだけではなく、家族も敗北の汚辱をこうむる。そのため決闘は当事者同士の闘いではあるものの、家同士の闘いという意味合いも濃く、闘士は紋章をつけて決闘に臨んだ。決闘は自分の運命のみならず、家運を左右する決戦でもあった。決闘に挑む闘士の心境は、いかばかりであったろう。

そうした当時の社会・歴史的背景も含め、著者エリック・ジェイガーは、実際にあったこの決闘裁判の記録をていねいにたどり、当事者の心情にまで迫っていく。カルージュの屈折したライバル心、如才なく出世してきたル・グリの慢心、好奇の目にさらされたマルグリットの懊悩……。決闘の余波を受け、ふたりの家族、関係する領主ら貴族たちも右往左往し、ついには司法関係者やフランス国王までが騒動に巻き込まれていく。そして、ふたりの積年の宿恨が憤怒となり、ついに決闘の場で炸裂する場面は、まさに圧巻である。

エリック・ジェイガーは、UCLA(カリフォルニア大学ロサンゼルス校)英語学科教授。中世の文化に造詣が深く、中世以降の文学において心臓のかたちが表現するものを研究した *The Book of the Heart* などの著書がある。本書の執筆にあたってはフランスに飛び、懸命に史料にあたったそうだ。

壮烈で残酷ではあるものの、厳粛で美しい儀式をともなった決闘裁判。本書を読みおえると、世の栄枯盛衰のみならず、中世の騎士たちの生涯、そして翻弄される女性たちの運命に思いを馳せずにはいられない。

本書は、英国推理作家協会のノンフィクション・ゴールドダガー賞にノミネートされた。そしてまた、映画『ディパーテッド』で第七九回アカデミー賞監督賞を受賞したマーティン・スコセッシ監督が、本書を映画化する権利を獲得している。鬼気迫る決闘シーンを、スコセッシ監督がどんな俳優を使い、どう描くのか。大いに期待したい。

二〇〇七年一月

＊

二〇二一年夏、胸躍るニュースが飛び込んできた。本書がついにハリウッドで映画化され、秋には日本でも公開される予定だという。アメリカでの映画のタイトルは本書の原題と同じ“The Last Duel”（「最後の決闘」の意）。日本でのタイトルは「最後の決闘裁判」、監督はかのリドリー・スコット。「エイリアン」「ブレードランナー」「ブラック・レイン」「グラディエーター」といった名作を世に送りだし、一世を風靡した名監督だ。二〇〇七年に本書の単行本が日本で刊行されたときにはマーティン・スコセッシ監督が映画化の権利を獲得したという話だったが、それから一四年後にリドリー・スコット監督によって映画化されたのだから、嬉しい驚きである。

騎士ジャン・ド・カルージュを演じるのは、マット・デイモン。親友のベン・アフレックとともに脚本を執筆・出演した「グッド・ウィル・ハンティング　旅立ち」（一九九七年）でアカデミー脚本賞も受賞している名優だ。

そしてカルージュから決闘裁判を挑まれる従騎士ル・グリを演じるのは、いま乗りに乗っているアダム・ドライバー。映画「スター・ウォーズ」シリーズ続三部作のカイロ・レン役で世界に名を広め、「マリッジ・ストーリー」ではスカーレット・ヨハンソン演じる妻と離婚裁判で争う夫を演じてアカデミー主演男優賞にノミネートされたのも記憶に新しい。

そしてマット・デイモンの親友ベン・アフレックは、カルージュとル・グリの領主ピエール伯を演じる。アフレックは主演も務めた「アルゴ」で共同プロデューサーのジョージ・クルーニー、グラント・ヘスロヴとアカデミー作品賞を受賞している。

この名優三人を相手にマルグリット役を務めるのは「キリング・イヴ／Killing Eve」でエミー賞主演女優賞を受賞した新星ジョディ・カマー。「スター・ウォーズ　スカイウォーカーの夜明け」の回想シーンでは、レイ・スカイウォーカーの母親役で登場している。

さらにマット・デイモンとベン・アフレックが共同で脚本を執筆したというから、いやがうえにも期待が高まる。

この映画化の話を受け、二〇〇七年に『決闘裁判』という書名で刊行された単行本が、このたびハリウッド映画のタイトルにあわせて『最後の決闘裁判』という書名で文庫化される運びとなった。

著者エリック・ジェイガーは一次史料を誠実に調べ、実際にフランスにも足を運び、最後の決闘裁判の真実に迫っている。本書を読むと「事実は小説より奇なり」と思わずにはいられない。フランス史上、最後となった決闘裁判の世界をぜひご堪能いただきたい。

二〇二一年　夏

参考文献

以下には本文中での引用に使用した文献のみを挙げている。研究の過程で参照した他の文献については挙げていない。

手稿・写本

Caen: Archives Départementales de Calvados (AD Calvados)

Série F. 6279: Charter, Mesnil Mauger,1394

Évreux: Archives Départementales de l'Eure (AD Eure)

Série E. 2703: Carrouges-Thibouville will,1451

Paris: Archives Nationales (AN)

Série X — Parlement de Paris

1 A 1473, fols.145v, 224r-v, sessions of July 9, September 15 (microfilm)

2 A 10, fols. 232r-244r, Criminal register, July 9, 1386-December 1, 1386 (microfilm)

2 A 11, fols. 53r-v, 54v, 206r-210v, 211v-212r, *arrêts* and testimony, September 13,1386-February 9,1387

Paris: Bibliothèque Nationale (BN)

Dossier bleu 155, Carrouges: notes on family history

Manuscrits français:

2258: copy of 1306 decree and duel *formulaire* (microfilm)

2699, fols. 188v-193r: duel *formulaire*

21726, fols. 188r-190v: duel *formulaire*

23592: Alençon and Thibouville hostages for 1360 treaty

26021, nos. 899, 900: receipts for Guillaume Berengier, July 1386

n.a. 7617, fols. 265r-269r: Royal charter relating to Aunou-le-Faucon

Manuscrits Latins:

4645: *Questiones Johannis Galli* (Jean Le Coq's casebook, Paris copy)

Pièces originales (P.O.):

605, Carrouges, nos. 1-20: military records, etc.

2825, Thibouville, nos. 1-16: family documents

印刷物（一次史料）

Beaumanoir, Philippe de. *Coutumes de Beauvaisis.* Edited by Amédée Salmon. 2 vols.Paris, 1899-1900; rpt.1970.　ボマノワール『ボヴェジ慣習法書』塙浩訳著／信山社出版／1992

The Book of Pluscarden. Edited by Felix J. H. Skene. 2 vols. Edinburgh, 1877, 1880.

Brantôme, Pierre de Bourdeilles, Abbé et Seigneur de. *Discours sur les duels*. Edited by J.A.C. Buchon. Paris, 1838; rpt. Arles, 1997.

Cartulaire de Marmoutier pour le Perche. Edited by L'abbé Barret. Mortagne, 1894.

Cérémonies des gages de bataille selon les constitutions du Bon Roi Philippe de France. Edited by G. A. Crapulet. Paris, 1830.

Chaucer, Geoffrey. *The Canterbury Tales.* Edited by Larry D. Benson. Boston, 1987.　チョーサー『完訳カンタベリー物語』（上・中・下）桝井迪夫訳／岩波書店／1995

Chronographia regum francorum. Edited by H. Moranville. Vol. 3 (1380-1405). Paris, 1897.

Du Breuil, Guillaume. *Stilus curie parlamenti*. Edited by Félix Aubert. Paris, 1909.

Froissart, Jean. *Chroniques*. Edited by J. A. Buchon. 15 vols. (= *Collection des chroniques nationales françaises*, vols, 11-25). Paris. 1824-26.

——. *Chroniques*. Edited by Kervyn de Lettenhove. 25 vols. Brussels, 1867-76.

——. *Chroniques*. Edited by Léon and Albert Mirot, et al., 15 vols. (to date). Paris, 1869-.

——. *Chronicles*. Translated by Thomas Johnes. 2 vols. London,1839.

——. *Chronicles* (selections). Translated by Geoffrey Brereton. London, 1968.

Galbert of Bruges. *The Murder of Charles the Good, Count of Flanders.* Edited and translated by James Bruce Ross. New York, 1960. ガルベール『ガルベールの日記』守山記生訳／渓水社／1998

Homer. *Iliad.* Translated by Richmond Lattimore. Chicago, 1951; rpt. 1961. ホメロス『完訳イリアス』小野塚友吉訳／風濤社／2004

Ibelin, Jean d'. *Assises de la haute cour.* Edited by Auguste-Arthur Beugnot. In *Assises de Jérusalem*, 1:7-432. Paris, 1841.

Jaille, Hardouin de la. *Formulaire des gaiges de bataille.* In Prost, 135-91.

Juvénal des Ursins, Jean. *Histoire de Charles VI.* Edited by J.A.C. Buchon. *Choix de chroniques et mémoires sur l'histoire de France*, 333-569. Paris, 1838.

La Marche, Olivier de. *Livre de l'advis de gaige de bataille.* In Prost, 1-28, 41-54.

La Tour Landry, Geoffroy de. *Le livre du chevalier.* Edited by Anatole de Montaiglon. Paris, 1854.

Le Coq, Jean. *Questiones Johannis Galli.* Edited by Marguerite Boulet. Paris, 1944.

Le Fèvre, Jean. *Journal.* Edited by H. Moranville. Vol. 1. Paris, 1887.

Lobineau, Gui Alexis. *Histoire de Bretagne.* 2 vols. Paris, 1707; rpt. 1973.

Ordonnances des roys de France de la troisième race. Edited by Eusèbe Jacob de Laurière. Vol 1. Paris, 1723.

Pisan, Christine de. *The Book of the City of Ladies.* Translated by Earl Jeffrey Richards. New York,1982.

Prost, Bernard, ed. *Traités du duel judiciaire, relations de pas d'armes et tournois.* Paris, 1872.

Registre criminel de la justice de Saint-Martin-des-Champs à Paris au XIVe siècle. Edited by Louis Tanon. Paris, 1877.

Réligieux de Saint-Denis. *Chronique du réligieux de Saint-Denys (1380-1422).* Edited by L. Bellaguet. 6 vols. Paris, 1839-52.

The Romance of the Rose. By Guillaume de Lorris and Jean de Meun.

Translated by Charles Dahlberg. Princeton, 1971; rpt. 1986.

Summa de legibus normannie in curia laicali. Edited by Ernest-Joseph Tardif. *Coutumiers de Normandie*, vol. 2. Paris, 1896.

Villiers, Jean de. *Le livre du seigneur de l'Isle Adam pour gaige de bataille*. In Prost, 28-41.

The Westminster Chronicle, 1381-1394. Edited and translated by L. C. Hector and Barbara F. Harvey. Oxford, 1982.

二次史料

Anglo, Sidney. *The Martial Arts of Renaissance Europe*. New Haven, 2000.

Ariès, Philippe, and Georges Duby, eds. *A History of Private Life*. Vol. 2, *Revelations of the Medieval World*. Translated by Arthur Goldhammer. Cambridge, Mass., 1988.

Asse, Camille. *En pays d'Auge: St-Julien-le-Faucon et ses environs*. 2nd ed. Saint-Pierre-sur-Dives, 1981.

Atiya, Aziz Suryal. *The Crusade of Nicopolis*. London, 1934.

Autrand, Françoise. *Charles V: le sage*. Paris, 1994.

——. *Charles VI: la folie du roi*. Paris, 1986.

Barbay, Louis. *Histoire d'Argentan*. 1922; rpt. Paris, 1993.

Bartlett, Robert. *Trial by Fire and Water: The Medieval Judicial Ordeal*. Oxford, 1986.

Bishop, Morris. *The Middle Ages*. New York, 1968; rpt. 1987.

Biver, Paul, and Marie-Louise Biver. *Abbayes, monastères et couvents de Paris*. Paris, 1970.

Bloch, Marc. *Feudal Society*. 2 vols. Translated by L. A. Manyon. Chicago, 1961.

Bloch, R. Howard. *Medieval French Literature and Law*. Berkeley, 1977.

Bongert, Yvonne. *Recherches sur les cours laïques du Xe au XIIIe siècle*. Paris, 1949.

Boyer, Marjorie Nice. "A Day's Journey in Mediaeval France." *Speculum* 26 (1951): 597-608.

Braudel, Fernand. *The Identity of France*. Vol. 2, *People and Production*. Translated by Siân Reynolds. New York, 1990.

Bullet, Jean-Baptiste. *Dissertations sur la mythologie françoise*. Paris, 1771.

Caix, Alfred de. "Notice sur la chambrerie de l'abbaye de Troarn." *Mémoires de la société des antiquaires de Normandie* (ser. 3) 2 (1856): 311-87.

Canel, A. "Le Combat judiciaire en Normandie." *Mémoires de la société des antiquaires de Normandie*(ser. 3) 2 (1856): 575-655.

Cantor, Norman F. *The Civilization of the Middle Ages*. New York, 1994.

Cassini de Thury, César-François. *Carte de France*. Paris, ca. 1759.

Chapelot, Jean. *Le château de Vincennes*. Paris, 2003.

Chardon, Roland. "The Linear League in North America." *Annals of the Association of American Geographers* 70 (1980): 129-53.

Charpillon, M. *Dictionnaire historique de toutes les communes du département de l'Eure*. 2 vols. Les Andelys, 1868-79.

Cohen, Esther. *The Crossroads of Justice*. Leiden, 1993.

Contades, Gérard, and Abbé Macé. *Canton de Carrouges: essai de bibliographie cantonale*. Paris, 1891.

Contamine, Philippe. *La guerre de cent ans*. Paris, 1968. コンタミーヌ『百年戦争』坂巻昭二訳／白水社／2003

Couperie, Pierre. *Paris au fils du temps*. Paris, 1968.

Davis, R.H.C. *The Medieval Warhorse*. London, 1989.

Delachenal, Roland. *Histoire des avocats au parlement de Paris, 1300-1600*. Paris, 1885.

De Loray, Terrier. *Jean de Vienne, Amiral de France, 1341-1396*. Paris, 1877.

De Pradel de Lamase, Martial. *Le château de Vincennes*. Paris, 1932.

Deschamps, Paul. "Donjon de Chambois." *Congrès archéologique de France, bulletin monumental* 111 (1953): 293-308.

Desmadeleines, A. Desgenettes. "Duel de Jean de Carouges et de Jacques Legris." *Bulletin de la société bibliophile historique* 3 (1837-38),

no. 2: 32-42.

Dewannieux, André. *Le duel judiciaire entre Jean de Carrouges et Jacques Le Gris: le 29 décembre 1386*. Melun, 1976.

Dictionnaire de biographie française. Edited by J. Balteau et al. 20 vols. Paris, 1933-2003.

Dictionnaire de la noblesse. Edited by François-Alexandre Aubert de La Chesnaye Des Bois and Jacques Badier. 3rd ed. 19 vols. Paris, 1863-76.

Diderot, Denis, and Jean Le Rond d'Alembert, eds. *Encyclopédie*. 28 vols. Paris, 1751-72.

Diguères, Victor des. *Sévigni, ou une paroisse rurale en Normandie*. Paris,1863.

Du Bois, Louis-François. *Archives annuelles de la Normandie*. 2 vols. Caen,1824-26.

Duby, Georges. *Medieval Marriage*. Translated by Elborg Forster. Baltimore, Md., 1978.

—— . *The Three Orders*. Translated by Arthur Goldhammer. Chicago, 1980.

Ducoudray, Gustave. *Les origines du Parlement de Paris et la justice aux XIIIe and XIVe siècles*. 2 vols. Paris, 1902; rpt. 1970.

Dupont-Ferrier, Gustave. *Gallia regia*. 7 vols. Paris, 1942-66.

The Encyclopaedia Britannica. 11th ed. 29 vols. New York, 1910-11.

Fagan, Brian. *The Little Ice Age*. New York, 2000.　フェイガン『歴史を変えた気候大変動』東郷えりか、桃井緑美子訳／河出書房新社／2001

Famiglietti, R. C. *Tales of the Marriage Bed from Medieval France*. Providence, R.I., 1992.

Favier, Jean. *Paris: Deux mille ans d'histoire*. Paris, 1997.

Ferguson, George. *Signs and Symbols in Christian Art*. New York, 1954; rpt. 1975.

France, John. *Western Warfare in the Age of the Crusades*. Ithaca, N.Y., 1999.

Gaudemet, Jean. "Les ordalies au moyen âge: doctrine, legislation et

pratique canoniques." In *La preuve*. Vol. 2, *Moyen âge et temps modernes*, 99-135. Brussels, 1965.

Gottlieb, Beatrice. "Birth and Infancy"; "Pregnancy." *Encyclopedia of the Renaissance*, 1:232-35, 5:155-57. New York, 1999.

Gravdal, Kathryn. *Ravishing Maidens*. Philadelphia, 1991.

Guenée, Bernard. "Comment le Réligieux de Saint-Denis a-t-il écrit l'histoire?" *Pratiques de la culture écrite en France au XVe siècle*, 331-43. Edited by Monique Ornato and Nicole Pons. Louvain-la-Neuve, 1995.

Haskins, Charles H. *The Rise of Universities*. New York, 1923. ハスキンズ『大学の起源』青木靖三、三浦常司訳／法律文化社／1970

Hewitt, John. *Ancient Armour and Weapons in Europe*. 3 vols. 1860; rpt. Graz, 1967.

Hillairet, Jacques. *Dictionnaire historique des rues de Paris*. 9th ed. 2 vols. Paris, 1985.

——. *Gibets, piloris et cachots du vieux Paris*. Paris, 1956.

Hippeau, Célestin. *Dictionnaire topographique du département du Calvados*. Paris, 1883.

Horne, Alistair. *The Seven Ages of Paris*. New York, 2002.

Huizinga, Johan. *The Autumn of the Middle Ages*. Translated by Rodney J. Payton and Ulrich Mammitzsch. Chicago, 1996. ホイジンガ『中世の秋』（１・２巻）堀越孝一訳／中央公論新社／2001

Keats-Rohan, K.S.B. *Domesday Descendants*. Vol. 2, *Pipe Rolls to Cartae Baronum*. London, 2002.

Keen, Maurice. *Chivalry*. New Haven, Conn., 1984.

——, ed. *Medieval Warfare: A History*. Oxford, 1999.

——. *The Penguin History of Medieval Europe*. London, 1991.

Lacordaire, Simon. *Les inconnus de la Seine*. Paris, 1985.

Lagrange, Louis-Jean, and Jean Taralon. "Le Château de Carrouges." *Congrès archéologique de France, bulletin monumental* 111 (1953) : 317-49.

La Noë, René de [= Louis Duval]. *Robert de Carrouges*. Alençon, 1896.

La Roque de La Lontière, Gilles-André de. *Histoire généalogique de la maison de Harcourt*. 4 vols. Paris, 1662.

Lea, Charles Henry. *The Duel and the Oath*. (Orig. in *Superstition and Force*, 1866.) Edited by Edward Peters. Philadelphia,1974.

Lebreton, Charles. "L'Avranchin pendant la guerre de cent ans, 1346 à 1450." *Mémoires de la société des antiquaires de Normandie* (ser. 3) 10 (1880): 12-172.

Le Fort, V. "L'Affaire de Carrouges." *La revue illustrée du Calvados* 7.7 (July 1913), 98-99.

Lehoux, Françoise. *Jean de France, duc de Berri*. 4 vols. Paris, 1966-68.

Leonard, John K. "Rites of Marriage in the Western Middle Ages." In *Medieval Liturgy*, edited by Lizette Larson-Miller, 165-202. New York, 1997.

Le Prevost, Auguste. *Histoire de Saint-Martin du Tilleul*. Paris, 1848.

——. *Mémoires et notes pour servir à l'histoire du département de l'Eure*. Edited by Léopold Delisle and Louis Passy. 3 vols. Évreux, 1862-69.

Long, Brian. *Castles of Northumberland*. Newcastle upon Tyne, 1967.

Loth, Yan. *Tracés d'itinéraires en Gaule romaine*. Dammarie-les-Lys, 1986.

Mabire, Jean, and Jean-Robert Ragache. *Histoire de la Normandie*. Paris, 1976.

Malherbe, François de. *Oeuvres*. Edited by M. L. LaLanne. 5 vols. Paris, 1862-69.

Maneuvrier, Jack. "L'affaire de Carrouges au Mesnil-Mauger." *Histoire et traditions populaires* 56 (December 1996): 29-35.

Mariette de La Pagerie, G. *Carte topographique de la Normandie*. Paris, ca. 1720.

Mauboussin, Christophe. *La première révolte de Godefroy d'Harcourt*. Master's thesis. Caen, 1993.

Mériel, Amédée. *Bellême: notes historiques*. 1887; rpt. Paris, 1992.

Minois, Georges. *Histoire du suicide*. Paris, 1995.

Monestier, Martin. *Duels: les combats singuliers des origines à nos jours*.

Paris, 1991.　モネスティエ『図説　決闘全書』大塚宏子訳／原書房／1999

Morel, Henri. “La fin du duel judiciaire en France et la naissance du point d'honneur.” *Revue historique de droit français et étranger* (ser. 4) 42 (1964): 574-639.

Moricet, Marthe. “Duel de Legris et de Carrouges.” *Cahier des annales de Normandie* 2 (1963): 203-207.

Neilson, George. *Trial by Combat*. Glasgow, 1890; rpt. 2000.

Nicolle, David. *Nicopolis 1396*. Oxford, 1999.

Nortier, Michel. *Documents normands du règne de Charles V*. Paris, 2000.

Odolant-Desnos, Pierre Joseph. *Mémoires historiques sur la ville d'Alençon*. 2 vols. Alençon, 1787; rpt. 1976.

The Oxford English Dictionary. Edited by J. A. Simpson and E. S. C. Weiner. 2nd ed. 20 vols. Oxford, 1989.

Palmer, J. N. N. *England, France and Christendom, 1377-99*. London, 1972.

Pernoud, Régine. *Blanche of Castile*. Translated by Henry Noel. New York, 1975.

Peters, Edward. *Torture*. 2nd ed. Philadelphia, 1996.

Petit, Ernest. *Séjours de Charles VI: 1380-1400*. Paris, 1894.

Prieur, Lucien. “Château d'Argentan.” *Congrès archéologique de France, bulletin monumental* 111 (1953): 84-90.

Reinhard, J. R. “Burning at the Stake in Mediaeval Law and Literature.” *Speculum* 16 (1941): 186-209.

Rougemont, Denis de. *Love in the Western World*. Translated by Montgomery Belgion. Rev. ed. New York, 1956.

Rousseau, Xavier. *Le château de Carrouges*. 4th ed. La Ferté-Macé, 1955.

Saunders, Corinne. *Rape and Ravishment in the Literature of Medieval England*. Cambridge, England, 2001.

Seward, Desmond. *The Hundred Years' War*. London, 1978.

Shennan, J. H. *The Parlement of Paris*. Rev. ed. Stroud, 1998.

Stevenson, Kenneth. *Nuptial Blessing*. New York, 1983.

Summerson, Henry. *Medieval Carlisle*. 2 vols. Kendal, 1993.

Sumption, Jonathan. *The Hundred Years' War*. 2 vols. Philadelphia, 1990, 1999.

Talbert, Richard J. A., et al., eds. *Barrington Atlas of the Greek and Roman World*. Princeton, N. J., 2000.

Terrier, Claude Catherine, and Olivier Renaudeau. *Le château de Carrouges*. Paris, 2000.

Tournouër, H. "Excursion archéologique dans 1e Houlme." *Bulletin de la société historique et archéologique de l'Orne* 22 (1903): 349-95.

Van Kerrebrouck, Patrick, et al. *Les Valois*. Villeneuve d'Ascq, 1990.

Vanuxem, P.-F. "Le duel Le Grix-Carrouges." *Le pays d'Argentan* 6 (1934): 197-205, 236-43.

——. *Veillerys: légendes de Basse-Normandie*. Argentan, 1933; rpt. 1967.

Verdon, Jean. *La femme au Moyen Age*. Paris, 1999.

Vérel, Charles. "Nonant-le-Pin." *Bulletin de la société historique et archéologique de l'Orne* 22 (1903) :157-205.

Viollet-le-Duc, Eugène-Emmanuel. *Dictionnaire raisonné du mobilier français*. 6 vols. Paris, 1854-75; rpt. 1926.

Voltaire. *Histoire du Parlement de Paris*. Amsterdam, 1769.

Warner, Philip. *Sieges of the Middle Ages*. London, 1968.

White, F. Le Grix. *Forgotten Seigneurs of the Alençonnais*. Penrith, ca. 1880.

Wise, Terence. *Medieval Warfare*. New York, 1976.

Wolfthal, Diane. *Images of Rape*. Cambridge, Eng., 1999.

Yule, Henry, ed. and trans. *Cathay and the Way Thither*. 2nd ed. London, 1914. ユール『東西交渉史』鈴木俊訳編／原書房／1975

Ziegler, Philip. *The Black Death*. New York, 1969; rpt. 1971.

本書は、二〇〇七年十一月に早川書房より単行本『決闘裁判　世界を変えた法廷スキャンダル』として刊行された作品を改題・文庫化したものです。

訳者略歴　翻訳家，慶應義塾大学経済学部卒　訳書にドーサ『オスカー　天国への旅立ちを知らせる猫』，ノーマン『静寂のノヴァスコシア』（以上早川書房刊），ジュレク『NORTH　北へ』，パーカー『わたしは無敵の女の子』ほか多数

HM=Hayakawa Mystery
SF=Science Fiction
JA=Japanese Author
NV=Novel
NF=Nonfiction
FT=Fantasy

最後の決闘裁判

〈NF579〉

二〇二一年九月二十日　印刷
二〇二一年九月二十五日　発行
（定価はカバーに表示してあります）

著者　エリック・ジェイガー
訳者　栗木さつき
発行者　早川浩
発行所　株式会社早川書房

郵便番号　一〇一 - 〇〇四六
東京都千代田区神田多町二ノ二
電話　〇三 - 三二五二 - 三一一一
振替　〇〇一六〇 - 三 - 四七七九九
https://www.hayakawa-online.co.jp
乱丁・落丁本は小社制作部宛お送り下さい。
送料小社負担にてお取りかえいたします。

印刷・三松堂株式会社　製本・株式会社フォーネット社
Printed and bound in Japan
ISBN978-4-15-050579-0 C0122

本書は活字が大きく読みやすい〈トールサイズ〉です。